novum pro

LEOPOLD SVEHLA

Nicht alles, was gekocht wird, ist Kochen

Das etwas andere Kochbuch aus der Sicht eines alten Koches, der versucht, Neues zu verstehen

novum pro

Bibliografische Information
der Deutschen Nationalbibliothek:

Die Deutsche Nationalbibliothek
verzeichnet diese Publikation in
der Deutschen Nationalbibliografie.
Detaillierte bibliografische Daten
sind im Internet über
http://www.d-nb.de abrufbar.

Gedruckt in der Europäischen Union
auf umweltfreundlichem, chlor- und
säurefrei gebleichtem Papier.

ISBN 978-3-99146-013-8
Lektorat: MD
Umschlagfotos: Rompikapo, Annilein,
Bernd Juergens | Dreamstime.com
Umschlaggestaltung, Layout & Satz:
novum Verlag
Autorenfoto: Leopold Svehla

www.novumverlag.com

Climate neutral
Print product
ClimatePartner.com/16547-2201-1002

Inhaltsverzeichnis

In wunderbarer Erinnerung möchte ich das Buch
meiner lieben Frau Helene widmen,
die während meiner Recherchen
sehr viel Geduld aufbrachte.

In loving memories.

Einige der Absätze sind selbst erlebt,
anderes wurde durch Hörensagen weitergegeben.

Einleitung

Ich möchte über das alte Kochen, wie ich es noch gelernt habe, schreiben und dann über die Neuerungen der Küche und die sogenannten Kochkünstler unserer Zeit einige Worte verlieren. Ich werde daher auch keinerlei Rezepte von mir feilbieten, die ich erfunden oder kreiert habe, aber solche von Köchen, welche dazu dienen, obskure Kochvorgänge leichter zu verstehen und zu verdauen – wenn das möglich ist, denn bei manchen dieser Rezepte habe ich so meine Zweifel, ob sich derjenige, welcher das kreiert hat, auch damit auseinandergesetzt hat. Da ich, so wie ich glaube, einer aussterbenden Kochgeneration angehöre, sind mir einige der neuzeitlichen Begriffe nicht geläufig. Doch die Begriffe, welche ich noch kenne, sind in mir so verwurzelt und haben, wie ich meine, heute noch Gültigkeit. Auch bin ich auf einige Dinge der Esskultur und deren Verschwendung eingegangen.

Es soll aber jetzt nicht der Eindruck entstehen, dass ich generell gegen alle Neuerungen in unserer Branche bin und ich sämtliche Köche deshalb verteufele, die etwas anders als ich für gut befinden, und einfach nur so koche, wie wir es damals gelernt haben. Deshalb, so glaube ich, kann ich auch noch heute lernen und mich auch dazu bekennen. Denn es ist wichtig, unser Gewerbe als das zu sehen, was es im weiteren Sinne ist: die Aufgabe, den Gästen das Allerbeste zu bieten und ihnen im wahrsten Sinne des Wortes zu dienen.

Auch ist es nie meine Intention, mich als den Koch darzustellen, der über all den anderen schwebt, und der Allerbeste zu sein, sondern einfach entweder anhand von Fachzeitungen oder Berichten, die im Fernsehen gelaufen sind, die Macken der Köche aufzuzeigen und darzustellen, wie manches für mich etwas aus dem Ruder gelaufen ist. Daher möchte ich gleich ein Zitat aus einer dieser Fachzeitungen bringen:

Die Gastronomie verblödet zusehends. Schade, dass die meisten mittlerweile schon zu blöd sind, sich auf das Wesentliche zu konzentrieren und die traditionelle Küche zu erhalten und weiter zu lehren. Aber wichtig ist, dass ein Lehrling einen „Pinguin Tuttel Espuma" (Pinguin Brust Schaum) kann. Wenn er aber ein Gulyas (ich halte mich noch an die alte Schreibweise und nicht Gulasch) kochen muss, hört der koch-technische Horizont eh schon wieder auf.
Dem möchte ich nun noch einen oder zwei Sätze hinzufügen.

Nachdem ich heute wieder einmal eine Sendung im TV gesehen hatte, welche sich „Stadt, Land, Lecker" nennt, in der regionale Köche aus Österreich, Deutschland und Südtirol gegen einen bekannten Haubenkoch antreten, der eben eine oder zwei Speisen, welche der jeweilige Koch vorgibt, nachkochen muss. Heute war dann ein Haubenkoch aus Hessen und dieser war nicht in der Lage, ein pochiertes Ei zu fertigen – die einfachste Art, ein Ei zuzubereiten. Der erste Versuch war, das Ei in das Kochwasser zu legen, welches er vergessen hatte, in eine kreisende Bewegung zu bringen, daher hat sich das Eiklar vom Dotter gelöst. Der zweite Versuch, das Ei in Klarsichtfolie zu packen, war auch nicht sehr erfolgreich. Bitte was und wo hat der Koch „Hochwohlgeboren" eigentlich gelernt?

Das ist in etwa so wie, wir haben Lehrlinge, welche in Ausbildung stehen, und dann veranstaltet der VKÖ ein Seminar, in dem Saucen – egal, ob kalt oder warm – gekocht werden. Das ist eigentlich die Aufgabe des Lehrherrn oder der Gastgewerbe-Berufsschule. Anscheinend ist es in der heutigen Zeit nicht mehr üblich, dies zu lehren. Aber mit Pinzetten und Blumen können sie umgehen! Schade um unseren Beruf, der total ins Abseits rutscht.

Wir kochten noch eine Jus (Grundsauce) nach alter Tradition tagelang und deren Ableitungen und auch unsere Suppen kamen nicht aus dem Beutel. Das soll aber nicht heißen, dass ich generell gegen Produkte bin, die heute im Großhandel käuflich zu erwerben sind, da ja heute die Zeit ein sehr großer Faktor in den meisten Betrieben ist. Ich habe versucht, bewusst keine Rezepte, wie man sie in einem Kochbuch erwarten würde, zu schreiben, sondern habe mich darauf konzentriert, Rezepte als Original, wie sie überliefert sind, als richtig darzustellen. Ich konnte daher auch auf alte Kochbücher, die sich in meinem Besitz befinden, zurückgreifen.

Für mich sind Köche der alten Schule noch immer ein Vorbild, wie zum Beispiel:

1. Henri-Paul Pellaprat, 1896–1954 (er wurde ausgebildet in der Academie d'Art Culinaire de Paris und war dann 32 bis 40 Jahre Chefkoch im Restaurant „le Cordon Bleu" in Paris.

2. Marie-Antoine Carême, gest. 1833 in Paris, hat zur Ausprägung der klassischen, französischen Küche beigetragen.

3. Jean Anthelme Brillat-Savarin, 1755–1826, hat in seinem Buch „Die Physiologie des Geschmacks" geschrieben, „dass ein echter Feinschmecker, der ein Rebhuhn verspeist hat, sagen kann, auf welchem Bein es geschlafen hat".

4. Auguste Escoffier, 1846–1935, war ein großer Koch Anfang des 20. Jahrhunderts. Er war Küchenleiter in den bekannten Hotels der Ritz-Gruppe. Er war der Erste, der die Küche in sogenannte Posten unterteilte, wie den Küchenchef mit der großen Chefmütze „gros bonnet", den „sous chef", den „chef saucier", den „entremetier", den „rôtisseur", den „garde manger", den „patissier" und schließlich den „tournant".

5. Paul Bocuse, 1926–2018, Vorreiter der neuen Küche (Nouvelle Cuisine).

6. Herbert Hüpfl, 1928–2017, mein Küchenchef im Intercontinental Wien.

7. Eckart Witzigmann, 1941, Ausnahmekoch aus Österreich, Jahrhundertkoch.

8. Dieter Müller, 1948, Kochbuch mit einer Goldmedaille.

9. Ferran Adrià Acosta, 1962, wurde bekannt mit dem „El Bulli“ und der Molekularküche.

Nicht zu vergessen sind Köche wie Johann Lafer, Alfons Schuhbeck, Lea Linster, Sarah Wiener, Vincent Klink, Alain Ducasse und noch Christian Petz, Reinhard Gerer und viele mehr, die gut kochen können.

Darum habe ich mich beim Schreiben dieses Buches bei Seite 100 entschlossen, mich schön langsam dem Ende zuzuwenden. Aber jedes Mal, wenn ich eine Zeitung oder die seltsamen Meldungen einer Fachzeitschrift las, hatte ich das Bedürfnis, diese als totalen Schwachsinn sofort aufzuzeigen. Und welch ein Irrsinn da manches Mal verzapft wird, ist auf den nächsten Seiten zu erfahren.

Das greift natürlich das Thema „Wirte“ an:

Ein gutes Restaurant ergibt sich noch lange nicht nur aus einem guten Koch. Wenn der Wirt, sprich das Service, nicht funktioniert, ist das ein Problem. Es gab Restaurants, die trotz der tollsten Spitzenköche nicht funktionierten.
Da war Helmut Österreicher, der jahrelang Ausnahmekoch im Steirereck war, dann seinen eigenen Gasthaustraum wollte und leider scheiterte. Auch das Jahrhunderttalent Reinhard Gerer war im Korso gut aufgehoben, aber als Selbstständiger nicht überlebensfähig. Und Christian Petz war ein Ausnahmekoch, solange er beim Meinl am Graben oder im Palais Coburg angestellt war. Doch mit dem Badeschiff „16 Punkte“ und der Schokoladen-Manufaktur „Xocolat“ war es auch nicht getan, eben-

so wenig mit seinem eigenen Gasthaus, dem „Gußhaus", mit dem er kurzfristig seine alten Werte erreichte. Gäste stürmten das Lokal, Kritiker überschlugen sich, es war ein Edelbeisl. Das Service war aber zu oft katastrophal, unfreundlich, ja, geradezu beleidigend. Bei Beschwerden gab es von Seiten des Herrn Petz keine Reaktion, was einfach ein No Go ist. So hat er wohl auch sein Lokal in den Ruin geführt und es ist seit geraumer Zeit auch geschlossen.

Auch gab es natürlich schon viel früher einige Köche in der noblen Gastronomie. Diese mussten sich eingestehen, dass nicht alles Gold ist, was glänzt. Der Ausnahme-Koch aus Niederösterreich war so einer. Und Christian Grünwald, Herausgeber des Führers À la Carte, sagte treffend, dass eben dieser wie eine Kerze ist, die an beiden Enden brennt. 2005 waren die zwei Seiten sich sehr nahe, als der Kreditschutzverband von 1870 eine scharfe Warnung aussprach. Kurz, die Gesellschaft war kräftig verschuldet.
Auch gab es Probleme mit der Arbeiterkammer NÖ betreffend das Jugendbeschäftigungsgesetz. Da war die Rede von 12 bis 15 Stunden oder ein Lehrling hat von Samstag, 10 Uhr bis Sonntag 2.30 Uhr gearbeitet.
Auch gab es wegen eines Vertrages um die Kantine im Finanzministerium eine Sonderbehandlung von diesem Koch. Er hatte einige Probleme. 2005 wurde den Betrieben dann von verschiedenen Politikern eine Förderung von € 100 000 zugeschrieben und ein zinsfreies Darlehen von € 250 000 auf Kosten der Steuerzahler noch dazu angehängt.
Nach dem Motto: „Macht ist geil und mir passiert eh nix, wei i hab Freind."

Das alles ist nachzulesen in dem Buch „In die Suppe gespuckt" von Peter Gnaiger und Wolfgang Hoffmann. Ich zitiere daraus ein wenig. Ich hoffe, es wird mir gestattet sein, ohne dass ich gleich zum Kadi zitiert werde.

Ein weitere Geschichte ist dieser nahezu unaufhörliche Griff nach den Sternen. Das geschah mit einem Koch aus Osnabrück in Deutschland, in dessen Restaurant, dem „La Vie", eines Tages kurz nach Mittag der Küchenchef Thomas Bühner, 56, an sein Team mit der traurigen Nachricht herantrat, das Lokal ohne Galgenfrist zu schließen, ohne Zeit, sich zu verabschieden, sondern mit sofortiger Wirkung. Noch am selben Abend wurden keine Gäste mehr bewirtet. Diese Entscheidung hat aber ein Investor im Hintergrund getroffen, ein Schwerindustrieller, der sich nunmehr auf sein Geschäft zwecks Neuausrichtung in der Stahlherstellung und -verarbeitung konzentrieren wollte, hieß es in der Pressemitteilung. Auf einen Schlag sind drei Michelin-Sterne erloschen.

Am 14. Februar 2018 schloss der zwei Sterne-Koch Andre Chiang sein Restaurant Andre in Singapur. Er würde wieder nach Taiwan zurückgehen, um dort das Restaurant Raw in Taipeh zu übernehmen, um jungen Köchen eine bessere Ausbildung und Kultur zu vermitteln, ließ Chiang in einer Presseaussendung mitteilen.

Der Koch Bernard Loiseau, geboren am 13.1.1951 in Chamalières in Frankreich, lernte bei den Brüdern Troisgros in Roanne, dann war er bei Claude Verger, der dann nach Saulieu in der Burgund in das Restaurant La Cote d'Or wechselte, wo er mit 24 Jahren zum Küchenchef wurde. Er kaufte dann sieben Jahre später das Lokal und das Hotel. Zehn Jahre später wurden dem Lokal drei Sterne verliehen und am 24.2.2003 geschah, was die ganze Nation unter Schock stellte: Er beging Selbstmord durch Erschießen mit 52 Jahren, denn sein Lokal wurde um zwei Punkte herabgestuft. Auch sollte er einen Stern des Guide Michelin verlieren. Anfang 2016 erschütterte der Selbstmord des im Moment besten Koch der Welt, Benoît Violier, + 44 Jahre, die Gourmet-Szene, obwohl er in seinem Restaurant „L'Hotel de Ville" in der Schweiz in jedem Führer Höchstnoten hatte. Einer der ebenso in diese Riege passt, ist Friedrich Zemanek, der sein Matisse in Basel mit sehr hohen Erwartungen in das Rennen schickte, und als er nur 14 von 20 Punkten erhielt, sich 2011 das Leben nahm. Auch ist der Kochschulbesitzer Harald Schultes überraschend mit 59 Jahren in München verstorben.

Auch Homaro Cantu, + 38 Jahren, der Vorreiter der US-Molekularküche, konnte schließlich dem Druck nicht standhalten und legte Hand an sich.
Eines der letzten Opfer aus der Riege der berühmten Köche ist Antony Bourdaine, + 61 Jahren, Fernsehkoch und Schriftsteller, der sich 2018 das Leben genommen hat, der Grund ist nicht bekannt. Nicht anders erging es dem Sternekoch Martin Sten Bentzen, Chefkoch in Shanghai, der nach einem 15 Stundentag nach Hause ging und in der Nacht an einem Herzinfarkt verstorben ist. Und ich nehme sehr stark an, dass diese nur ein Bruchteil jener sind, die dem Druck nicht standgehalten haben. Aber es gibt bereits eine Trendwende, dass Köche, welche sehr hoch dekoriert sind, sich dem Druck widersetzen und in ein normales Bistro oder Restaurant zurückgehen.
Da fällt mir spontan Franz Keller ein, dessen Werdegang über Paul Bocuse in Lyon und Jean Ducloux im Restaurant Greuze in Tournus zu Paul Lacombe im Leon de Lyon und Michel Guerard im Le Pot au Feu in Asnieres-sur-Seine führte. 1973 kehrte Keller in das elterliche Haus nach Oberbergen zurück, nach einigen weiteren Stationen in Italien, wo er bei Ricardo Lurasci, Restaurant Quere in Cantu nahe des Comersee eine Befreiung der Strenge und Schwere der französischen Küche fand. 1979 eröffnete er Franz Kellers Restaurant in Köln. Er wurde 1988 im Schlosshotel Bühlerhöhe Gastronomie- Direktor und nach 18 Monaten mit einem Michelin Stern belohnt. 1990 bekam er im Kronenschlösschen in Hattenheim im Rheingau wieder einen Michelin Stern. 1993 verabschiedete er sich von den Sternen und nur einen Katzensprung von seiner vormaligen Arbeitsstätte entfernt eröffnete er die Adler Wirtschaft, die er mit seiner Frau Brigitte-Marie seither leitet. Ich hatte vor einigen Jahren mit meiner Frau Helene das Vergnügen, Herrn Keller persönlich in der Adler Wirtschaft kennenzulernen. Ich war schlichtweg begeistert von der Idee, die dieser Mann hatte. In der Zwischenzeit hat der Sohn mit gleichem Namen die Wirtschaft übernommen und Franz Keller Senior widmet sich ganz seinem Öko-Bauernhof, dem Falkenhof, wo er Tiere wie alte Schweinerassen, Rinder und Kleintier artgerecht hält und züchtet, unter dem Leit-

spruch „Wir müssen die Tiere ehren, die uns ernähren.“ Und er ist nicht der Einzige, der den Weg zurück zur Normalität fand. Der französische Spitzenkoch Sébastian Bras gab seine drei Michelin Sterne zurück, um seinem Leben und Arbeit einen neuen Sinn zu geben. Die Spitzenköchin Maria Groß tauschte die Sterne gegen bodenständige Heimatküche.
Auch sind einige flämische Köche nicht mehr bereit, den Stern anzunehmen, wie Jo Bussel, Christophe Van, Frederick Dhooge, Jason Blanckaert. Einer der Köpfe der Flemish Foodies hat sein Leben als Sternekoch an den Nagel gehängt. Der Koch Vincent Florizoone ist sogar so weit gegangen, dass er sagte, Michelin sollte ihn nie kontaktieren, denn der Stern würde sein Lokal eher vergiften als bereichern. Henk van de Ark mit seinem Restaurant „de Brave Hendrik“ in Rotterdam will seinen 1990 verliehenen Stern so schnell wie möglich loswerden.
Auch in Deutschland geht es um Sterne wie bei Matthias Diether, der im Restaurant First Floor im Palace Hotel Berlin einen Stern erkochte, aber den Kampf um den zweiten Stern verloren hat, was ihn sehr getroffen hatte. Sein Leben hat er nur diesem Ziel gewidmet, es ist wie eine Sucht. Je mehr Sterne man hat, umso mehr will man schon den nächsten. Nun hat er den Ort gewechselt und kocht in Tallin in Estland, wo er versucht, eine Work-Life-Balance zu finden.

Sie sind wie viele andere Opfer des hohen Drucks in der Küche geworden

Ich finde, dass wir Köche uns nicht sehr unterscheiden von Schauspielern, Artisten und sonstigen Künstlern, die etwas Mimosenhaftes an sich haben und immer gleich auf 100% sind.

Darum ist es mir immer wieder unverständlich, dass unsere sogenannten Hauben- und Spitzenköche sich so weit aus dem Fenster lehnen und nachdem sie Preise gewonnen haben, immer gleich mit Rezepten herausschießen, die zwar für ihren Betrieb passend sind. Aber wenn ich mir nun dieses spezielle Rezept ansehe, kann ich nur den Kopf schütteln. Denn wer soll das nachkochen?

Geeiste Beurre Blanc Kaviar/Auster/Haselnuss
Das Ganze für 4 Personen.

Und da fängt bei mir schon die Unverständlichkeit des Rezeptes an. Warum schreibt man nicht?

Beurre Blanc-Ansatz: 20 g Butter, 1 Lt. Sauternes (Süßwein), 500 g Schalottenwürfel, 1 Flasche Weißwein, 1 Flasche Forum-Essig hell, ½ Flasche Noilly Prat, 1 Bund Estragon, 1 Bund Kerbel, Pfefferkörner weiß.

Das Eis wird aus folgenden Komponenten hergestellt. 600 ml Beurre Blanc-Ansatz, 1 El Glukosesirup, 6 Eigelb, 300 g Butter klein geschnitten.

Haselnussschaum: 250 g Haselnüsse, 1 Lt. Milch, Haselnussöl, 1 Tl Lecithin

Malzbrot: 5 Scheiben Pumpernickel, 1 Tl Haselnussöl, 1 Tl Forum-Essig dunkel, Salz, Zucker

Austern: 4 Stk. Gillardeau-Austern frisch, 1 Tl Haselnussöl, Saft einer ½ Limette, Abrieb einer ½ Limette, Salz

1 Bund Estragon, 100 ml Traubenkernöl
Zum Anrichten: 4 Kaviar-Nocken à 15 g, 8 Blätter Austernleafes

Das Anrichten umfasst sieben Schritte und wird wahrscheinlich von mehr als einem Koch zelebriert.

Wenn ich jetzt das Rezept so lese, stelle ich fest, dass alleine vom Eis ca. 950 g vorhanden sind. Wenn ich die Menge des

Eis hernehme, komme ich auf eine Portion von ca. 237,5 g pro Person. Plus all die anderen Zutaten habe ich eigentlich einen sehr vollen Teller, und das in einem Lokal mit vielen Michelin-Sternen in Wien.

Des Weiteren findet gerade wieder in Wien eine Beweihräucherung eines Kochs statt, der aus Israel kommt und nun sein zweites Lokal neben dem „Miznon“ im ersten Bezirk eröffnet, das „Seven North“, wo es nur eine englischsprachige Speisekarte gibt und die Servierkräfte teilweise nicht Deutsch können. Die Schlagzeile lautet: Der „Karfiol-König“ schlägt wieder zu. Es wird in der Zeitung kolportiert, dass man jedem Gericht buchstäblich den Spaß am Ausprobieren und Herumpantschen ansieht. Jetzt stellt sich die Frage: Wenn sein angekokelter Karfiol die Leute zum Auszucken bringt, aber nicht satt macht und ich mir aber dann das dazugehörige Bild in der Zeitung ansehe, wo steht sautierter und dann überbackener Karfiol, sehe ich eigentlich etwas, das mich zum Nachdenken über die Essgewohnheiten der Leute bringt. Die würden auch überbackenes Irgendwas essen. Denn genau so sieht es aus.
Auch bringt er ein sogenanntes „Wood Carved Beetroot Carpaccio“ zuwege, das aus dünn geschnittenen Scheiben von leicht angekohlten, zum Zerfallen zarten Rüben mit Rettich und Sauerrahm besteht. Das deutet für mich auf eine versteckte Liebe des Essensverbrennen hin. Ob das normal ist?

Ebenso möchte ich nur das nächste Produkt dieses doch seltsamen Kochs herausheben: der Schnitzel Kebab! Ein Widerspruch, der seinesgleichen sucht. Der Schnitzel Kebab besteht aus dünnem, gegrillten Lamm-Faschierten samt Joghurt und Gewürzen auf Pitabrot zum Selberrollen.
Als Zusatz: „es saftelt hier zwar massiv beim Essen, soll aber köstlich schmecken“. Und dann braucht man eine Waschanlage, um das alles wieder sauber zu bekommen!!!!!!!!!!!!!! Und wo ist das Schnitzel?
Auch ist mir weiter unklar, warum das rosig zarte Rinderfilet 3D Roast Beef heißt. Egal, es wird mit Frühlingszwiebel, Pfef-

fer, schwarzem Sesam, Mayonnaise und Prisen von fein gehackter Rote Rübe hinreißend gewürzt?????

Können wir wirklich nicht mehr normal essen? Muss jetzt alles nur mehr per Hand in den Mund geschoben werden? Wo bleibt unsere Esskultur?

Was soll eigentlich dieser Unsinn.

Es geht um das Restaurant der Woche, ein Restaurant, das in fast regelmäßigen Abständen den Koch oder Küchenchef wechselt, aber von der Küchenlinie keinen Millimeter abweicht. Sie betreiben so eine etablierte exzentrische Art spanisch-österreichische Fusionsküche. In diese Denke muss sich jeder Koch erst einmal einarbeiten. Mit mehr oder weniger Erfolg. Und alleine die grandiose Aussicht macht das alles nicht wett.

Hier oben hat sich zudem im Laufe der Jahre eine Instagramtaugliche Kleinstteiligkeit eingebürgert, bei der nur große Köche es schaffen, all den Tupfen, Würfeln, Gittern, Pulvern plus Hauptprodukt kulinarischen Sinn zu verleihen.
So muss man die Seeforelle, über deren Frische man diskutieren könnte, erst einmal von einem knallroten Gitter befreien, um sich dann zu fragen, was all die am Teller drapierten Dinge – gehäckselter Häuptelsalat, Ibérico-Lardo, konfierter Kohlrabi, eine „Olivensphäre", Miso Aioli, Tawny-Gelee und ein mächtiges Seeigel-Eis – zum Genuss beitragen können.

Beim Lamm scheinen die Beilagen darum zu ringen, die Geschmackssinne am dominantesten zu erobern: super-konzentrierter Süßholz-Kümmeljus, fermentierter Knoblauch, heftige geräucherte Paprikacreme oder Olivenkrokant. Das eigentliche, sehr gute Lammbeuschel an der Seite geht bei dem Aromen-Seegang chancenfrei unter.

Der zuletzt hier tätige junge Sommelier hat das Weite gesucht, die ungewöhnliche Karte mit schrägen Naturweinen blieb.

Aber der krönende Abschluss war dann die nach Beendigung des Mahls getätigte Ansage „Ich habe ihnen die Rechnung schon mal fertig gemacht, wir wollen zusperren.“ Das ist eine sehr herbe Alternative.

Auch muss ich dazu bemerken, dass ich nun in meiner Tätigkeit als Mietwagenfahrer (kleine Nebentätigkeit in der Pension) die Möglichkeit hatte, mit einer Dame als Fahrgast zu sprechen, die eben in diesem Hotel einige Tage verbrachte und das Restaurant ob der guten Aussicht aufsuchte. Entsprechend ihren Darstellungen, welche sie mir versuchte, zu erklären, war sie sehr enttäuscht über das Geschehen im Restaurant. Das Erste, was sie zu beanstanden hatte, war dass ihr, als sie das Essen bestellte, ein Wein angeboten war, der aber dann leider nicht verfügbar war. Sollte eigentlich nicht geschehen! Siehe den Satz über den Sommelier!!!!!!! Auch war die Vorspeiseplatte nicht das Gelbe vom Ei. Aber die größte Frechheit, welche sie empfunden hatte, war, dass sie, nachdem sie dann eine Flasche Wein bestellte, aber nur die Hälfte getrunken hatte, den Kellner bat, die Flasche unter ihrer Zimmernummer beiseitezustellen, um sie zu einem späteren Zeitpunkt zu trinken. Als sie später nach der Flasche Wein fragte, wurde ihr eine neue Flasche offeriert. Als sie den Kellner auf die halbe Flasche ansprach, war der verblüfft und es stellte sich nach längerem Suchen heraus, dass die Flasche Wein nicht auffindbar war. Sie kam dann zu dem Resümee, dass einer den Wein glasweise verkaufte. Undenkbar und nicht akzeptabel für ein Haus dieser Klasse. Aber wenn ich ein Haus führe, das eben in Wien ist und ich mich dann mit spanischen Tapas wichtig mache, habe ich entweder das Ziel verfehlt oder wenn ich das mache, sollte das Produkt eben so perfekt sein, um mich aus der Masse zu heben. Leider ist es gründlich in die Hose gegangen. Schade darum.

Was mich zu meinen nächsten Punkt bringt.

Ich spreche nun über die Unverständlichkeit mancher Kollegen. Ich habe im Jahr 2006 begonnen, nachdem ich auf einem

Flohmarkt ein Buch von Klaus Besser kaufte. Es besagt, dass die „100 besten Köche mit ihren Rezepten“ vorkommen.
Darauf habe ich begonnen, dieses Buch an die erwähnten Köche zu senden, um ihre Unterschrift zu bekommen. Der Erste war Eckhart Witzigmann, der mir das Buch auch postwendend zurücksandte. Dadurch bestärkt sandte ich mein Buch an Paul Bocuse, der mir sogar die Geldnote, die ich für Retourporto beigelegt hatte, signierte.
Da mir dann das Buch doch zu wertvoll wurde, bat ich um Autogrammkarten. Ich bekam einige, aber bei sehr vielen Kollegen dauerte es doch sehr lange und bedurfte einiger Nachforschung. Was ich halt nicht ganz verstehe, ist, dass, wenn mir ein Kollege schon schreibt, ich doch etwas darauf stolz sein würde, dass ich gefragt bin. Aber es ist leider nicht so. Und es ist immer schwieriger, mein Ziel zu erreichen, denn das in der Zwischenzeit zweite Buch von etwas jüngeren Kollegen wartet immer noch auf einige Unterschriften. Ich habe natürlich das Buch auf meinen Reisen immer dabei, um vor Ort Unterschriften zu sammeln. Das Problem ist aber die hohe Fluktuation der Kollegen. Ein weiteres Problem ist, dass einige aufgehört haben und altersbedingt in Rente gegangen sind. Natürlich gibt es auch Gutes zu berichten, wie Marc Haeberlin in Illhaeusern, den ich vor Jahren persönlich kennenlernen durfte und mit dem ich heute noch im Kontakt bin. Er hat mir sogar die Unterschrift seines Vaters und Onkels ermöglicht. Und das ist meines Erachtens der Unterschied, diese Leute sind nicht abgehoben, sondern immer bodenständig geblieben und **das ehrt sie** sehr.

Nun haben wir das Jahr 2019 und immer noch fehlen mir einige dieser Köche. Es ist natürlich bei einigen so, dass speziell von den Köchen im Buch von Klaus Besser einige schon verstorben sind. Des Weiteren sind einige nur schwer zu finden, da sie, wie halt in unserem Gewerbe üblich, oft den Arbeitsplatz wechseln und auch dem Druck nicht standhalten und aufgeben. Wie Dieter Kaufmann, der sein Lokal zur Traube nach fast 56 Jahren in Grevenbroich geschlossen hat. Auch Michael Hoffmann, der sein Margaux in Berlin nach einigen Versuchen als Bio- und

Gemüsebauer aufgegeben hat. Ebenso hat Josef Bauer in Rosenberg diesen Entschluss gefasst und ist in Rente gegangen. Aber wie es so schön heißt: Man gibt einen Brief auf, aber nicht die Hoffnung.

Leider aber sind diese Kollegen eine aussterbende Rasse und werden immer weniger.

Dieser Druck wirkt sich natürlich auch auf die nicht so bekannten Köche aus, die zwar Sterne und Hauben haben, aber dann versuchen, ein wenig von der Bekanntheit zu erhaschen und in diversen sowohl heimischen als auch internationalen Fernsehsendungen ihr Können unter Beweis zu stellen. Und dann geschehen seltsame Dinge, die sowohl mit Kochen als auch mit diversen Fachausdrücken zu tun haben.

Wie zum Beispiel ein Koch aus der Steiermark, der mit seiner Schwester ein Lokal führt. Der einen Zitronenabrieb, mit einer Reibe als Zitronenzeste deklariert. Er hat anscheinend vergessen, was ein Zestenreißer ist.
Der heute in der üblichen Kochsendung auf ORF 2 einen Saibling mit scharfer Gewürzbutter und Rotkraut-Ribisel-Fond kochte. Ich persönlich finde, dass Saibling mit einer Butter, die mit Paprikapulver versetzt ist, nicht wirklich harmoniert. Denn der Saibling verlangt eigentlich nur Natur à la Müllerin, eventuell eine leichte Weißwein-Sauce oder etwas in der Richtung mit vielen Kräutern.
Man kann natürlich jetzt sagen: Das ist sehr mutig, ist jedoch Ansichtssache: Aber als es dann zum Anrichten kam, war ich zutiefst enttäuscht. Wenn er das so in seinem Lokal auch anrichtet, frage ich mich, wo hat er die Sterne und guten Bewertungen her?
Er hat das Rotkraut entsaftet und dann mit Ribiselsaft aufgegossen, leicht erwärmt und dann zur Seite gestellt, um es dann beim Anrichten noch einmal auf eine Temperatur so um die 40° zu bringen. Er nahm dann junge Erdäpfel, um sie in Scheiben zu schneiden und dann in einer Pfanne in Öl anzubräunen.

Nebenbei hat er die Gewürzbutter zubereitet, mit weicher Butter, geräuchertem Paprikapulver, Piment d' Espelette, Thymian und Zitronenthymian, natürlich Zitronenzeste von der Reibe und Salz.
Der Saibling wurde in Tranchen geschnitten und, nachdem die Erdäpfel zur Seite geschoben wurden, in der Pfanne mit der Hautseite nach unten eingelegt. Dann wurden die Erdäpfel in eine Schüssel gegeben, die Würzbutter zum Saibling gegeben und dieser gedreht, damit er durchziehen kann. Dann wurden die Erdäpfel in ein tiefes Teller gegeben, der Saibling daraufgelegt, mit der Gewürzbutter leicht überzogen und dann oh Schreck, wurde der lauwarme Rotkrautfond in den Teller gegossen.
Und jetzt meine Frage? Warum mache ich mir die Mühe, die Erdäpfel schön kross und braun zu braten, wenn ich dann den Fond in den Teller gieße und die Erdäpfel matschig und aufgeweicht werden, bis diese Speise beim Gast ist? Da kann ich ja auch gleich Püree machen. Da helfen auch die schwarzen Nüsse und Stängel Sauerklee und Senfsalat als Dekoration nicht. Innovativ alles gut, aber logisch ist diese Anrichteweise sicher nicht.

Aber wiederum kommen uns die sogenannten Fachzeitschriften in die Quere.

Da wird munter darauf los geschrieben über Citrus-Culture, wo die Zitruspresse in aller Form beschrieben wird. Und doch nehmen die Superköche die Zitronen in die Hand und lassen den Saft über die andere Hand rinnen, wenn sie diese ausdrücken. Wie hygienisch ist das, wo doch eine ganz einfache Zitronenpresse genügen würde, um den ganzen Saft herauszupressen und nicht die halbe, mit viel Saft übergebliebene Zitrone einfach wegzuschmeißen? Nicht sehr umweltbewusst und leider eines der gängigsten Dinge in der Hauben-Kocherei, aber das Allerdümmste sah ich eben auch in einer Kochsendung. Der Koch nahm ein doch sehr großes Kochmesser, stellte es mit der Schneide nach außen auf und fuhr dann mit einer halben Zitrone über die Messerschneide auf und ab, um den Saft herauszubekommen. Ein kleiner Ausrutscher und es gibt blutigen Zitronensaft.

Ebenso die Zestenreibe!!!!, die im selben Atemzug mit dem Zestenreißer genannt wird, einem neumodischen Ding mit Griff und länglicher schmaler Reibe aus Edelstahl, auf dem unsere modernen Köche so alles, was irgendwie gerieben wird, herunter reiben. Eine Muskatnuss, auch wird Käse damit gerieben und, wenn es das Rezept erfordert, eine Zitronenschale für den Germteig oder in eine Creme, um den Geschmack zu fördern. Und dann, der Zestenreißer, der im Gegensatz zu der Reibe längliche Streifen, eben Zesten, von der Zitrone oder Orange herunter schneidet, ohne dabei die weiße Bitterstoff haltige Unterschale von der Zitrone mitzunehmen.

Daher glaube ich, ist es wichtig, dass die Leute, das heißt, die Gäste auch ein gewisses Recht haben auf Erklärungen bezüglich des Menüs und auch der Speisen und dass sie nicht mit Fachausdrücken und Rezepten, die nicht einmal ein Fachmann versteht, konfrontiert werden. Und wenn ich dann schon mit Fachausdrücken um mich herumwerfe, sollten es zumindest die richtigen sein. Auf der anderen Seite ist es ebenso wichtig, dem Gast das Gefühl zu geben, dass er, wenn er etwas nicht versteht, wenn er sich mit einer Frage an uns wendet, nicht als vollkommener Idiot dasteht, sondern fachmännisch von uns als Gastgeber die Erläuterungen bekommt, damit er alles verstehen kann.

Damit kann ich diverse Probleme ausschließen, um einen reibungslosen Verlauf des Menüs zu erreichen und dem Gast ein gutes Gefühl zu geben.

Auch wurde uns noch gelehrt, dass sich bei einer Speise und auch in einer Menüfolge die Farben und auch die Gewürze sowie die Beilagen nicht wiederholen. Und so lese ich nun gekräutertes Hühnerbrustfilet auf gegrilltem Gemüse mit Gnocchi in Kräutersauce. Für die Brustfilets wird das Gewürz aus dem Paket einer Gewürzfirma verwendet (Barbecue). Für das Gemüse werden als Geschmacksträger Basilikum, Oregano, Thymian, Knoblauch verwendet, für die Kräutersauce Kerbel, Petersilie, Thymian, Majoran, Liebstöckel. Welch eine Explosion von Kräutern und Geschmack.

Um das zu veranschaulichen, möchte ich das nun in zwei klei nen Episoden, welche ich selbst erlebt habe, beschreiben, wo aus der Sicht des Gastes erstens sein Wissen nicht dem Standard entsprochen hat und zweitens der Kellner nicht dem Standard entsprechend reagiert hat.

Der erste Fall hat sich im Jahr 1974 in Christchurch in Neuseeland zugetragen. Ich war als Chef de Patisserie in einem neueröffneten Hotel der Noah's Gruppe angestellt. Eines Tages kam unser Chef de Service ganz aufgeregt herein mit dem Aufschrei, das würde er nicht glauben, das würde es nicht geben. So etwas hätte er noch nie gesehen. Was war geschehen? Da wir ein Hotel waren, in dem sehr viele amerikanische Gäste abstiegen, die dann weiter zum Südpol flogen, wurde aus Reminiszenz an diese Gäste ein Huhn à la American auf die Karte des „Waitangi Rooms" gesetzt, das zugleich neben einem Grillroom und einem Pub unser Top Restaurant in dem Hotel war. Folgendes ist geschehen: Ein Gast aus den USA hatte sich beim Oberkellner beschwert, dass Wasser wäre warm und es gäbe keine Eiswürfel in der Schale. Aber da wir das halbe Huhn mit einem kleinen Knochen servierten und man ja bekanntlich Huhn mit den Fingern essen kann, wurde eine Fingerschale dazu gereicht. Diese war aus Silber mit einem Glaseinsatz und es waren eine Zitrone und eine Orchidee darin. Und der liebe Gast, da es ja in den USA immer Eiswasser gibt, hat das anscheinend verwechselt und hat die Fingerschale einfach ausgetrunken und natürlich sofort Zeter und Mordio gerufen. So ist das entstanden: Der eine wusste nichts von den Gegebenheiten und der andere veranstaltete, anstatt aufzuklären, ohne den Gast zu brüskieren, eine Show.

Das Zweite war dann wieder zurück in Wien und viele Jahre später. Ich war Abendkoch beim „Alten Heller" in der Ungargasse im 3. Bezirk. Eines Abends kam der Oberkellner in die Küche und sagte, ein Gast hätte jetzt bei ihm ein „Beef Tartare“ medium bestellt. Da unser Chef in der Küche, Karl Fügert, ein Mann der Worte und des Witzes war, sagte er, der Ober möge zu dem Gast gehen und ihn fragen, ob wir das Fleisch zuerst braten sollten und dann hacken oder zuerst hacken und dann braten. Und wieder stellt sich die Frage: Entweder wissen die Gäste nicht, was sie bestellen, oder sie haben einmal gehört, dass ein Beefsteak möglicherweise halb oder ganz durchgebraten werden kann, und anstatt zu fragen, wird einfach was bestellt.

Und da liegt es jetzt an uns, diese Probleme so in den Griff zu bekommen, um diese Fehler von Haus aus zu vermeiden. Sei es durch bessere Erklärungen auf der Karte oder wirklich durch das Personal, welches den Gast behutsam durch die Karte führt und ihn nicht als vollkommenen Idioten dastehen lässt.

Aber das Ganze wird natürlich durch die aberwitzigen Speisen, die in diversen Frauenzeitungen und auch in Zeitungen, die in Supermärkte aufliegen, wieder ad absurdum geführt.

Nur ein Beispiel:

Beef Tartare Brûlé

Wem bitte fällt so was ein? Nicht nur, dass Salz und Pfeffer als Würze dienen, sonst nichts. Eher fad. Es wird dann noch das Beef Tartare in einer Pfanne angebraten und dann mit der gebratenen Seite angerichtet. Dazu gibt es Rucolasalat mit Kapern.

Es fehlen natürlich die Geschmacksträger wie Paprikapulver, Sardellen, Senf, Zwiebel, Essiggurkerl, Eidotter und eventuell ein Spritzer Cognac, die eigentlich ein Beef Tartare erst recht zur Geltung bringen. Auch hat Ketchup nichts darin verloren. Ebenso würde ich kein Tabasco als Scharfmacher verwenden, denn Tabasco hat einen säuerlichen Geschmack, sondern eher noch eine kleine Chilischote oder scharfes Paprikapulver.

Und das ist auch so mit dieser köstlichen Speise.

Dem Tatare.

Was aber ist das Tatar oder Tartare? Beide Schreibweisen sind richtig.

Das ist eigentlich Hackfleisch vom Rind, fettarm, hochwertig und sehnenfrei. Mehrfach zerkleinert und feiner als Hackfleisch. Und so muss ich zu meiner Bestürzung lesen, dass in einem renommierten Hotel mit Torten-Spezialitäten, dessen Namen ich nicht nennen darf, es jetzt so weit kommt, dass man eine alte Faschiermaschine aus der Versenkung geholt hat und das Tartare vor den Gast herunter faschiert. Vielleicht sehr effektvoll, für mich ein absolutes No Go.!!!!!

Beef Tartare geht natürlich auf die Tataren, ein Steppenvolk, zurück, wobei ihnen nachgesagt wird, dass sie das Fleisch unter ihren Sätteln aufbewahrten und beim Reiten sozusagen weich geritten hatten, um es dann roh zu essen. Das hat sich aber als Irrglaube bestätigt.

Erstmals wurde diese Speise in dem Buch „Gastrosophie“ von Eugen von Vaerst 1851 erwähnt.
Im Jahr 1921 kreierte dann Escoffier eine Rinderhüfte „Beefsteak à l'Americaine“ mit einer Sauce „à la tartare“ auf Basis von Senf und Ei.
Das wurde in seinem im Jahr 1903 veröffentlichten Kochbuch „Le Guide Culinaire“, welches später zur Grundlage der Kochkunst des 20. Jahrhunderts wurde, bereits erwähnt.

Diese Speise wiederum kam in den 1950er Jahren in die Schweiz, im Speziellen in die Französische Schweiz, und ist bis heute fast auf jeder Wirtshauskarte im Wallis zu finden.
Auch war es Carl Zuckmayer, der nach seinem Exil in den USA 1957 in die Schweiz zurückkehrte und in seinem Essay über das Essen schrieb:

„Beefsteak Tartare ist fast so stark an Gnade wie ein am Grill gebratenes Lendenstück."

Und dann wird aus dieser so guten Speise eine Absurdität.

Zum ersten ein Rindermark-Tartare mit Brotchips

Ich möchte mir die Rezeptur ersparen, sondern nur kurz die Herstellung beschreiben. Die Markknochen spalten, kräftig salzen und bei 200° im Rohr braten. Eine Rinder-Schale von 200 Gramm erst gegen die Faser in dünne Scheiben, dann in Julienne und schließlich in kleinste Würfel schneiden. Mit den Würzmittel vermengen und einen Schuss Gin dazu.
Die gespaltenen Knochen mit etwas Heu auf einem Teller anrichten, das Heu dient zur Stabilisierung des Knochen, auf dem lauwarmen Knochenmark das Tartare portionieren und mit Brotchips anrichten.

Zum zweiten das Beef Tartare mit scharfem Dotter

Aus einer von einer Supermarktkette aufgelegten Fachzeitschrift „Mahlzeit", die mit dem Untertitel wirbt „Fein. Gesund. Nachhaltig", habe ich dieses Rezept für einen Baby-Burger – man beachte nun den Ausdruck – mit Beef-Tartar und scharfem Dotter. Dieser Burger kann dann als Party-Häppchen, als raffinierte Vorspeise oder als mundgerechter Snack dienen.

Die Zutaten für 12 Portionen sind für die Burger Buns 15 g Germ, 125 ml Lauwarme Milch, 200 g glattes Mehl, 30 g Vollkornmehl, 40 g Butter zerlassen, „wichtig nun 1 Spar Premium

Ei vom Wanderhuhn", 15 g Zucker, ½ Teelöffel Salz, 1 Dotter und 2 El Milch zum Bestreichen, 2-3 El Sesam und für das Beef Tatar 350 g Rinderfilet, Salz, Pfeffer aus der Mühle, 1 Prise Cayennepfeffer, 4 Essiggurkerl, 2 Jungzwiebel.

Und jetzt die fantastische Zubereitung. Ich möchte mir die Zubereitung des Germteigs hier ersparen und gleich zur Fertigung des Burgers kommen. Das Rinderfilet möglichst fein hacken und zu 12 kleinen Laibchen formen. Die fertigen Burger-Weckerl halbieren, die Tartar-Laibchen auf die Böden setzen und mit Salz und Pfeffer bestreuen. Dotter mit Cayenne-Pfeffer verrühren und über die Laibchen löffeln. Gurkerl und Jungzwiebel in sehr feine Scheiben schneiden und über die Tartar-Laibchen verteilen. Die Weckerl-Deckel aufsetzen und frisch servieren.

Jetzt frage ich mich, wie kommt die Autorin dazu, das Rezept beizusteuern und so einen Mist zu verbreiten.

Erstens, wenn man schon mit rohen Eiern arbeitet (auch wenn sie vom Wanderhuhn sind), sollten die im Tartar sein, wo sie mit dem Fleisch eine Bindung eingehen können, und nicht obendrauf, damit man gleich mit dem Dotter, wenn er eventuell mit Salmonellen verseucht ist, in Berührung kommt. Und wenn ich schon das Ganze ein Tartare nenne, warum gebe ich die Gurkerl, Zwiebel und die Geschmackszutaten (Kapern, Sardellen, etwas Paprikapulver, Senf) die wir bei dem Rezept ja so vermissen, dazu und mache ein Tatare, wie es sich gehört?

Ein weiterer Schwachsinn ist ein Beet Tartar mit Kapern und Haselnüssen

Wenn ich schon Vegetarier bin, warum lehne ich mich dann an Fleischspeisen an?
Man könnte das ja auch anders nennen. Das hängt damit wahrscheinlich zusammen, dass die Vegetarier immer noch auf Fleisch stehen und das nur nicht zugeben wollen.

Es werden rote Rüben und Schalotten geschält und fein gewürfelt und mit etwas Öl ca. 8 Minuten leicht gebraten.

Die Nüsse grob hacken und ohne Fett rösten. Die Kapern abtropfen lassen und trocken tupfen, dann die Kapern knusprig braten und wieder auf Küchenpapier abtropfen lassen.

Rote Rüben mit Salz, Pfeffer und Essig abschmecken und auskühlen lassen, die restlichen Kapern mit der Hälfte der Petersilie fein hacken und unter die Rüben mischen.

- 800 g Rote Rüben-Mischung
- 2 Schalotten
- 8 El Olivenöl
- 60 g Haselnüsse
- 50 g Kapern
- 2 El Apfelessig
- 1 Handvoll Petersilie
- 4 Scheiben Toastbrot
- Salz, schwarzen Pfeffer aus der Mühle

Einen Servierring mit ca. 10 cm im Durchmesser auf einen Teller setzen, ein Viertel der Rüben-Mischung einfüllen und festdrücken. Haselnüsse und Kapern darauf verteilen. Den Ring vorsichtig abziehen. Beet Tartar mit Öl beträufeln und mit der restlichen Petersilie garnieren. Mit Toast servieren.

Ein zweites Rezept für Beet Tartar mit roten Rüben aus dem Ofen spricht eigentlich für sich. Ich frage mich jetzt nur, warum müssen die roten Rüben aus dem Ofen kommen, würde es nicht genügen, diese zu kochen? Das Rezept möchte ich mir ersparen. Es ist fast ident mit dem oberen.
Darum finde ich es sehr interessant, dass über Rote Rüben-Tartar so viel geschrieben wird, wie in einer Tageszeitung vermeldet wird: Rote Rüben-Tartar mit Birne (es muss unbedingt eine Alexander-Birne sein), Grappa-Rosinen und Pecorino. So werden die Rüben gekocht, in feine Würfel geschnitten und

vermengt. Dazu werden in Grappa eingeweichte Rosinen mit der klein geschnittenen Birne vermengt, mit Salz, gemahlenem Kümmel, einer Prise Gewürznelken, dem Saft einer halben Zitrone gewürzt. Das alles ca. 20 Minuten durchziehen lassen und mittels eines Anrichterings auf Teller platzieren. Am Schluss den Pecorino feinst darüber hobeln und mit Wildkräuter garnieren. Das Beste an der Sache ist wohl aber der Pecorino, ein Hartkäse aus Schafmilch, der vor über 2000 Jahren bereits aufgrund seiner Haltbarkeit den römischen Legionen als Marschverpflegung diente. Auch muss der Käse mit garantierter Herkunftsbezeichnung ausgeliefert werden wie (DOP). Zudem sind die einzelnen Reifestufen klar definiert. Sehr viele Fans der italienischen Küche bevorzugen den Pecorino gegenüber dem Parmesan als Reibkäse über die Spaghetti.

Und so geht es einfach immer weiter, denn alles, was nur irgendwie klein geschnitten werden kann, wird nun automatisch zu einem Tatar. Ob es nun Lachs, Shrimps, Matjes oder sonstiges aus dem Meer oder Gemüse und diverse Fleischsorten sind, alles wird nun klein gehackt und mit diversen Kräutern und Gewürzen durchgemischt. Allerdings sind die Zutaten meist roh wie der Hackepeter in Deutschland aus Schweinehack.

Dazu gesellt sich das Paradeiser-Tartar

Die Paradeiser kurz überkochen und dann schälen, von den Kernen befreien und in kleine Würfel schneiden und mit klein gewürfelten Schalotten vermischen. Salzen und pfeffern, mit Olivenöl marinieren und mit frittierten Salbeiblätter garnieren. Ich sehe da keinen einzigen Unterschied zu einem Paradeiser-Salat, außer dass dieses Tartar mittels eines Küchenringes angerichtet wird.

Um bei einer vegetarischen Variante zu bleiben

Eine weitere Abwandlung sieht eine Karotte im Mittelpunkt des Tartar-Geschehens gegart und zerhackt, serviert auf einem

Holzbrett. Dazu zwei Fläschchen gefüllt mit Senföl und scharfer Vinaigrette sowie neun kleine Schälchen mit eingelegtem Wachteleigelb, Apfelsenf, Schnittlauch, Broccoli-Blüten, Räuchermakrele, gespicktem Apfel, Sonnenblumenkernen, Kren, Meersalz aus Amagansett (einem Ort an der Südküste von Long Island, USA). Das ist sehr wichtig, denn ohne das Salz und Senfsamen geht das überhaupt nicht.

Darob hat unser Koch der Superlative noch einen daraufgesetzt. Einer der zwei Köche, die im österreichischen Fernsehen auftreten, hat an unsere Mütter gedacht und eine Beef-Tatar-Torte kreiert. Ich würde die einzelnen Komponenten nicht einmal als eigenständige Komposition ablehnen und in der Zusammenstellung als Torte für mich eventuell im Haushalt verwenden, aber es wird definitiv keinen Einzug in die Top-Gastronomie nehmen.
Schon bei der Beschreibung der Zubereitung des Rinderfilets wird gesagt, das man das Fleisch mit einem scharfen Messer fein hacken und im selben Moment, dass man das Fleisch mit dem feinen Aufsatz der Küchenmaschine faschieren kann. Ein Fauxpas. Beim Hacken entsteht eine ganz andere Struktur als beim Faschieren.
Die Komponenten dieser abartigen Torte sind Sauerrahm, Chilischoten, Avocados und natürlich das Tartar. Es wird geschichtet. Zuerst wird Avocado, welche mit der Gabel zerdrückt wird, mit Zitrone und dem Chili vermengt und in einem kleinen Tortenring als Boden aufgestrichen. Darauf kommt das Tartar und das alles wird mit der Sauerrahm-Chilischicht vollendet. Vorsichtig aus dem Reifen herauslösen und mit den in Würfel geschnittenem Toastbrot, welches in Butter goldbraun geröstet wurde, als Topping servieren.
Entweder serviere ich das Tartar als eigenständige Speise, was natürlich die beste Variante ist mit Butter und Toast, als Vorspeise im Style eines Tapas auf kleiner Fläche. Aber als Gesamtwerk enthält für mich eindeutig zu viele, nicht wirklich passende Komponenten. Es ist also doch nicht so ein überragendes Verwöhn-Rezept für Mama.

Das Carpaccio hauchdünn und zart

Und so wird auch alles, was in einer Küche dünn geschnitten wird, ein Carpaccio genannt, wobei diese Speise ihre Ursprung seinerzeit in Venedig hat.

Es war das Jahr 1950 in Harry's Bar, als der Chef des Hauses Giuseppe Cipriani für die Contessa Amalia Nani Moncenigo, einem wunderbaren Stammgast, dem ein Arzt verboten hatte, gegartes Fleisch zu essen, diese Speise erfand. Er nahm gut abgelagertes Rindfleisch von bester Qualität, hat es sehr dünn geschnitten und mit der für die Zeit obligatorische Sauce des Hauses mariniert. Heute wird das hauptsächlich mit Zitrone und Olivenöl, Salz, Pfeffer und etwas Parmesan zubereitet. Der Name wiederum ist eine Anlehnung an den Maler Carpaccio, dessen Gemälde in einem sehr leuchtenden Rot gehalten waren. Und daher sollte heute noch diese Verbindung mit rotem Fleisch vorrangig sein.

Heute finden sich ein Semmelknödel-Carpaccio, Tomaten-, Mozzarella-, Gurken-, Shrimps- und Karpfen-Carpaccio auf so mancher dubioser Speisekarte. Eigentlich scheuen unsere Köche nicht davor zurück, alles, was sich nur dünn schneiden lässt, als solches zu beschreiben und sich nicht zu genieren, das auch zu servieren. Es wird halt munter darauf los gekocht und wieder ist es die Unwissenheit der Leute, woher und warum es diese Speise gibt. Dabei sind so viele Möglichkeiten, sich von anderen etwas abzuheben und authentisch zu sein.

Ein deutscher Haubenkoch, der sich in Bad Tölz neu erfindet, servierte in seinem Lokal in Bernried in den kühleren Jahreszeiten ein warmes Carpaccio vom pochiertem Steinbutt mit Safransauce!!!!!!!!!!!!!!.

Und Käfer in München geht sogar so weit, dass er ein komplettes Menü vom Carpaccio für mindestens 4 bis 5 Gäste auf den Tisch bringt.

Begonnen wird mit einem Tomaten-Carpaccio, dem eines von der lauwarmen Gänseleber folgt, weiter geht es mit entweder Hummer oder Seeteufel, natürlich auch warm, eine Ochsenbrust warm darf natürlich auch nicht fehlen und zum krönenden Abschluss kommen noch hauchdünne Scheibchen von der Erdbeere oder ein noch dünnerer Apfel mit Zitrone-Minze-Pesto auf den Teller.

Es geht weiter mit einer Abstrusität in Sachen Carpaccio, dem überbackenen Saibling-Carpaccio, welches natürlich in keiner Küche fehlen darf. Dazu wird ein Linsensalat aus roten Linsen, Orangensaft, Currypulver etc. gereich, des Weiteren wird ein Dressing aus Fenchelknolle, Weißwein, Olivenöl, Salz, Pfeffer und braunem Zucker bereitet.
Und natürlich gibt es den Saibling, der dünn geschnitten auf einem Backblech für 3 Minuten unter dem Grill erwärmt wird, wobei die Vermutung besteht, dass der dünne Saibling dann bereits durch ist, was ja ganz im Gegensatz des Erfinders ist, denn da wird ein rohes Produkt verwendet.

Besonders schön ist natürlich auch, wenn man verschiedene bunte Rüben zu einem Carpaccio vereint. Das sollte auf jeden Fall bei einer vegetarischen Party als Rohkost-Spezialität und Höhepunkt dabei sein. Denn wie kann das schon schmecken, wenn ich rohe, bunte Rüben sehr dünn schneide saure Äpfel dazu gebe und das alles mit einem Zitronen-Minz-Öl beträufle? Schaut aus wie!!!!! mehr kann ich dazu nicht sagen und will auch gar nicht. Das geht eben nur in einer Wochenzeitung, in der ein großer Teil der Leute sowieso keine Ahnung hat und alles für bare Münze nimmt. Eine weitere Abnormalität ist das

Rehcarpaccio mit Kakao-Vinaigrette

500 g Rehnüsschen zugeputzt, 1 El Pfeffer, 1 El Wacholderbeeren

Für die Vinaigrette:
1 Schalotte fein gehackt, 1 daumengroßes Stück Ingwer, 1/2 Knoblauchzehe, 1 El Dijonsenf, 2 El Sojasauce, 2 El Sherry oder Rot-

weinessig, ½ Tl Honig, 4 El Rapsöl, 1 El Haselnussöl, Saft und Zesten einer halben Zitrone, Salz, schwarzer Pfeffer, 70 g Kakaonibs, frische Kräuter wie Estragon, Petersilie, Kresse, usw.

Zubereitung:
Pfeffer und Wacholder im Mörser grob zerkleinern und die Rehnüsschen damit allseitig einreiben. Eine unbeschichtete Bratpfanne stark erhitzen und das Fleisch in Olivenöl 3-4 Minuten richtig scharf anbraten. Abkühlen lassen, dann im Kühlschrank einige Stunden gut durchkühlen lassen. Alle anderen Zutaten, mit Ausnahme der Kräuter und Kakaonibs, vermengen. Den Servierteller mit etwas Olivenöl einpinseln, das Fleisch in dünne Scheiben schneiden und gefällig auflegen. Das Dressing gleichmäßig über den Teller verteilen. Mit den Kakaonibs und den Kräutern garnieren und mit Weißbrot servieren.

Es gibt noch zwei Varianten dieser doch so wunderbaren Speise in einer Abartigkeit, die ihresgleichen sucht.

Der neue Star am österreichischem Kochhimmel kocht ja, was soll man da noch sagen, mit Köchen, die es eigentlich nicht nötig haben, in so eine Sendung aufzutreten. Aber das sei jetzt dahingestellt.
Die Variante des Rinder-Carpaccio: Er schneidet zwei doch etwas zu dick geratene Scheiben eines Lungenbraten vom Rind, die er dann zwischen zwei Stück Klarsichtfolie legt. Eines drunter, das andere darüber. Da er sein Eisen zum Plattieren vergessen hat, nimmt er eine Bratpfanne und drischt auf das arme Steak, um es in die Breite zu schlagen. Das wird dann auf einen Teller platziert und mit seiner hausgemachten Art von Tomatensauce bestrichen. Dann noch etwas Sauce in einen Spritzbeutel füllen und kleine Kugeln auf das bestrichene Filetstück dressieren. Mit Ofenparadeiser und in dünne Streifen geschnittene Chioggia (weiß und gelb) Rüben und zum Schluss Parmesanchips dekorieren.

Die nächste Art ist ein Zucchini-Carpaccio, das eher einem Salat als dem Gericht ähnlich schaut, von dem der Name herstammt.

Kurz, es wird eine Joghurtsauce mit Kräutern und Zitrone bereitet. Dann wird mit einem Sparschäler die Zucchini in dünne Streifen geschnitten und leicht gerollt auf einem Teller angerichtet, mit der Sauce beträufelt und zum Schluss mit frischen Kräutern bestreut. Das hat mit einem Carpaccio absolut nichts zu tun.

Und wieder muss ich feststellen, dass alles, wenn es nur dünn aufgeschnitten ist, zu verkaufen ist. Wie es schmeckt und wie es sich auf dem Teller präsentiert, ist Nebensache. Und wenn dann noch ein Name dahinter ist!!!!!!!!!!!!!!!

Eine dieser wunderbaren Speisen ist zum Beispiel das Vitello Tonnato, ein aus dem Piemont stammendes Antipasto, einer sehr guten, aus der italienischen Küche stammenden Vorspeise. Das mit Weißwein und Gemüse gekochte Kalbfleisch wird kaltgestellt und dann sehr dünn aufgeschnitten und mit einer Thunfischsauce überzogen und mit Kapernbeeren garniert.

Da lese ich allerdings dann von einem Vitello Forello

Liebes Weingut aus der Stammersdorfer Kellergasse, bleib bei deinen Weinen und überlasse das Kochen denen, die etwas davon verstehen. Und wenn schon, dann nenne das Gericht anders, um eventuelle Verwechslungen bei den Gästen zu vermeiden, die wahrscheinlich mehr Ahnung haben als du.

Das ist das, was ich meine: Jeder Hinz und Kunz kreiert etwas, gibt dem Gericht einen Namen, der vom Original nicht die Bohne hat, und glaubt, es ist der Himmel auf Erden, was er da fabriziert, Die Verblödung geht mit einer **Wassermelonen-Gazpacho** weiter.

Gazpacho, die WAHRE

Diese Suppe ist eine kalte Gemüsesuppe aus Tomaten, Gurken, Paprikaschoten, Tomatensaft, etwas Weißbrot, Olivenöl, etwas Sherryessig, Salz und Pfeffer und etwas Knoblauch.
Warum sehen die Leute nicht in ein Fachbuch? Kreativ sein ist in Ordnung, aber die Authentizität soll gewahrt bleiben.

Da ich gerade dabei bin, über Spezialitäten zu schreiben, möchte ich eine weitere erwähnen, und stelle mir gleich die Frage, warum muss ich wirklich alteingesessene Speisen, die international ihre Gültigkeit haben, verunstalten und daraus eine, wie mir scheint, Ableitung zu kreieren, die ihresgleichen sucht. Ich beziehe mich auf den

Caesar Salat

der aus der amerikanischen Küche kommt und dem Einfallsreichtum eines Italo-Amerikaner namens Caesar Cardini zugeschrieben wird, welcher seine Originalität hervorbrachte, die sich zu einer wahren Delikatesse und Gaumenfreude entwickelt hat. Wenn man das in seiner Originalität nur lassen würde.

Cardini, der ein Restaurant im mexikanischen Tijuana nahe der Grenze zu den USA betrieb, hatte die Idee, nachdem sehr viele US-Bürger den Nationalfeiertag, den 4. Juli 1924, in Mexiko verbrachten. Da es in Mexiko erlaubt war, zu trinken, war der Ansturm so groß, dass dem die Küche kaum gewachsen war. Da er Salat in ausreichender Menge zur Verfügung hatte, bot er ein neues Gericht an.
Für die Zutaten wird Eigelb mit Olivenöl, Knoblauch, frischem Zitronensaft, Worchestershiresauce, Salz und frischem schwar-

zen Pfeffer wie bei einer Mayonnaise zu einer Emulsion aufgeschlagen. Die Blätter von Römersalat werden mit dem Dressing vermischt und mit in Knoblauchöl gerösteten Croutons sowie Spänen von Parmesan vollendet.

Je nach Rezept kann der Caesar Salat

mit Sardellenfilets, Avocado, Tomaten, Garnelen, gebratener Hühnerbrust und Speck, der ebenfalls gebraten wird, ergänzt werden.

Aber nicht wie ich in einer Zeitung, die ein Großbäcker in Wien auflegt, in der sich der Küchenchef rühmt, ein neues Rezept für Caesar Salat zu haben, wobei er ein grünes Erbsendressing aus frischen Erbsen fabriziert mit, ich glaube, richtig gelesen zu haben, Bergkäse.

Wo bitte ist hier die Originalität der Speise?

Ich möchte noch dazu anmerken, dass ich während meiner Zeit, als ich Küchenleiter bei dieser Firma war, ebenfalls im Sommer einen Caesar Salat im Programm hatte, aber der war nach einem Rezept, welches ich mir in den USA angeeignet hatte.

Ein wahres Anliegen ist, die Speisen so authentisch zu kochen, wie es in einem Rezept oder in einer Überlieferung geschrieben steht, und nicht von dieser irgendwie abzuweichen. Denn dann ist es nicht mehr diese Speise und sollte anders benannt werden. Denn vieles hat einfach eine Geschichte und diese soll so ehrlich wie möglich erzählt werden. Auch wenn sie manches Mal unglaublich klingt.

Satay Huhn

So zum Beispiel eine indonesische Speise, das Satay Huhn

Wenn aber jemand glaubt, dass er nun Hühnerstücke in Kokosmilch tauchen, welche mit ein wenig Curry versetzt ist, und dann das Ganze mit Erdnussöl braten muss, ist da auf dem falschen Weg.
Denn alleine für eine gute Satay Sauce sind 12 bis 15 Zutaten notwendig. Die wichtigste Zutat aber sind die gerösteten und dann fein gemahlenen Erdnüsse. Weitere Zutaten sind dann natürlich die frische Kokosmilch, Zitronengras, frischer Koriander, Limette, Chili, Sojasauce, Frühlingszwiebel, Erdnussöl. Dann natürlich verlangt das alles nach einer gut abgestimmten Marinade mit Knoblauch, frischem Ingwer, Kurkuma, Kreuzkümmel, Honig, Salz, Chilipulver, fein gehacktem Koriander. Darum bin ich der Überzeugung, dass ich, wenn ich schon etwas in einer Broschüre zu Papier bringe, versuche, mir ein Rezept als Grundlage zu organisieren. Dann kann ich es vielleicht ändern, sollte es aber dann nicht so nennen. Denn die Originalität sollte gewahrt bleiben. Aber leider, wie ich auch schon erwähnt habe, ist die Welt des Kochens eine reine Glückssache. Nicht für uns, die Jahre lang in Küchen geschuftet hatten. Wir haben es ja gelernt!!!!!!!!!!!!!!!!!

Der bekannte englische Koch Heston Blumenthal (drei Michelin Sterne für das Restaurant „The Fat Duck“) ist ein an und für sich verrückter Koch, der sich der Molekularchemie und Küche verschrieben hat. Sogar er führt penible Recherchen durch, wenn er für eine seiner im englischen Fernsehen bekannten Sendungen eine Speise, wie sie in England beliebt ist, nachkocht. Sei es das Roastbeef mit Yorkshire Pudding oder die Fisch & Chips – er durchforstet alte Kochbücher, um diese Speisen so authentisch wie möglich zu gestalten.
Da kommen mir auch gleich zwei dieser in Österreich gängigen Speisen in den Sinn, bei denen so viel Schindluder betrie-

ben wird! Zum ersten: unser in Wien und weltweit so bekanntes Schnitzel. Es muss aus Kalbfleisch sein und nichts anderes. Es gibt kein Wiener Schnitzel vom Schwein, vom Huhn oder von der Pute oder von sonst einem Fleischstück.

Ich möchte den Schauspieler Franz Suhrada (der Polizist in Uniform beim Kottan) hier zitieren, der sagte:

„neulich bin i bei an Wirtshaus vorbei gangen do hab i glesen a Wiener Schnitzel von der Pute da bin i glei weida gangen"

Es gibt auch nicht wie in unserem Nachbarland ein Schnitzel mit Tunke oder sonstiger, dubioser Sauce. Auch ist es gang und gebe, dass ein Schnitzel teilweise mit wenig Öl auf einer Grillplatte fertiggestellt wird. Alles schon beobachtet in diversen TV-Sendungen. Welch ein Graus, das bringt mich natürlich zu dem Punkt, wie geht es wirklich mit dem Original Wiener Schnitzel.
Was aber die Originalität betrifft, da streiten sich ja noch heute die Gelehrten, woher es kommt. Wahrscheinlich ist der Ursprung von allem Panierten in Byzanz zu sehen, wo Fleischstücke mit Gold überzogen wurden. Denn Gold galt als Medizin.

Es wird dem Schnitzel unterstellt, dass es aus Italien kommt oder von noch weiter weg, aber alte Wiener Kochbücher besagen, dass es schon zur Biedermeierzeit Gebackenes in Wien gab. Und im 19. Jahrhundert findet sich bereits in Maria Anna Neudeckers allerneuestem allgemeinen Kochbuch von 1831 das Wiener Schnitzel vom Kalbfleisch.

Den Wienern wird nachgesagt, dass sie ihr Essen eher einfach zubereiten. Sie ersticken es in Mehl, ertränken es dann in einem Bad aus aufgeschlagenen Eiern, um es weiterführend mit trockenen Semmelbrösel nahezu luftdicht einzusargen. Danach wird es in Butterschmalz „ausebochn", also in der Pfanne schwimmend dem mittelbraunen Garpunkt zugeführt.

Darum sollten sich die Leute nicht so sehr auf eventuelle Geschichtsforschungen begeben, sondern einfach ein Schnitzel, wie es sein soll, machen und auch genießen.

Das Wiener Schnitzel

Für das Wiener Schnitzel wird Kalbfleisch entweder aus der Kalbsnuss oder dem Kalbskarree geschnitten. Das Fleisch wird dann zwischen einer Folie, die das Fleisch schützt, mit einem Plattiereisen dünn geklopft. Einen handelsüblichen Fleischklopfer zu verwenden, ist nicht anzuraten, denn durch die Metallauflage wird das Fleisch zu sehr in der Struktur geschädigt. Es hilft auch nicht, wenn der Fleischklopfer mit Klarsichtfolie umwickelt wird, wie Koch Henssler erklärt, wie ein Wiener Schnitzel zu zelebrieren ist. Nachdem das Fleisch plattiert wurde, leicht salzen und dann in Mehl, Ei und feinen Brösel panieren. Von der Zugabe von Milch, Wasser oder sonstiger Flüssigkeit zum Ei rate ich ab, denn beim Braten entsteht Wasserdampf, der zwar das Schnitzel soufflieren, aber dann auch wieder zusammenfallen lässt. Eine alte Weisheit besagt auch, dass das Fleisch stark im Mehl, stark im Ei, aber nur leicht in den Brösel zu wenden sei. Und nicht, wie man es oft auch sieht, dass, nachdem das Fleisch in den Brösel gelandet ist, munter darauf geklopft wird und die Brösel so richtig darauf gepresst werden.
Dann kommt das Fett. Soll es Schmalz, Butterschmalz oder einfach Öl sein? Ich appelliere an den Geschmack des jeweiligen Kochs. Ich persönlich bevorzuge Pflanzenöl. Von reinem Olivenöl rate ich ebenfalls ab, da der Hitzepunkt nicht so hoch ist, wobei das Öl nicht mehr als 170° haben soll. Die Probe ist, dass, wenn ich einige Brösel in die Pfanne gebe, diese kurz aufschäumen sollen. Dann das Schnitzel in die Pfanne geben und mit leichten Bewegungen schwenken, damit das Fett über das

Schnitzel überschwappen kann. Damit leite ich den Soufflier-Vorgang bereits ein und, nachdem das Schnitzel gewendet ist, backe ich es fertig. Herausnehmen und auf Küchenkrepp abtropfen lassen.

Und mein Vater pflegte dann noch zu meiner Mutter zu sagen.

„Mochs so trocken, dass, wann i mi mitn Hintern draufsetz, kane Fettflecken auf der Hosn san."

Eine wissenschaftliche Erklärung zum Wiener Schnitzel:

Obwohl bei dieser Zubereitungsart im Vergleich zum Kochen im Wasser eine doch höhere Temperatur erreicht wird, ca. 180°, ist diese Temperatur zwar hoch genug, um ein schnelles Garen zu gewährleisten, aber nicht hoch genug, um im Rahmen der Garzeit eine angenehme Optik zu erzielen.
Dieses Manko wird im Fall des Wiener Schnitzel und ähnlicher Gerichte dadurch umgangen, dass die Oberfläche der Speise biochemisch aufbereitet wird. Mithilfe von Mehl, Ei und Brösel wird eine Hülle geschaffen, die im Rahmen der knappen Garzeit eine angenehme Optik (goldbraun) und ein gewünschtes Mundgefühl (knusprig) schafft und als Nebeneffekt auch olfaktorisch wirksam wird. Farbe und Geruch entstehen bei gebratenem Fleisch (Eiweiß) allgemein durch die Maillard Reaktion. Das bedeutet, dass sich die Zuckermoleküle und Proteine unter Hitzeeinwirkung und Wasserausschluss verändern, sie verbinden sich zu einem größeren Molekül (Amadori-Komplex) und es entwickeln sich aromatische Bräunungsstoffe. Durch die Backtemperatur, die ca. 80° über der Siedetemperatur des Wassers liegt, verdampfen wässrige Einschlüsse an der Oberfläche, die das Schnitzel knusprig machen, außerdem wird diese Schicht undurchlässig und verhindert so, dass sich das Schnitzel mit Fett vollsaugt. Durch die Verwendung der Semmelbrösel kommt es auch zu einem Abbau von Stärke (Polysachariden) zu Dextrinen, auch dieser Vorgang unterstützt die Braunfärbung. Da das Schnitzel im Fettbad aufschwimmt, entsteht kei-

ne Schauseite wie zum Beispiel bei den in der Pfanne gebratenen Schnitzel. Zusammenfassend kann gesagt werden, dass das, was den Reiz des Wiener Schnitzel ausmacht, durch Zutaten entsteht, die nur deswegen beigefügt werden, um das Garen in tiefem heißem Fett mit einem annehmbaren kulinarischen Ergebnis zu ermöglichen.

Die Garnitur sollte mindestens eine in Spalten geschnittene Zitrone sein, denn diese Unart, eine Scheibe als Garnitur, ist eigentlich nicht passend. Die alte Garnitur war eine halbe Zitrone, die eine Sardelle mit Kapern vorsah.
In den ganz vornehmen Häusern war die Zitrone noch in ein kleines Netz gehüllt.
Jetzt kommt natürlich die Beilage. Es ist absolut nicht falsch, einen grünen Salat und in der Pfanne leicht gebratene Petersilienerdäpfel zu servieren.

Aber natürlich ist der Erdäpfelsalat, am besten vom Kipfler, einer fast ausgestorbenen Erdapfelsorte, das Um und Auf dieser Speise. Aber es kommt natürlich auf den Salat an.

In einer Frauenzeitung habe ich ein Rezept für einen Erdäpfelsalat gesehen, der mich sehr verwundert hat. Es werden Ausdrücke verwendet, die zu dem Salat nicht passen. Es war richtig, die Erdäpfel zu kochen, noch warm zu schälen und zu schneiden, dann mit den restlichen Zutaten wie Salz, Pfeffer, Zwiebel, Essig, Öl zu vermengen, aber dann kam das Wort Rinderfond, besser wäre Rindssuppe, in Wien a Rindssuppn, und der Rinderfond hat in einem Salat eigentlich nichts verloren. Den Rinderfond ist Saft und der hat in einem Salat nichts verloren.

Wahrscheinlich hat der Ersteller des Rezeptes hier etwas Grundlegendes verwechselt.

Denn beim Salat werden die warmen Erdäpfel in eine Schüssel, in der sich die Marinade befindet, geschnitten. Diese besteht aus Salz, Pfeffer, Zucker in Wien, Essig, Öl, Zwiebel, entweder weiß oder rot, eventuell etwas Senf, und dann kommt warme Rindsuppe darüber und wird abgemischt. So entsteht ein für Wien typischer Salat, der ein wenig, wie ich sage, „schlatzig" ist. Nicht zu flüssig, aber auch nicht trocken oder nur mit einer klaren Marinade. Und das bringt mich gleich zu meinem nächsten Punkt.

Das Kinderschnitzel und seine Freunde

Das Kinderschnitzel ist die Verblödung unserer Kinder. Warum kann man nicht unsere Kinder wie kleine Erwachsene behandeln?

Muss ich auf der Speisekarte wirklich Namen wie Pinocchio Schnitzel oder Biene Maja oder sogar Riesen Rübezahl für diverse Speisen hernehmen? Kann ich nicht einfach dem Kind eine Speisekarte geben, sofern es schon lesen kann, und dem Kind die Entscheidung selber überlassen? Es kann dann diese Speise in einer halben Portion bestellen. Das geht doch auch für ältere Personen. Und da wir alle wissen, dass Kinder, egal, welchen Alters sie auch sind, Schnitzel mit Pommes und Ketchup gerne haben. Warum auch nicht, nur benennt es auch so. Für die ganz Kleinen ist es doch ideal, da es ja auch in jeder Küche Saft und irgendwelche Nudeln gibt, um sie dem Kleinkind zu offerieren. Genau so kann man sich bei den Nachspeisen verhalten. Es kann doch nicht immer der Micky Maus Becher sein, wenn gleich diese Eissorten von der Industrie hergestellt werden. Kann nicht einfach die Phantasie in den Bereich des Desserts Einzug finden, um dem Kind eine Nachspeise zu kredenzen, die Spaß macht und zugleich Freude bereitet.

Gehen wir endlich davon weg, dass man die kleinen Lieblinge wie Idioten behandelt, und geben wir ihnen etwas von einer Selbstständigkeit zurück, damit diese Kinder später nicht in den Modus verfallen und mit 25 Jahren noch immer ein Micky Maus Teller bestellen.
Aber nicht nur bei uns, sondern, wie ich in einer australischen Fachzeitung lesen musste, wird eben dort wie in Österreich verfahren.

Kids Menu 12 Years & Under

Frühstück

I don't know
Drei Junior Pfannkuchen mit Chantilly-Obers und Ahornsirup

I don't care
1 Ei, 2 Streifen geräucherter Speck, gebratene Erdäpfel

Frühstück serviert von 6.00 bis 11.00 Uhr

Mittag- und Abendessen

I'm not hungry
Gebackene Hühnerstreifen

I don't want that
Gegrillter Käse

I wan't to go to McDonald's
Junior-Cheese-Burger mit Pommes

I wan't to go home
Fisch & Chips

Serviert von 11.00 bis zur Sperrstunde

Gehen wir davon aus, dass wir unseren Kindern statt der Verblödung mit Phantasienamen für Essen die Grundregeln der Esskultur beibringen.

Die da wären:

1. Vor dem Essen die Hände zu waschen.
2. Dass die Serviette verwendet wird, bevor man einen Schluck zu sich nimmt, damit keine Fettränder am Glasrand bleiben.
3. Das Besteck korrekt zu halten und das jeden Tag.
4. Nie das Messer abzuschlecken.
5. Das Brot zu brechen, statt zu schneiden.
6. Pausen zu machen beim Essen, das Besteck über Kreuz abzulegen.
7. Das Besteck parallel abzulegen, wenn man mit dem Essen fertig ist.
8. Den Zahnstocher nicht bei Tisch zu verwenden. Bei Benutzung den Tisch verlassen.
9. Niemand steht während des Essens auf, auch nicht zum Telefonieren.
10. Wichtig Bitte und Danke zu sagen, eventuell mit einem kleinen Zusatz wie „Danke, nein, ich bin schon satt“ und sich bei Fehlern zu entschuldigen.

Sprechen beim Kauen ist verpönt, nicht aber das Reden zwischen den Gängen. Nachhaltigkeit und Qualität brauchen Achtsamkeit. In diesem Sinne tragen Tischmanieren ein Stück weit zu einer gesunden Ernährung bei. Denn Sitzhaltung, langsames Essen und ordentliches Kauen wirken sich positiv auf die Gesundheit und das Miteinander aus.

Aber das sind, wie wir in Wien sagen, nur kleine G'schichten. Was aber nichtsdestotrotz manche Menschen zu den kuriosesten Kochentgleisungen veranlasst.

Wie das nun beschriebene Lehar-Schnitzel

Das Lehar-Schnitzel kommt in keiner Fach- oder sonstiger Publikation vor. Da hat halt ein Pseudo-Hobbykoch etwas erfunden und dann sofort von einem kleinformatigen Schmierblatt € 36.50 für eine Publikation erhalten.

Die Zutaten:
4 Kalbsschnitzel, 4 EL Öl, 30 dag Champignon, 1 kleine Zwiebel, 1 El Butter, Salz, Pfeffer, Petersilie. Sauce: 3 El Mehl, 2 El Paradeismark, 1 Suppenwürfel, Zitronensaft, geriebener Käse.

Die Zubereitung:
Schnitzel klopfen und an den Rändern einschneiden, würzen, in heißem Öl beidseitig scharf anbraten (Wie geht scharf anbraten? Wahrscheinlich, um die Poren zu schließen – auch so ein schwachsinniger Ausdruck, der nicht von der Bildfläche verschwindet), herausnehmen und in eine ofenfeste Form legen. Champignons putzen und nicht zu fein schneiden. In heißer Butter fein gehackte Zwiebel und Petersilie anlaufen lassen und die Champignons darin kurz dünsten, dann über die Schnitzel verteilen, den Saft auffangen. Im restlichen Bratenfett der Schnitzel eine Einbrenn bereiten, mit der von den Champignons stammenden Flüssigkeit aufgießen, mit Suppenwürfel, Zitronensaft und Paradeismark kräftig würzen. Dann diese Einbrenn über die Schnitzel gießen und dick mit Käse bestreuen. Zugedeckt im Rohr bei 200° etwa eine Stunde braten.

Wenn ich nun so etwas als Koch lese, zweifle ich allen Ernstes an dem Verfasser dieses Rezeptes. Alleine in meiner Vorstellung, wie die Einbrenn wie ein hässlicher Papp ausschaut und dann zum Schluss den Käse darüber – und eine Stunde bei 200° braten! Wie Leute auf den Gedanken kommen und den Namen von Personen missbrauchen. Lehar wäre begeistert gewesen. Als Koch oder besser gesagt Pseudokoch, lieber Herr Gerhard Pircher aus Innsbruck, sind Sie bei mir auf jeden Fall durchgefallen. Denn ich würde nicht einmal in Betracht ziehen, diesen Blödsinn nachzukochen. Sie sollten lieber bei dem, was auch immer sie gelernt haben, bleiben.

Damit ist aber noch nicht alles gesagt über das von uns so geliebte Schnitzel:

In dieser obskuren, kleinformatigen Zeitung war auch folgendes Rezept für ein Schnitzel zu lesen. Leider habe ich aufgrund der nachfolgenden Rezeptur den Namen (oder war es ein Parmesanschnitzel) vergessen, der aber eigentlich bedeutungslos ist, allein nur die Zubereitung war, was mich sehr erheiterte. Man nehme die Schnitzel, klopfe sie und schneide sie dann in 6x6 cm große Stücke. Man paniere sie und brate sie heraus. Was geschieht mit den anderen Fleischstücken, die überbleiben? Warum muss das Schnitzel quadratisch sein? Wächst denn das Fleisch nicht so natürlich, dass es, wenn geschnitten, genau so schmeckt wie das in Quadrate geschnittene? Oder ist es jetzt modern, dass nach Vorlage und Berechnung gekocht wird? Muss man daher ein kleiner Einstein sein beim Kochen?

Das Wald4tler-Schicht-Schnitzel

Zutaten:
4 Schweineschnitzel, 25 dag Selchspeck, 25 dag Edamer (Gouda), 250 ml. Cremefine zum Kochen, ½ Lt. Wasser oder Suppe, 15 dag Mehl, 50 dag Spaghetti, Salz, Pfeffer, Muskat

Zubereitung:
Kleinwürfelig geschnittener Speck, geriebener Käse, Cremefine, Wasser oder Suppe, Mehl, Salz, Pfeffer und eine Prise Muskat verrühren. In eine Auflaufform zwei Schnitzel legen, mit der Hälfte der Spaghetti belegen und mit etwas Sauce übergießen. Wieder eine Schicht Fleisch, dann Spaghetti und die restliche Sauce darüber gießen. Mit etwas geriebenem Käse bestreuen. Ca. 1 Stunde bei 180° im Rohr backen. Mit Gemüse und Salat servieren.

Leider hat der Verfasser dieses Rezeptes, welches von der kleinformatigen Zeitung mit € 36,50 belohnt wurde, einige Dinge nicht ins Kalkül gezogen. Sind die Spaghetti nun roh oder kommen sie gekocht in den Auflauf? Wenn die genannten Zutaten für die Sauce kalt zusammengemischt werden, entstehen da keine Mehlklumpen? Ich habe das Rezept Wort für Wort von der Sonntag-Zeitung übernommen und verstehe es nicht ganz. Aber ich bin ja nur ein gelernter Koch und habe daher für Rezepte, die von unseren Hausfrauen oder sogenannten Hobbyköchen

kommen, nicht das Verständnis. Ich würde mich auf jeden Fall der Meinung eines Kollegen aus Deutschland anschließen, der eine Sendung hat, in der er über Gaumen-Schmaus oder Gaumen-Graus berichtet. Ich würde diesem Rezept definitiv den Titel „Graus“ verleihen.
Am einfachsten ist es aber, für dieses Gericht einfach alle Zutaten in einer großen Schüssel zu vermengen und dann in eine Auflaufform zu schütten und zu backen. Oder in den berühmten Ordner für Allfälliges zu entsorgen.

Kochen Leute so einen Unsinn wirklich zu Hause????????? Und kaum glaubt man, es geht nicht mehr, kommt von irgendwo der nächste Unsinn daher, wie die Paprika-Schnitzel-Lasagne:

Da werden Zwiebel fein gewürfelt, färbiger Paprika ebenfalls. Beides mischen, mit Salz, Pfeffer und Paprikapulver würzen. Backofen auf 175° erhitzen. Schnitzel waschen, trocken tupfen, mit Salz und Pfeffer würzen, in Mehl wenden, dann Schnitzel in Schichten mit der Paprikamischung in eine Auflaufform schlichten. Obers mit Ajvar mischen und über die Schnitzel geben. Ca. 1 bis 1 ½ Stunden zugedeckt garen. Dann ca. 1 Stunde offen weiter garen. Käse über die Lasagne streuen und weitere 20 Minuten offen überbacken. Als Beilage werden Nudeln in reichlich Salzwasser gekocht, die anschließend mit gehackter Petersilie bestreut werden. Wie sich da aus der Koch- und Backzeit ergibt, ist das ein Essen für Leute ohne Zähne. Wer wendet fast 3 Stunden auf, um so etwas zu kochen? Siehe Bemerkung einige Zeilen weiter oben. Eine besondere Zutat für diese Speise ist im Rezept angegeben: 4 Stiele Petersilie. Ich weiß, dass in den Stielen sehr viel Geschmack ist, aber würde da nicht ein kleiner Bund davon reichen?

Damit aber nicht genug

Auf Facebook habe ich kürzlich ein Rezept gelesen, welches mir wirklich die Haare zu Berge stehen hat lassen. Der Titel war: Ein überbackenes Schnitzel mit Champignons. Okay, kann ja nicht schlecht sein, aber bereits beim Lesen der Zutatenliste sind mir dann ernste Bedenken gekommen, denn was hat ein Gulyas in einem sogenannten Champignonschnitzel verloren?

Aber jetzt kommt es dick: Die Schnitzel werden ganz wie üblich paniert, herausgebacken, wobei steht, man soll sie nicht durchbacken, sonst werden sie hart. Die Schnitzel beiseitestellen und dann Zwiebel und das Rindfleisch anbraten, würzen und etwas einkochen. Die Schnitzel in eine Bratpfanne legen und mit dem Gulyas bedecken. Nebenbei die Champignons blättrig schneiden, in Butter schwenken und mit Suppe angießen, etwas einkochen, dann etwas Obers zufügen, würzen und das alles über die Schnitzel geben. In den Ofen schieben und weich garen. Jetzt frage ich: Warum müssen die Schnitzel paniert werden, wenn ich dann allerlei darüber gebe, wobei die Panier wieder aufgeweicht wird? Kann man das nicht mit einem Naturschnitzel machen und wozu das Gulyas???????

Das alles ist natürlich nur die Spitze der ernüchterten Kost, welche in diversen Gasthäusern und Restaurants und, wie gesagt, von diversen Hobbyköchen zubereitet wird. Ich meide Hobbyköche und im Speziellen die, welche mir erklären, wie man diverse Speisen zubereitet, welche ich schon seit Jahrzehnten zur Zufriedenheit meiner Gäste gekocht habe.

Nicht zu vergessen ist natürlich der Drang der Leute, welche sich nicht von Fleisch, Milch, Käse oder sonstigem ernähren, also die Vegetarier oder noch schlimmer die Veganer, die aber trotzdem alles oder vieles, was sie zu sich nehmen, immer noch den von ihnen verpönten Speisen zu ähneln, wie das vegane Schnitzel auch von Hand geerntete Kräutersaitlingen, Reis, Rapsöl und Gewürzen. Wie kann das schmecken? Der Fleischersatz ist flach wie eine Flunder, etwas zu flach für Schweinefleisch. Beim Anschneiden erkennt man die Reiskörner, auch farblich ist diese Mischung heller als zartrosa Fleisch. Der Biss ist

eher fad und nicht zu vergleichen mit dem Original. Für mich einfach indiskutabel.
Warum wird nicht der Kräutersaitling als solcher verarbeitet? Ich stelle mir vor, Kräutersaitling paniert muss gut schmecken. Warum also ein Schnitzel daraus machen.

Bericht über ein österreichisches Lokal in Salzburg

Der Gast schrieb: Leider bin ich sehr enttäuscht von dieser Lokalität.
Das Kalbsschnitzel war extrem dünn zwischen der Panade, nur etwa einen Millimeter Fleisch. Auch war die Qualität nicht die beste, da es aus mehreren schmalen Streifen bestand. Zudem konnte der Schweinsbraten nicht wirklich überzeugen, er war viel zu fett und wurde von einem extrem dünnen Saft begleitet. Die so geliebte Kruste, die jeden Schweinsbraten den krönenden Höhepunkt verleiht, war überhaupt nicht vorhanden. Dafür war das Fleisch eher trocken und es fehlte jegliche Würze. Ein österreichisches Restaurant oder ein Betrieb, der sich so nennt, sollte es eigentlich beherrschen und diese zwei typischen Speisen richtig zubereiten. Sollte das aber nicht der Fall sein, sei es besser, diese Speisen nicht auf die Karte zu setzen. Es besteht auf jeden Fall ein gewisses Verbesserungspotenzial.

Das Nächste, das ein Wienerherz schmerzt und fast zum Weinen bringt, ist wie in einer allerdings deutschen Frauenzeitung beschrieben:

„Das Wiener Schnitzel vom Rind"

was natürlich überhaupt nicht geht.

Um das alles noch zu toppen, wird mit einer kleinen Rubrik „minus" in einer Beilage einer Tageszeitung auf ein Gasthaus in Hernals (17. Wiener Gemeindebezirk) aufmerksam gemacht und in einer Bezirkszeitung „mit feinster Wiener Küche" beworben. Ein Wirtshaus im Grätzl will sich durch das „Du Chef Schnitzel" hervorheben. Dies ist ein gebackenes Wiener Schnitzel vom Schwein mit Schinken und Champignons, welches mit Käse und Tomaten (Paradeiser) überbacken wird.
Olga Hess, die Verfasserin vieler Kochbücher (Wiener Küche), würde sich im Grab umdrehen angesichts dieser Vergewaltigung eines unserer Aushängeschilder der Wiener Küche.

Einige Worte über das gekochte Rindfleisch

Ein gerade fast kultisches Zeremoniell rund um das gekochte Rindfleisch hatte sich in der zweiten Hälfte des 19. Jahrhunderts gerade in Wien entwickelt. Den Anstoß dazu dürfte kein Geringerer als Kaiser Franz Josef gegeben haben. Das genaue Rezept für seine Suppe ist leider nicht mehr verfügbar, aber einen kleinen Einblick kommt von den Herren Hess, Scheichelbauer und Sirowy, die das Hilfsbuch für den Servierunterricht an Schulen für Gastwirte geschrieben haben (1873). Hier heißt es: Brustkerne, zwei Riedee (Rostbraten), zwei Beiriede (englischer Braten), zwei Lungenbraten, zwei Schwanzel oder Tafelstücke und zwei Schalen der Schulter, und das übrige Fleisch in kleinen Teilen. Der Kopf, der Wadschinken samt dem anderen Gebein, wird als Zuwaage gegeben. Als einfach gesottenes Rindfleisch wird empfohlen: das Kügerl, der Brustspitz, die Schulter, der Rieddeckel oder das Riedhüftel. Zum Braten oder Dünsten werden hingegen der Lungenbraten, der Rostbraten und das Beiried empfohlen.

Dabei war das gekochte Rindfleisch bis ins 19. Jahrhundert hart umkämpft. Gekochtes Rindfleisch war erst nach der Erfindung des Topfes gekommen und außerdem ging durch das lange Kochen viel Eigensaft des Fleisches verloren. Brillant Savarin teilte in seiner Philologie des Geschmackes 1825 die Suppenfleischesser in vier Kategorien: der Gewohnheitsmensch, der Ungeduldige, der Unaufmerksame und der Fresser. Abschließend urteilte er, die Leute vom Fach essen niemals gekochtes Rindfleisch, einmal aus Achtung vor den strengen Grundsätzen, und zum anderen, weil sie vom hohen Katheder aus diese unbestreitbare Wahrheit verkündet haben.

Der deutsche Antonius Anthus dozierte 1836 in einer Vorlesung über Esskunst noch abfälliger. Der lieben Suppe folgt nun in der Regel das liebe gesottene Rindfleisch, welche jenem ihre Existenz verdankt, ohne welches sie gar nicht auf der Welt wäre. So hielt das Rindfleisch am Hofe Einzug. Und Joseph Wechsberg folgte daraus: Gekochtes Rindfleisch ist die Seele der Wiener Küche.

Da der Kaiser als sehr sparsam galt, genügte ihm einfache Kost wie gekochtes Rindfleisch und Beilage. Vom kaiserlichen Hof ausgehend wurde das schlichte Gericht über die Dienstboten in bürgerliche Häuser gebracht und so wurde der Tafelspitz zur Norm des großbürgerlichen Essens.

Da stellt sich nun die Frage, wie Rindfleisch richtig gekocht wird: Auf jeden Fall nicht so, wie die Aussage eines Küchenchefs in einem Salzburger Kloster, welches bekannt ist für eben diese Speise. Er setzt den Tafelspitz im kalten Wasser an mit der Begründung, dass dieser dann nicht trocken wird. Ich habe gelernt, dass ich, wenn ich eine gute Suppe will, das Fleisch so ansetze, ABER wenn das Fleisch saftig bleiben soll, kommt es in bereits kochendes Wasser, damit der Maillard-Effekt eintritt (und sich die Poren nicht schließen) und das Fleisch eben durch diesen saftig bleibt. Später wurde daraus das

„Alt Wiener Backfleisch"

Da aber dieses wiederum nicht genug war, hatten die Wiener bald noch eine andere Art der Zubereitung gefunden, und so wurde das gekochte Rindfleisch, welches aufgrund der all zulangen Kochzeit etwas ausgelaugt war, und deshalb (Tafelspitz oder Schulterscherzel) in Scheiben von 0,8 cm geschnitten, dann mit scharfem Senf bestrichen und in Kren getaucht wurde, um es geschmacklich etwas zu verfeinern. Danach wurde es wie ein Schnitzel paniert und in Butterschmalz herausgebacken. Mit lauwarmem Erdäpfelsalat servieren.

Da aber in Wien vieles anders ist, gibt es hier eine zweite Variante, welche auf die Zeit von Kaiser Franz Joseph zurückgeht. Das Siedefleisch gehörte natürlich schon in der ersten Hälfte des 19. Jahrhunderts in der kaiserlichen Hofküche zum Standard, aber endgültige Bekanntheit erlangte es dann durch den Kaiser. Variante zwei: Wenn vielleicht kein gekochtes Fleisch vorhanden war, wurde demnach ein gut abgelagertes Stück von Beiried, Rostbraten oder Lungenbratenkopf, der dünn geschnitten und nach dem Salzen und Pfeffern auf einer Seite mit scharfem Senf eingestrichen und mit etwas frisch gerissenem Kren noch verfeinert wird. Dann wird es wie ein Schnitzel paniert und herausgebacken. Serviert mit Erdäpfel-Vogerlsalat.

Eine weitere Speise ist das allseits bekannte und mit einer Geschichte behaftete:

Cordon bleu

Die Gesellschaft ist sich nicht einig, wo es eigentlich wirklich kreiert wurde. Einer These nach stammt der Name von der gleichnamigen Auszeichnung für besondere Kochkunst in Frankreich. Umgangssprachlich übersetzt könnte es aber auch „Küchenfee" heißen. Wo aber das besondere Schnitzel wirklich herkommt, können wir jedoch nur vermuten …

Die wohl bekannteste Legende geht auf Leopold Ziegenbein zurück, einem Seemann, dem im Jahr 1929 das Schiff Bremen übergeben wurde und er darauf in 4 Tagen, 17 Stunden und 42 Minuten bei der Jungfernfahrt den Atlantik überquerte. Damit holte sich der Dampfer den begehrten Preis, das „blaue Band", eine Auszeichnung für die schnellste Atlantiküberquerung. Nachdem ihm ein Jahr später das Schwesternschiff, die „Europa", dieses Band streitig machte, trat er 1933 an und holte das blaue Band zurück. Aus diesem Anlass lud er zu einer großen Feier ein. Da aber sein Schweizer Koch beauftragt wurde, etwas mit Käse zu kochen, musste sich dieser, da er schon Kalbfleisch geschnitten hatte, etwas einfallen lassen, und so nahm er den Käse und etwas Schinken, füllte das Fleisch damit, um es dann in einer Panade aus altem Brot zu panieren. Zu Ehren der Trophäe nannte er das Gericht „Cordon bleu", was übersetzt blaues Band heißt. Bis heute kommt der Klassiker bei uns auf den Tisch.

Nur sollte, wenn es ein Original Cordon bleu ist, laut österreichischem Lebensmittelbuch wie beim Wiener Schnitzel nur Kalbfleisch verwendet werden.
Es gab sogar am 9. Februar 2012 vom Verwaltungsgericht Stuttgart eine Entscheidung, dass in einer Puten-Form-Schnitte „Cordon bleu" nur Schweineschinken und echter Käse verarbeitet sein dürfen. Bei Verwendung von Putenschinken und Schmelzkäse darf das Gericht nicht als „Cordon bleu" bezeichnet werden.

In Österreich wurde sogar die Schreibweise so gewählt: „Gordon mit einem G, nicht mit einem C bleu“, um in der Schreibweise darauf hinzuweisen, dass Schweinefleisch verwendet wurde.

Es wird aber heute noch in sehr vielen Gasthäusern auf Teufel komm raus alles nur Erdenkliche in das Fleisch gefüllt, um es dann mit den irrwitzigsten Namen als „Cordon bleu“ zu verkaufen. Natürlich wird auch vor Gemüse (Spargel Cordon bleu, Kohlrabi Cordon bleu) nicht Halt gemacht und wiederum, was das Zeug hält, hineingefüllt.

Dass man aber mit Lachs ein Cordon-bleu macht, ist auch mir einfach nicht ganz geheuer, noch dazu mit Brie und Basilikum. Schon alleine die Vorbereitung erfordert es, den Lachs von Haut und Gräten zu befreien. In den portionierten Lachs dann Taschen schneiden und mit dem Brie und einem Basilikum-Blatt füllen. Wo ist der obligatorische Schinken? Dann salzen und pfeffern und mit Zitronensaft beträufeln. Wie ein Schnitzel panieren und goldbraun herausbacken. Nach dem Lieblingsrezept von einem Kunden der kleinformatigen Zeitung als Beilage Sauerrahm-Erdäpfel servieren. Jetzt stellt sich die Frage: Sind die Rahm-Erdäpfel kalt oder warm und wie lässt sich das mit dem gefüllten Lachs vereinbaren? Und wiederum wurden für diesen Schwachsinn von der Zeitung € 36,50 bezahlt. Leider!

Aber den Bock hat wirklich eine Wiener Fachzeitung geschossen.

Das Knödel-Cordon-bleu mit Paradeissalat
Oder das Leberkäs-Cordon-bleu
Auch vor dem Dessert schrecken sie nicht zurück, wie das Mango-Cordon-bleu zeigt

Welch einem kranken Kopf, denn Hirn kann man so was ja nicht nennen, entspringt diese Speise? Ich könnte mir vorstellen, dass in einem Haushalt eben die Zutaten für das vorhanden sind und die Hausfrau aus Gründen der Resteverwertung für ihre Familie dieses Gericht zaubert. Aber bitte nicht in Fachzeitungen und noch weniger in einem Restaurant. Wir haben doch eine Verpflichtung dem Gast gegenüber, Speisen so zuzubereiten, wie es eben unsere Tradition vorgibt und wie wir es gelernt haben. Wir werden ja eben durch diese Sinnlosigkeit in unserer Kochkunst so heruntergezogen. Denn der nächste Gast, der diesen Schwachsinn gelesen hat, beschwert sich dann, weil eben solche Speisen nicht auf unserer Karte sind.

Und das bringt mich nun auf die Kollegen vom Fernsehen.

Aber was ist das alles gegen unseren Superkoch aus dem Fernsehen. Er faschiert sogar ein Cordon bleu! Jetzt stellt sich aber ernsthaft die Frage, wie man das verstehen soll. Der erste Eindruck ist, wenn ich das lese, er macht ein herkömmliches Cordon bleu und faschiert es. Oder wenn man dann das Geschriebene liest, kommt man darauf, dass er wirklich Schweinefleisch faschiert, mit Obers, Eiern und Brösel vermengt, diese Masse dann zu flachen Laibchen formt, mit Schinken und Käse belegt, diese zusammendrückt, in einer Pfanne beidseitig braun brät, in ein Gefäß legt und im Rohr bei 180° 20 Minuten brät. Immer wieder mit Bratensaft begießen (woher kommt der Bratensaft?). Und eben hier beginnt für mich der Schwachsinn und gleichzeitig die Verblödung der Personen, welche sich das eventuell ansehen.

Dazu serviert er einen Erdäpfelsalat, den er mit den üblichen Gewürzen wie Salz, Zucker, Essig, Öl, Schnittlauch und Zwiebel zubereitet, dazu kommt lauwarmes Wasser (in Wien nimmt man Rindssuppe) und dann – oh Schreck – wird vor dem Servieren Sauerrahm unter den Salat gemengt und mit frischen Kräutern bestreut. Und darauf sind die noch stolz und geben das Wissen via Zeitung weiter. Das ist fast so schlimm wie der komische Bayer aus München mit seinen Gulyas-Variationen.
Nur eines ist noch zu erwähnen. Originalität und Qualität stehen aber in vielen Fällen auf Kriegsfuß. Auch habe ich nie in einen griechischen Landwirt gebissen, obwohl es das griechische Bauern-Cordon bleu gibt.
Was mich gleich weiter zu einem Kuriosum bringt.

„Das Butterschnitzel"

das weder mit Butter noch mit Schnitzel zu tun hat, sondern die Krönung aller faschierten Laibchen ist. Das ist auch so eine Wiener Spezialität, die in keiner guten Wirtshausküche fehlen sollte und auch als solches wirklich zelebriert wird.

Es besteht aus magerem Kalbfleisch ohne Sehnen und nichts anderem, kein Schwein oder Speck, nur Kalbfleisch, wenig Semmel ohne Rinde in Obers eingeweicht, Ei, Salz, Pfeffer, etwas Muskatnuss und etwas Zitronenschale abgerieben. Diese Masse wird abgearbeitet und dann zu ovalen Laibchen geformt, die dann auf beiden Seiten kurz angebraten werden, dann stehend in eine Pfanne geschlichtet und mit einem Kalbsjus übergossen und im Rohr fertig gebraten werden. Dazu wird klassisch Erdäpfel-Püree und grüner Salat serviert.

Da aber auch diese Speise zwei Seiten hat, kommt in einer Zeitung eines Supermarktes unter dem Titel „Frisch Gekocht" folgendes auf den Tisch.

„Rindsbutterschnitzel"

mit Schnittlauch-Erdäpfel-Püree und Cranberry-Zitronen-Relish und das ist etwas, wo der Schreiberling Punkt eins keine Ahnung von der Gesetzeslage hat und zweitens nur etwas von irgendwo abgeschrieben hat, denn Recherche hat er sicher nicht betrieben. Denn wie er schreibt: Den in der Pfanne verbliebenen Bratensatz mit Tomatenmark und Zucker bei starker Hitze 30 Sekunden verrühren und mit Suppe ablöschen. Für mich ist er der Verfasser eine gastronomische Wildsau.

Die Geschichte ist aber noch nicht am Ende, denn fast im wöchentlichen Turnus erscheint in irgendeiner Zeitung die unendliche Geschichte des Butterschnitzels.

Dieses Mal ist es das arme

„Rehbutterschnitzel“

Da wird in einem Rezept in einer kleinformatigen Zeitung ein Abklatsch dieser so wunderbaren Speise gedruckt. Zwiebel, Petersilie, in Butter mit Knoblauch anschwitzen, entrindete Semmel mit erhitzter Milch übergießen, mit Salz und Muskat würzen und dann mit dem Fleisch und Speck faschieren. Die Eier dazugeben, würzen, mit einem Teelöffel Preiselbeermarmelade und Dijonsenf durchkneten, und aus der Masse Laibchen formen und in Rapsöl herausbraten. Von einem Butterschnitzel, wie es sein soll, und daher auch so genannt werden darf, ist das weit weg. Es ist eben nur ein faschiertes Laibchen vom Reh, das ein wenig als Butterschnitzel verkleidet ist, zumindest dem Namen nach.

Und das Ganze kommt vom Knappenhof Reichenau/Rax. Man sollte in diesem Fall die Wirtsleute darauf aufmerksam machen, dass es eine Lebensmittelverordnung, den Codex Alimentarius Austriacus, gibt, welche die Speisen genau beschreibt und angibt, unter welchem Namen sie verkauft werden dürfen und müssen. Alles andere ist eine Irreführung der Kunden.

Da es sich aber um teilweise geschützte Namen, oder noch einfacher, um Speisen, die in der Bevölkerung eine bestimmte Vorstellung hervorrufen, handelt, ist es darum verwunderlich, dass Kollegen immer wieder Speisen kreieren, die der Vorstellung der Leute nicht entsprechen kann. Wie in dem Fall von einem Koch in Wien, der in einem Ministerium ein kleines Restaurant hat. Der Volks-Verblöder der Nation.

Er kreiert ein Kabeljau-Butterschnitzel mit Minzobers

Das hat mit dem Original absolut nichts zu tun, denn alleine, wenn man das Rezept und die Vorgangsweise der Produktion betrachtet, ist das Ganze eigentlich ein Fischlaibchen, welches aus gehacktem Fisch besteht und mittels Gewürze, Kräuter, Eier und zum Binden Semmelbrösel gefertigt wird. Weiters wird das alles in einer Pfanne beidseitig goldgelb gebraten. Das Schlagobers wird halb steif geschlagen, die gehackte Minze zugefügt und in einem kleinen Schälchen à part gereicht.

Wie weit kann man noch von dem Original entfernt sein? Und warum ist es in der letzten Zeit immer so, dass alles immer wieder einen neuen Namen bekommt? Kann der Koch nicht einfach schreiben: Fischlaibchen mit Minzsauce? Denn Kabeljau-Butterschnitzel verfälscht den Eindruck, denn ein Butterschnitzel ist für einige Personen, die sich auskennen, mit Fleisch verbunden und wie kommt der Fisch da rein? Schon die Form sagt etwas aus, denn generell werden Butterschnitzel in ovaler Form geformt und ein Laibchen ist eben rund.

Demzufolge gibt es natürlich auch ein **Lachsbutterschnitzel.** Was sonst?????
Entsprechend der Menüzusammenstellung beginnen meine zwei besonderen Freunde aus dem Fernsehen mit einer Wiener Zwiebelsuppe mit einer Käsesemmel. Jetzt fragen sich natürlich die Leute, was eine Wiener Zwiebelsuppe ist, denn man kennt eigentlich nur die Variationen der Französischen Zwiebelsuppe (klar oder gebunden) und man staune, in die Wiener Suppe kommen Zimt und Nelken, vielleicht auch noch Zucker. Und es kommen nicht wie bei der französischen Variante Croutons, die mit Käse überbacken sind, dazu, sondern eine halbe Semmel, ebenfalls Käse überbacken. Es ist immer eine Freude, den zwei auf Cooking zu folgen.

Den Vogel hat aber definitiv ein Haubenkoch mit Schwester aus der Steiermark abgeschossen.

Er macht Lammbutterschnitzel

Er hat wahrscheinlich in der Berufsschule nicht aufgepasst. Denn wie alle diese speziellen österreichischen Gerichten hat

das Gericht eine Geschichte und war hauptsächlich als Speise bei Schonkost im Spital oder auf einer Reha nach einer schweren Krankheit gedacht. Daher hat man versucht, sehr mageres Fleisch vom Kalb zu verwenden und das alles noch sehr fettfrei zu produzieren.
Aber der Koch verwendet Lammfleisch, welches er mit Schweinespeck „verfeinert", damit es nicht zu trocken ist. Dann nimmt er Semmelwürfel, die er mit viel frischer Petersilie und diversen Gewürzen wie Salz, Pfeffer, Muskat etc. in Obers und Milch einweicht. Mit einem Ei wird dann alles zu einer homogenen Masse vermischt. Aus der Masse formt er dann, wie wir in Wien sagen, Laibchen und diese werden in Butterschmalz herausgebraten, also wie ein gemeines Fleischlaberl zubereitet. Ein Butterschnitzel sollte aber nur kurz angebraten und dann in eine Pfanne geschlichtet mit einer Jus (Bratensaft) untergossen und im Rohr fertig gegart werden. Auch hat das Butterschnitzel eine ovale Form, leicht quer zum Schnitzel, und wird mit einer Palette leicht eingedrückt, damit Streifen entstehen, um die Jus (Bratensaft) besser aufzunehmen. Das Laibchen ist hingegen eher rund gehalten wird.
Auch sollte der Saft fettfrei sein, denn es ist ja eigentlich ein Schonkost-Essen. Was definitiv nicht auf Lammfaschiertes zutrifft. Somit kommt wiederum ein Butterschnitzel zu der Reihe von obskuren Einfällen unserer Köche.

Das Gans'l-Butterschnitzel

Wie vorher schon beschrieben, ist das Kalbsbutterschnitzel in erster Linie als Schonkost gedacht und soll daher fettfrei und mager sein. Das kann und möchte ich mir bei einer Gans absolut nicht vorstellen, denn die gute Gans ist halt aufgrund ihrer Aufzucht, und da rede ich nicht von den Stopfgänsen, ein Tier, das doch mit etwas Fett behaftet ist. Das macht eben den herrlichen Geschmack aus.
Auch ist es mir selbstverständlich bewusst, dass diverse Teile, die beim fachgerechten Zerteilen der Gans überbleiben, einfach zu schade sind, denn damit lassen sich doch herrliche Gerichte

zubereiten, wie ein Gröstel, Ganslfleisch in Schmalz eingelegt, diverse Kleingerichte mit Saucen, Gans Süß-Sauer etc.

Aber wer bitte nimmt hochwertiges Gänsefleisch, das Kilo ab € 10-15, faschiert es (so soll es sein), und nimmt dafür nicht fertig gebratenes Gänsefleisch, was eventuell auf Resteverwertung hindeutet. Und warum tituliert man es dann noch als Butterschnitzel? Kann es nicht einfach ein faschiertes Laibchen sein? Wäre das zu minder? Mit dem Namen Butterschnitzel peppt man das Gericht etwas auf.
Dies habe ich übrigens gesehen beim Restaurant „Hansy" am Praterstern.

Das ist aber nur eine kleine Auswahl sogenannter Küchenausrutscher, die ich versuchen werde, Schritt für Schritt zu ergänzen.

Und das Ganze geht noch weiter. Die unendliche Geschichte des faschierten Kalbfleisches. In einer Zeitung der ÖGZ wird in einer Beilage ein Produkt erwähnt, bei dem es im Prinzip um Faschiertes geht. Es ist ein Foto dabei, auf dem sich einige faschierte Laibchen befinden in einer Reihenfolge, in der am oberen Bilderrand die faschierten Laibchen vom Kalb sind, darunter die vom Geflügel und am ganz untersten Rand unter neu faschierte Laibchen „das Leichte", wobei nicht ersichtlich ist, welche Zutat sich in dem Laibchen befindet.
Das Lustige an dieser Anzeige ist aber der Schriftzug: „Unsere faschierten Klassiker für sie verbessert" und unter der Prämisse „Das Auge isst mit, unser Faschiertes vom Kalb in neuer Form". Abgebildet ist ein Faschiertes in der handelsüblichen Form, also rund. Jetzt stellt sich natürlich die Frage, wie das Faschierte vorher war, ausgehend davon, dass es sich um ein faschiertes Butterschnitzel handelt, das ja eigentlich oval ist, ich aber nicht daran so recht glaube, denn die Firma kommt aus Deutschland. Denn diese Speise ist eigentlich nur in Österreich gang und gäbe. Also war das Faschierte eigentlich immer rund und was ist jetzt daran neu!!!!!!

Als Abschlusssatz ist zu lesen: Handwerkliches Aussehen und einfach echter Genuss unserer faschierten Vielfalt.

Ich frage mich immer wieder, warum in der Küche Speisen, die einen sehr guten Namen haben, immer wieder durch Substitute ersetzt werden, bei denen dann herauskommt, dass es halt nur der Abklatsch des Originals sein soll.
Ich glaube auch, es ist darauf zurückzuführen, dass eben diese Personen etwas irgendwo aufschnappen und es dann nach ihrem Gutdünken auf eben Teufel komm raus abwandeln.

Das ist zum Beispiel auch beim falschen Hasen der Fall, der auch mit faschiertem Fleisch zu tun hat. Der falsche Hase hat seinen Namen aus der früheren Zeit, als man das Fleisch, nachdem man es formte, in einen kupfernen Hasenbräter gab. Diese Hasenbräter fielen leider in späterer Zeit der Kriegsmetallsammlung zum Opfer. Diese hatten eine eigentümliche Form, damit die Hinterläufe darin Platz hatten und erinnerten so tatsächlich an das Tier.
Aber ein gekochtes Ei hat definitiv nichts in einem falschen Hasen verloren. Es ist einzig und alleine das Privileg des Stefaniebratens, der auf die Namensgeberin Prinzessin Stephanie von Belgien hindeutet.
Man nimmt gemischtes Faschiertes, gekochtes Ei, Essiggurken und Frankfurter Würstel. Das alles wird in der Mitte des Bratens platziert und nach dem Zusammenrollen mit einem Schweinsnetz fixiert. Das Schnittbild soll dann ergeben, dass sich in der Mitte des Bratens das Ei und das Gurkerl befindet, links und rechts das Würstel.

Ein weiteres Beispiel ist das Rindsbackerl, ein für sich einfach wunderbares Stück Fleisch mit sehr guter Textur, welches aber etwas längere Zeit braucht, um den vollkommenen Garpunkt zu erreichen.
Und dann werden Rezepte geschrieben, bei denen sich der Schreiber von einem ganz anderen Stück Fleisch beeinflussen lässt, und zwar von einem hinteren Ausgelösten (Gab). Die-

ses Stück Fleisch, das zwischen dem Hals und dem Rostbraten liegt, ist ein oft unterschätztes Stück Fleisch, das aber zu den besten gehört, was uns das Rind liefert. Das hintere Ausgelöste hat mürbe Fleischfasern und ist gleichmäßig mit Fett durchwachsen. Das ist eine sehr gute Voraussetzung für einen saftigen gedünsteten Braten. Ebenso kann es nach Wiener Art gesotten werden, aber ist halt kein Rindsbackerl.
Es wird zwar die Grund-Zubereitungsart wie bei den Rindsbackerl gewählt, man nennt es sogar falsche Rindsbackerl, aber warum macht man sich die Mühe, wenn doch das Original ebenso viel Arbeit bedeutet, aber es ist halt das wahre.
Ich verstehe es einfach nicht, dass in unserer Zeit alles einen anderen Namen haben muss, wenn es doch ein Original gibt. Müssen wir wirklich alles verändern? Oder ist es ein Zeichen unserer Zeit, dass wir mit den alten Rezepten einfach nicht mehr zurechtkommen und uns unbedingt neu erfinden müssen? Das ist aber nicht immer das Beste, wie man ja im Laufe meiner Zeilen sehen kann.

Was mir immer zu denken gibt, ist die Art zu würzen, wenn entweder ein Stück Fleisch oder Fisch in eine Pfanne kommt und der Koch diese Stücke vollenden will, indem er Knoblauch, Rosmarin, eigentlich jede Art von Kräutern, zu dem Gargut gibt. Und dann stolz verkündet, dass diese Würzmittel jetzt zur Verbesserung des Geschmackes dienen. Und dass alles nun in den Ofen kommt. Warum kann ich nicht das Fleisch gleich würzen, wie es immer schon gemacht wurde?

Wie ich heute bei einem veganen Koch gesehen habe, nimmt er eine ganze Aubergine (Melanzani), gibt etwas Olivenöl in eine kleine Pfanne, dann kommt der übliche Schmus, eine kleine Knoblauchzehe, ein Zweig Rosmarin, dann gibt er das für 30 Minuten in den Ofen. Wenn das alles fertig gebraten ist, nimmt er die Aubergine aus der Pfanne, schneidet sie in die Hälfte, tupft sie etwas ab und schabt Stücke mit einem Löffel aus der Schale. Dann schwenkt er diese Stücke kurz noch ein wenig in Butter, um etwas mehr Farbe zu bekommen, und gibt eine Jus aus Gemüse und Kichererbsen über die Aubergine.

Und jetzt die Frage: Wie soll der Geschmack in die Aubergine kommen, wenn die Haut noch an ihr ist? So, das wird doch nur gemacht, um die Aubergine im Rohr zu backen, damit sie im gebratenen Zustand leicht aus der Schale genommen werden kann. Und wie unsinnig ist es, die Haut zu salzen oder mit Gewürzen und Kräutern in die Pfanne zu geben, wenn ich dann die Haut sowieso weggebe. Aber könnte ich mir vorstellen, dass ich, wenn ich die Aubergine zuerst schäle und dann in Butter oder Olivenöl brate, Würze darauf gebe. Aber mit der Haut?

Die Schinkenfrittaten

Und was muss ich da in einer kleinformatigen Zeitung lesen? „Schinkenfritatten", wobei die Schreibweise einmal so, einmal Frittaten ist.

Der Verfasser hat einfach Kraut mit Rüben verwechselt. Denn wenn man das so liest, kommt einem unweigerlich eher eine Suppeneinlage in den Sinn als die in Wien so genannte Palatschinke mit klein geschnittenen Schinkenstücken. Das ist nicht sehr originell, aber essbar. Wenn man aber die Zubereitung weiterverfolgt, stellt sich einem fachkundigen Leser ein ganz anders Bild dar. Es wird ein ganz normaler Palatschinkenteig zubereitet, dieser dann gebacken, um diese Palatschinken in eine gebutterte Auflaufform, Lage für Lage, mit dem Butterabtrieb und dem mit Rahm und steif geschlagenem Schnee vom Eiklar und dem Schinken vermengt, wie eine Lasagne. Das kommt ca. 30 Minuten bei 160° ins Rohr.
Was hat das mit Fritatten zu tun? Und dafür kassiert er noch € 36,50!

Es funktioniert aber auch mit einem Dessert.

„Der Palatschinken-Strudel“

Warum hat der Ab-Schreiberling dieses Rezeptes (aus dem Buch Bayrische Mehlspeisen von Irmi Hofmann), welches ich wiederum in der Zeitung „Die ganze Woche“ gefunden habe. Es handelt sich nicht um die so benannte, wie überall in den Restaurants, Landgasthäusern und sogar zu Hause gekocht wird, überbackene Topfen-Palatschinken, sondern er oder die Irmi nennen es Palatschinken Strudel. Wenn ich das jetzt auf einer Karte lese oder es mir irgendwo unter diesem Namen angeboten wird, bin ich darob in freudiger Erwartung, einen Strudel mit Palatschinken serviert zu bekommen, aber dann bin ich zutiefst enttäuscht über das Resultat.

Die Angaben in dem Rezept lauten nämlich: Man stelle einen Palatschinkenteig her, backe diese und fülle sie dann mit einer Topfenfülle reichlich. Die Palatschinken werden gerollt und in eine gebutterte Form gesetzt. Im Backrohr bei 180° ca. 15 Minuten backen, für den Guss Obers, Creme fraîche und Zucker verrühren und die Palatschinken überziehen, für weitere 10 Minuten fertig backen.
Und wo bitte ist da der Strudelteig in dem Rezept? Das sind schlicht und einfach überbackene Topfen-Palatschinken.

Dabei ist ja gerade das Dessert etwas, worauf wir, egal, wie voll wir sind, nicht verzichten wollen oder können. Für den Gast ist das natürlich die pure Lust am Genuss. Aber für den Gastronomen und Küchenchefs bedeutet dieses unwiderstehliche Verlangen nach Süßem, vor allem eines, die Chance, dem Gast ein fulminantes, kulinarisches Finale zu bereiten und damit noch mehr Geld zu lukrieren. Wenn dann auch noch das passende Getränk dazu kommt, sind alle glücklich.

Aber nicht immer!!!!

Denn trotz des unbestreitbaren Trends zu gesunder Küche sind die Österreicher richtige Naschkatzen aufgrund unserer Vergangenheit, mit allen Ländern der Monarchie, in denen man von der Wiener Mehlspeiseküche spricht, die ja bekanntlich alles andere als leicht und fettarm ist.

Wir haben natürlich eine große Palette an Süßspeisen und das Angebot ist auch extrem umfangreich. Aber das Problem ist, wenn es auch nach einer leichten Übung klingt, entpuppt sich in der Realität jedoch als Schwachstelle vieler Restaurants. Denn viele dieser Gaststätten und Restaurants sparen an dem Patissier, entweder aus Platz- oder Kostengründen, auch aus mangelndem Wissen um die Bedeutung eines guten Desserts für den Gast. So ist der Stellenwert des Desserts leider nicht immer überzeugend, obwohl der Gast von seinem Restaurantbesuch das Dessert als letztes als Erinnerung im Kopf und auch im Magen behält.

Und das ist leider nicht immer so. Denn die durchschnittliche Dessert-Karte hat bis auf einige Ausnahmen, wie auch die sonst übliche Speisekarte, nicht sehr viel Aufregendes zu bieten. Da sind in erster Linie die verschiedenen Palatschinken, die sehr lieblos in der Beschreibung, was sie enthalten, beschrieben sind. Des Weiteren haben wir dann eine Auswahl von Strudeln, die aber meistens schon auf Apfel -und Topfenstrudel begrenzt sind. Dabei ist der Phantasie in diesem Bereich keine Grenze gesetzt. Dann kommen wir schon zu den Eisbechern und dem schon obligatorischen Mohr im Hemd. Also sieht im Endeffekt in fast ganz Österreich die Dessert-Karte nicht viel anders aus. Wie halt die einfallslosen Karten mit Schweinsbraten, Schnitzel, einigen Speisen für Vegetarier wie die obskure Gemüseplatte mit Ei, usw.

Natürlich braucht ein gutes Dessert Zeit und Liebe bei der Zubereitung. Daher ist es nicht verwunderlich, dass immer mehr Bäcker und Konditoren auf die Schiene der Convenience aufspringen. Und dabei alles nur Erdenkliche in Sachen Süßspeisen kreieren und das mit sehr gutem Erfolg. Ich denke daran, wie vor vielen Jahren die ersten Germknödel von Toni Kaiser auf den Markt gekommen sind. Zudem gibt es diverse Strudelsorten von Apfel über Topfen, Frucht und bis hin zu den gesalzenen Strudeln. Eine weitere dieser Speisen ist ja der in Wien beliebte Mohr im Hemd, der bis auf einige wenige Betriebe nur mehr tiefgekühlt und aufgetaut im Mikrowellenherd im Restaurant auf den Tisch kommt.

Und da muss ich lesen, dass es jetzt einen Cheese-Cake-Strudel gibt.

Das ist wieder so eine Verunglimpfung einer herrlichen Speise, die schon aus dem alten Österreich kommt. Auch wenn zu bedenken ist, dass ein Cheese-Cake etwas Besonderes und doch etwas aufwendig herzustellen ist. Da werden Biskuitbrösel mit Butter vermengt, um sie als Boden für den Cake zu verwenden, dann wird die Käsemasse zubereitet und in die Form gegeben. Das Ganze kommt dann in den Backofen, um den Kuchen zu backen. Nach dem Backen kalt werden lassen und dann in Portionen zu schneiden.
Eine andere Variante ist, den Käsekuchen kalt zu fertigen. Dazu wird wie vorher verfahren mit Creme-Käse und Eiern, die mit Gelatine vermengt werden. Dann kommt es ebenfalls zum Kühlen in den Kühlschrank, um diesen nach einigen Stunden aufschneiden zu können.
Dieses obskure Rezept des Cheese-Cake-Strudels mit Brombeeren ist ein Abklatsch eines Topfenstrudels und nichts anderes. Daher ist nun meine Frage: „Warum wird alles, was schon besteht, mit einem anderen Namen versehen? Und die Personen werden grundsätzlich auf den Arm genommen, denn wenn jemand eine Ahnung hat, was ein Cheese-Cake ist und vielleicht schon einen einmal gegessen hat, wird er sich fragen: Warum bekomme ich einen Topfenstrudel als Käsekuchen gereicht?“

Da gibt es dann natürlich die diversen Torten, die in Wien einen eigenen Stellenwert haben, denn einige Hotels haben natürlich ihre eigenen Torten. So wie das Hotel Sacher seine Torte seit 1832 hat und das Hotel Imperial seine Imperial Torte, usw. Es sind auch noch die Linzer Torte aus Linz und das Ischler Krapferl zu erwähnen.

Auch werden die verschiedensten Palatschinken mit all den köstlichen Füllungen dem Gast schmackhaft gemacht. Leider aber wird dann aus Zeitmangel eine gewisse Anzahl entweder schon fertig gekauft oder vorgebacken und dann mit der Füllung im Mikrowellenherd erwärmt. Das merkt man sehr stark, wenn die Marillenmarmelade heiß ist und man sich die Zunge verbrennt. Dann haben wir die kalten Cremen mit Joghurt und Früchten und die diversen Mousse-sorten.
Das Eis hat ja immer Saison und mit den immer wieder verbesserten Kreationen sind der Fantasie keine Grenzen gesetzt und es muss nicht immer der Bananensplitt, die Heiße Liebe oder die Birne Helene sein. Aber bitte nicht die vorgefertigten Kindereissorten von den diversen Lieferanten wie Eskimo etc., das geht schon wieder in Richtung Verdummung der Kinder wie das Biene Maja Eis.

Dann sind da auf jeden Fall die alt-böhmischen Spezialitäten noch zu erwähnen: die Powidltatschgerl, die Liwanzen, die Golatschen, die diversen Knödel mit Frucht oder Schokolade und natürlich die Buchteln, die ein findiger Wirt in der Biedermeierzeit sehr populär machte, indem er die „Buchticky" nicht mit Marmelade, sondern mit Lotteriescheinen füllte und diese dann zu einem angemessenen Preis verkaufte.

Aber wie gesagt:
Aufgrund der Zeit, die wir nicht haben, kommt der hilfreiche Tiefkühlspezialist zum Greifen ins Spiel. Diese wiederum bieten hochwertige, köstliche Desserts für die Gastronomie an. Diese sind einfach und schnell verfügbar, können vom Hilfspersonal zubereitet werden, erlauben mit einigen wenigen Tricks Deko-Ideen zur persönlichen Gestaltung. Zudem sind sie leicht kalkulierbar.

Und zum letzten Thema: Das süße Gebäck für den Frühstücksraum, nicht nur Brot und Gebäck, sondern die Striezel, das herrliche Plundergebäck und vielleicht auch nur ein Kartoffelbrot mit Butter und Marmelade.

Und so kochen sie sich überall weg, ob in der Stadt oder am Land, der eine sehr gut, aber die meisten mehr schlecht als recht. Damit sind wir bei den berühmten Sternen, Gabeln und Hauben und, wie sich zeigt, werden fast immer dieselben Lokale ausgezeichnet, bis auf die Neuzugänge und auch Abgänge. Diese Bewertung gebührt alleine dem Küchenchef oder Koch, der dann die Auszeichnung erhält und natürlich den Standard halten muss. Und das ist nicht leicht.
Denn alleine um die Küchenbrigade am Laufen zu halten, bedarf es natürlich gewisser Voraussetzungen wie Name, Lokalität, Ambiente und vieles mehr.
Was aber jetzt nicht bedeutet, dass ein Lokal, das am Lande ist, schlechter bewertet wird als eines in der Stadt.
Wenn ich daher in Sendungen sehe, wie ein Gastkoch im Ikarus in Salzburg kocht, das heißt, vorkocht, und die Brigade das nachkocht, habe ich so meine Zweifel, ob das überhaupt noch Kochen ist oder einfach nur eine gut angelegte Show. Denn diese Köche arbeiten mit Pinzetten wie ein Chirurg, wo wir noch eine Gabel oder Zange verwendet haben, um dann die Speisen über ein Fließband laufen zu lassen, und dann die Köche an jeder Seite stehend einen Bestandteil der Speise auf das Teller legen und am Ende steht der Oberkoch, der den Teller noch von eventuellen Unreinheiten säubert, und wie ein Gärtner noch essbare Blüten zur Dekoration legt. Wer kann sich das heute leisten? Ich muss dazu sagen, dass ich den Patron vom Ikarus, Chef Witzigmann, sehr verehre, den Jahrhundertkoch, der aber nur durch die Unterstützung von Red Bull so arbeiten kann. Und in Österreich kochen nur sehr wenige auf diesem Standard und nur wenige können es sich auch leisten. Diese Ausnahme-Köche und Institutionen sind rar gesät und werden, soweit ich das beurteilen kann, in 10 Jahren bis auf ein Minimum reduziert sein.

Ich vertrete daher die These, dass es natürlich diese Art von Restaurant geben soll, um für Leute, die es sich leisten können, immer nur das Beste zu kochen.

Aber die Mehrheit der Personen hat dieses Privileg nicht und muss daher auf eine etwas andere Küche zurückgreifen. Warum nicht, aber bitte liebe Köche, denkt an Eure Wurzeln und an das Überlieferte von unseren Eltern und Großeltern. Lasst doch diese Hauben-Lokale sein und kocht gutes Essen, wie es schon immer in Österreich üblich war, und vergesst einfach die Experimente, die in den seltensten Fällen zum Erfolg führen. Steht zu dem, was wir gelernt haben, kocht saisonal, nehmt Lebensmittel aus der Region und kocht ehrlich, damit Ihr mit Stolz sagen könnt: Zu dem Produkt oder der Speise stehe ich voll und ganz. Meidet daher die schädlichen Einflüsse von schnelllebigen Ideen, die am Ende nur Kopfweh bringen, wie es ja bei sehr vielen Lokalen immer vorkommt (wie das Café Drechsler am Naschmarkt, wo der deutsche Küchenchef leider mit seinen Königsberger Klopsen und Senfeiern nicht ganz den Geschmack Wiens getroffen hat und nicht einmal nach 6 Monaten w.o. gab. Und jetzt versucht der dritte Betreiber, sein Bestes daraus zu machen!!!!!) Wenn man aber schaut, das Lokale, die es schon seit Generationen gibt, immer noch bestehen, dann wurde sicher nichts falsch gemacht.

Was ich mit Experimenten meine, ist, dass man nicht jedem Trend, der sich gerade abzeichnet, folgen sollte, um nicht in den Strudel hineingezogen zu werden, der zum Ende in die Belanglosigkeit führt.

Wie zum Beispiel: Warum muss ich, wenn ich zum Heurigen gehe, auf deren Karte oder auf einer Tafel „Spareribs" lesen? Das ist gegen unsere Heurigenkultur und gehört einfach nicht zum Heurigen. Aber alle diese Gastronomen wollen auf den „Ripperlzug" aufspringen, egal, ob sie es können oder eben in den meisten Fällen nicht. Ich erwarte mir dort frisch gebratenes Bauchfleisch, Selchripperl, Schweinsbraten vom Schopf, Knödel, Kraut, eventuell gefüllte Knödel mit Fleisch und Grammeln, diverse Aufstriche und viele Salate. Da geht auch noch ein gutes Brathendl, guter Auflauf, Linsen mit Speck, Saumaise.

Aber definitiv keine Spareribs oder diverse Modegerichte wie Spaghetti mit Trüffel oder gebackenes Hühnerfilet auf einem Blattsalat, wo dann Maiskörner herumschwirren, und eine Tomaten-Vinaigrette. Geht's noch?

Das Schlimmste, was mir einmal passiert ist, ist, dass ich, da meine liebe Frau gerne Spareribs isst, bei einem Heurigen in Niederösterreich eben diese bestellt hatte. Was aber dann kam, war nicht nur den Namen nicht wert, sondern auch ein Verbrechen an den Spareribs als solche. Denn was wirklich kam, waren einfach nur mitgebratene Rippchen von dem Schweinsbraten, den es ebenfalls gab, und fetttriefend, ohne etwaige Sauce, die einen Bezug zu den Spareribs hergestellt hätte. Und das zeigt mir, das entweder der Heurigenbesitzer oder der Koch keine Ahnung hat, und was das Ganze ja noch schlimmer macht, dass man so von sich überzeugt ist und sich nicht um das Wohlbefinden des Gastes schert, der ja im guten Glauben dieses Gericht bestellt und natürlich eine gewisse Vorstellung hat. Das ist einfach widerlich und so schlecht für das Image.

Ich glaube, das lässt sich darauf zurückführen, dass heute sehr viele der Heurigen eine Gasthaus-Konzession haben und daher alles, was geht, verkaufen können. Und um ja nicht eventuelle finanzielle Einbußen zu haben, wird alles gekocht, was nur geht. Und die Karte wird dadurch immer größer, ebenso der Lagerbestand. Und wenn es auf der Karte ist, muss es daher auch verfügbar sein, wenn der Gast es bestellt. Wie wir aber aus Erfahrung wissen, sind die Gäste nicht so wählerisch und essen meistens das Gleiche. Darum ist es meiner Erfahrung nach besser, die Karte so klein wie möglich zu halten und dafür einige Tellergerichte oder Tagesempfehlungen zu geben. Das gibt mir auch die Möglichkeit, auf eventuelle Sonderangebote zu reagieren. Auch vereinfacht das die Lagerhalterung und erleichtert die monatliche Inventur. Und ich habe die Möglichkeit, mir die Karte so zu gestalten, dass ich doch 4 bis 5 mal im Jahr meine Karte neugestalten kann, ohne dass ich die wirklich gängigen Speisen herausnehmen muss und diese als Grundgerüst hernehmen kann.

Genauso schlimm ist es, wenn sich ein gutes altes Wirtshaus neu erfinden will und Speisen auf die Karte nimmt, wo es dann nur mehr heißt „auf dem Saft" oder „neben der Beilage" und „unter der Obershaube", um dann noch den Tellerrand mit irgendeinem Gewürz oder mit gehackter Petersilie rundherum zu bestreuen. Das sind alles Relikte aus längst vergangener Zeit und definitiv nicht mehr in.

Daher ist mein Resümee:

Koche gut und geschmackvoll, damit ist alles gewonnen. Lasse dich nicht auf Experimente ein. Bleibe auch bei adäquaten Portionen, denn weder zu groß noch zu klein ist gut, und verändere nichts und der Gast wird es dir danken.

Was mich weiter zu einem Artikel in der Zeitung bringt, welches dieses Thema voll und ganz unterschreibt: Alarm, der Wiener Heurige stirbt aus. Die Zahl der Betriebe ist massiv gesunken. Und zwar waren es im Jahr 1956 512 Wiener Heurige, jetzt allerdings haben wir 91. Man kann aber trotzdem nicht von einem Aussterben sprechen, vielmehr hat einfach der Strukturwandel in unserer Zeit einen gewissen Anteil daran. Ebenfalls wird eine Teilschuld der Bürokratie zugeschrieben.

Und der dritte Faktor ist, wie in allen gastronomischen Betrieben, der Mangel an Fachkräften, Konkurrenz und der steigende Kundenanspruch, der noch mehr Druck ausübt. „Bullshit" sog i dazu. Da sollte man dann besser in ein 3 Hauben-Lokal gehen und nicht zu einem Heurigen. Es sei denn, in einen dieser Schickimicki-Heurigen, wo sich die Bussi Bussi-Gesellschaft die Klinke in die Hand gibt, und außer, dass sie in den Seitenblicken blöd reden, keine Ahnung haben, worum es eigentlich geht, außer in sich hineinzusaufen und fressen.

Daraus ergibt sich dann eben eine Situation, wo in der Zeitung dann steht: Steckerlfisch am Rand der Lobau. Bio-Fisch-Heuriger zieht heuer in den 22. Bezirk.
Da vereinigt sich eine Bio-Fisch-Manufaktur, die einfach eine Grillstation aufbaut, mit einem dazugehörigem Café im Leo eines Heurigen.
Das Hauptaugenmerk liegt auf einem Steckerlfisch, also einem Fisch, dem man einen Holzspieß von hinten in den Leib steckt und dann über Feuer zubereitet, in Groß und Klein von der Forelle oder dem Saibling, nur vom Rauch geküsst und mit Zitrone oder Limette serviert. Natur pur. Dazu gibt es Erdäpfel und Gurkensalat. Auch wird erwähnt, dass der Fisch in Papier gewickelt ist. Warum? Keine Ahnung? Und dann wird weiter lustig serviert, wie Ceviche vom Seesaibling oder Fish & Chips. Die Getränke holt man sich von nebenan, diverse Weine und Bio-Bier aus Salzburg.
Wo bitte ist da der Zusammenhang mit einem Heurigen? Es ist eher fischlastig, von in Hanf gekleideten Personen, die halt irgendwie ihren Fisch an den Mann bringen wollen. Egal, wie und unter welchem Titel, es wird halt munter drauf los geackert, ob ein Zusammenhang mit dem, was der Titel besagt, besteht oder nicht. Für mich ein No Go. Leider!!!!!!!!!!!!!!!!!

Auch wird meines Erachtens bei der Deklarierung von Fischen auf der Speisekarte die Zubereitung sehr stark vernachlässigt, wie das Blau kochen eines Fisches. Der sollte daher noch als lebendes Produkt in die Küche kommen, also eventuell aus einem Fischtank. Aber da wird mit viel Essig nachgeholfen und die „Court-bouillon“ ist meistens Wasser mit Essig und etwas Gemüse.

Ebenso ist die Art von der „Müllerin“ etwas aus der Mode gekommen, denn für viele ist es zu banal. Aber eine Forelle Müllerin mit Butter und etwas Zitrone gut gebraten, vielleicht et-

was Petersilie und dazu herrliche Salzerdäpfel ist wunderbar Aber nun, diese wunderbare Speise mit Mandelblättern zu toppen, ist wiederum eine andere Speise, nämlich „Forelle Amandine", also Forelle mit Mandeln, die auch auf der Karte so genannt werden soll.
Ich muss auch gestehen, ich habe es leider schon selbst erlebt, dass die Forelle einfach in eine Pfanne mit Öl geworfen und nach dem Herausnehmen mit Butter übergossen wurde.
Wir haben in Österreich eine große Menge an Fischen wie Fogas oder Zander, Karpfen, Schlei, Hecht, Wels, Forelle, Saibling, Barsch, Aal, und es landen aber immer wieder Fische auf dem Teller, welche eine lange Reise hinter sich haben und leider unter sehr schlechten Bedingungen gezüchtet werden und mit Medikamenten vollgestopft sind. Wir tragen nur dazu bei, die Überfischung der Meere voranzutreiben.

Auch geben mir die täglichen Zeitungen diverses Material, worüber zu berichten ist. Und das in einer Weise, die nicht immer für den Gastronom vorteilhaft ist, wie der Besitzer des „Hollerkoch", der besonders in seiner Ausdrucksweise lustig sein will. Denn er will lässig sein.

Mit Kalbsbutterschnitzel, Rinderbouillon und gegrilltem Octopus setzt der Besitzer gerne auf das, was schon auf der Karte „lässig" klingt. Zudem sollen die Gerichte nicht nur schön präsentiert werden, sondern auch gut schmecken, was im Falle des Beef-Avocado-Tatar großartig funktionierte. Der gegrillte Octopus war zwar butterweich und knusprig zart, aber doch fehlte die massive Säure (ein Modewort in der Gastronomie wie auch die Röstaromen) – was auch immer das zu bedeuten hat. Und das in für 24 Stunden in Buttermilch eingelegte Backhendl wäre wahrscheinlich großartig gewesen, wenn die Panier nicht leicht angebrannt gewesen wäre. Was so viel bedeutet, wie dass Backhendl etwas zu heiß „gebadet" „wurde. Daher sollten, wenn ich schon von mir behaupte, dass die Speisen „LÄSSIG" sind, auch alle anderen Parameter der Küche in Einklang mit dieser Aussage sein. Auch glaube ich, in der heutigen Zeit ist ein Butterschnitzel auch nicht gerade das Gelbe vom Ei. Und daher auch nicht so lässig, wie es den Anschein hat. Auch nicht in Währing!!!!!!!!!!!!!!!

Nicht zu vergessen ist die Nachfolgersituation der Wirte. Da ja die Kinder studieren müssen, steht man dann vor dem Dilemma, wer das Lokal übernimmt, welches vielleicht noch der Großvater aufgebaut hat.
Der Heurige ist eine speziell in Wien ansässige Institution. Obwohl es in Deutschland die sogenannten Besenwirtschaften gibt, die im Prinzip wie bei uns selbst Gekochtes und Gebratenes zu ihren Weinen verkaufen wie in der alten Zeit, als es noch die Buschenschenken gab, und in der ganz, ganz alten Zeit, als man noch das Essen mitbringen konnte.
Und warum verändere ich diese, indem ich ein Restaurant daraus mache? „Schuster, bleib bei deinen Leisten", ist ein altes Sprichwort und dieses sollte beherzigt werden. Denn was ist schöner als ein gemütlicher, uriger Gastgarten mit all den Schmankerln aus der traditionellen Küche des Heurigen? Und ich glaube, wenn man das alles beherzigt, wird sich das Sterben der Heurigen bald wieder auflösen. Liebe Heurigen-Wirte, bleibt bei Euren Wurzeln und werdet keine Versuchsobjekte der Gesellschaft.

Ich möchte nun zu dem vorhergegangenen Absatz etwas über „Spareribs" sagen beziehungsweise schreiben.

Ich hatte das Vergnügen, in den Jahren 1969 während meiner Zeit beim Bundesheer und dann noch später in den Jahren 1977 bis 1979 unter dem Küchenchef Hubatschek im legendären „Marchfelderhof" in Deutsch-Wagram zu arbeiten. Der Marchfelderhof war bereits damals als Vorreiter für seine Spareribs bekannt. Und es gab eigentlich keine Bestellung, bei der nicht mindestens einmal Spareribs dabei waren. Die Vorbereitung begann damit, dass wir die Ribs kurz blanchierten. Die Ribs wurden dann weiter im Rohr mit etwas Sauce gebraten, die aus dem Sud, in dem die Ribs blanchiert wurden, entstanden ist. Aufgrund des Blanchierens hatten die Ribs bereits Geschmack angenommen und wurden dann, wenn sie bestellt wurden, mit der Sauce unter dem Salamander vervollständigt. Dazu gab es dann noch verschiedene Saucen und die für den Herrn Bocek berühmten „Chwappis", nichts anderes als mit dem Chartreusemesser geschnittene Erdäpfel, also Wellenschliff-Pommes. Die Portionen waren sehr groß.

Es gibt aber natürlich auch die Variante, bei der die Ribs eingebeizt werden, teilweise über Nacht, um dann im Smoker langsam gegart zu werden. Dazwischen werden die Ribs aber immer wieder mit dem Rub (einer trockenen Mischung diverser Gewürze) eingelassen. Das Ergebnis ist ein sehr weiches, wohlschmeckendes Fleisch mit rauchigem Geschmack.

Auch ist es möglich, die Ribs im Rohr etwas vorzubraten, um sie auf dem Holzkohlegrill fertig zu grillen, damit die Ribs, da sie roh sind, nicht zäh werden wegen der längerer Grillzeit.

Auch haben wir in Österreich gewisse Vorstellungen, wenn wir eine Speise auf einer Karte lesen. Und zwar es geht um die Krautfleckerl. Eine wunderbare Speise, die für sich selbst spricht. Es scheiden sich zwar die Geister, ob süß oder salzig, ob mit grünen Salat oder einfach nur mit viel Pfeffer.
Nach dem Grundrezept wird Kraut, in etwa in die Größe geschnitten wie die Fleckerl (ich mag es nicht fein geschnitten), in etwas Schmalz geröstet, entweder mit etwas karamellisiertem Zucker oder nur so, und wenn das Kraut eine schöne braune Farbe hat, wird es mit den gekochten Fleckerln vermengt.

Und jetzt kommt eine liebe Köchin aus der Wachau und nimmt anstatt Fleckerl Erdäpfel, die sie in sehr dünne Scheiben schneidet, dann in Quadrate, und diese dann in Wasser zum Auslaugen der Stärke legt. Dann nimmt sie diese heraus und trocknet sie ab, um dann sie in einer Fritteuse zu frittieren, um sie dann mit Kraut zu vermengen. Für mich sind das keine Krautfleckerl. Egal, ob Haubenkoch oder nicht, diese Speise verdient den Namen **Krautfleckerl** nicht.

Natürlich ist es für einen gelernten Österreicher manches Mal nicht einfach, sich bei einem Rezept auszukennen, bei dem sich durch ein falsch deklariertes Essen ein Denkfehler einschleicht, wie zum Beispiel bei „Rieder Schupferl mit Krautfleckerl“. Nachdem ich das Rezept zuerst gelesen habe, dachte ich mir, wahrscheinlich sind eben diese Schupferl, wie wir sagen, Schupfnudeln aus Erdäpfelteig. So weit war ich auch richtig, aber als es dann zu den Krautfleckerl gekommen bin, wurde mir klar, dass dieses Gericht dann doch nichts mit den Krautfleckerl zu tun hat, wie ich sie kenne, sondern es wird aus dem Weißkraut der Strunk herausgeschnitten, die Blätter werden zerteilt und diese dann in Rauten geschnitten. Dann Speck in 1 cm Stücke schneiden und anbraten, etwas Staubzucker darüber und karamellisieren. Kraut dazu geben und mit Wein ablöschen, etwas einkochen lassen, Suppe zugieße und ca. 10 Minuten weich garen. Mit Schweinsbraten-Gewürz und Chilisalz würzen. Die in Butter geschwenkten Schupfnudeln dazugeben und servieren. Ich hätte halt, um jegliches Durcheinander zu vermeiden, „mit gedünstetem Kraut“ geschrieben, denn je nach Bundesland sind halt die Krautfleckerl etwas anderes als in Ried in Innkreis.

In einer Zeitung hat sich einer der zwei lustigen Köche – der eine hat ein Lokal in einem Ministerium – oder ist es doch der andere, der aus dem schönen Tirol – eine Variante der Krautfleckerl einfallen lassen.
Da werden 500 dag Bandnudeln gekocht!!!!!!! Dann kommt Spitzkohl in eine Pfanne und wird mit Butterschmalz ohne Bräunung angeschwitzt!!!!!!!!! Mit Weißwein und Brühe!!!!! In der Suppe ca. 5 Minuten bissfest schmoren und mit den Bandnudeln vermengen. Mit Petersilie vermischen und grobes Meersalz dazu reichen.
Bandnudel als Fleckerl zu bezeichnen, wie abgehoben oder einfach nur wie blöd ist man.

Das ist auch bei dem Koch mit seiner alten Schule in Riedenthal im Weinviertel der Fall. Er beginnt ganz traditionell damit, das Kraut zu rösten, bis es schön braun ist, und dann folgt bereits das erste Malheur: Er nimmt Lasagneblätter, bricht diese in ungleich große Stücke (ich habe noch nie etwas von Fleckerl selber gemacht gehört), kocht diese und vermengt sie dann mit dem Kraut. Um dem noch eines drauf zu setzen, nimmt er dann einen knackigen Eisbergsalat, schneidet diesen in kleine Stücke und mischt diese unter die Krautfleckerl und rundet das alles mit etwas Sojasauce, gemischt mit Ingwer, ab. Das schmeckt vielleicht nicht schlecht, aber die Vorstellung von Krautfleckerl ist halt eine andere.

Auch ist es mir ein Anliegen, über diverse Schummeleien in der Küche zu berichten. Und was mir da sofort in dem Sinn kommt, ist die leidliche Geschichte um das Risotto. Da es natürlich erst eine Kostenfrage ist und vor allem eine Zeitfrage, wird eben viel geschummelt.

Was ist ein Risotto?

Deutsche Bezeichnung (Reisbrei mit Geschmack)

Wenn man Risotto nicht mit Risottoreis macht, ist es eben kein Risotto.

Risottoreis ist ein Rundkornreis, während normaler Reis meistens ein Mittelkornreis ist, der beim Kochen im Gegensatz zum Rundkornreis nicht so viel Stärke freigibt wie der Rundkornreis.

Man nimmt Risottoreis, Wein, eine kleine Zwiebel, Salz, Pfeffer, Gemüsesuppe, Butter und Parmesan.

Zwiebel in feine Stücke schneiden, in der Hälfte der Butter glasig dünsten, den Reis langsam einrühren, kurz anlaufen lassen und mit Weißwein ablöschen. 3 Minuten leicht köcheln lassen, zurückschalten und unter Rühren die Suppe langsam einrühren. Mit Salz und Pfeffer abschmecken und unter ständigem Rühren 20 Minuten bei mittlerer Hitze garen lassen. Kurz vor Ende die restliche Butter und den Parmesan einrühren.

Nun zu den Reissorten:

Es sind zwei wichtige typische Eigenschaften, welche zu beachten sind. Guter Reis behält beim Kochen einen festeren Kern und bleibt dadurch angenehm bissfest. Das gilt für die Sorten „Vialone Nano" und „Arborio", die dritte weniger bedeutende Sorte ist Risotto „Carnaroli".

Aber das hindert gewisse Köche nicht daran, eben Risotto auf die Karte zu setzen und dann schnell mal den Reis, der für das normale Geschäft vorbereitet ist, einfach mit den Komponenten, wie eben genannt, zu vermengen. Ganz Schlaue begießen en Reis mit etwas Suppe, um es etwas flüssiger zu machen, um aber dann noch eines drauf zu setzen, indem sie es mit etwas Butter und Parmesan vervollständigen. Allein schon bei den Reiskörnern ist aber festzustellen, ob der wahre Reis oder nur der Langkornreis verwendet wurde. Und das, meine Lieben, ist Betrug am Kunden. Ein Garant, dass der Gast nicht wieder kommt. Und wer will das schon? Und nur Reis ist in einem Risotto zu erwarten und keine andere wie auch immer geartete Getreidesorte.

Und dann lese ich in einer Fachzeitung das neue Risotto-Erlebnis!!!!
Und jetzt kommt es: Innovative Kartoffel-Spezialität!!!!!!!!!!!!!!!

Kartoffelrisotto, die Innovation aus Mikro-Kartoffelwürfel in einer cremigen Sauce aus Schmand, Hartkäse und feinen Gewürzen. Ein neues Highlight für Ihre Karte. Tiefkühlfrisch und convenient als Beilage oder für die Tellermitte. Ein Wunder ist geschehen – aus Kartoffeln wird Reis. Das kann nur Schneefrost.

Es gibt auch ein Buchweizen-Risotto, eine Speise, die schon alleine durch den Namen ad absurdum geführt wird. Wie mache ich aus Buchweizen eine Speise, in der eigentlich Reis verwendet wird?

Der „Pleitekoch" aus München erklärt in einer Kochsendung, dass er sein Risotto, nachdem es einmal aufgekocht hat, mit Backpapier zudeckt und dann fertigkocht. Jedem Italiener dreht sich der Magen um bei diesen Erklärungen, denn Risotto ist für sie eine heilige Angelegenheit.

Wie der Wirt, der auf der Tafel vor dem Lokal zwar seine Speise anpreist, aber dann schreibt: ein Butterschnitzel Natur. Wie sonst soll es eigentlich sein, Herr Wirt!!!!!!!!!!!!!!!

Ebenso war auf der Speisekarte zu lesen: „Zwiebelrostbraten von der Beiried". Was der Besitzer damit ausdrücken will, ist ein Rätsel, denn entweder ich habe einen Rostbraten oder ich schneide ein Stück von der Beiried. Aber ich kann aus einer Beiried keinen Rostbraten machen.

Und das sind halt die kleinen Unterschiede, bei denen ich sage: Hat der gute Mann von der Fleischzerlegung keine Ahnung oder hat er einfach nur abgeschrieben? Denn wenn man sich das Fleischstück, ich referiere nun auf den Englischen von Rind, ansieht, ist doch sehr klar ersichtlich, wo der Rostbraten ist, ebenso die Beiried und zum Schluss das Filet. Und dann aus dem Englischen die verschiedenen Steaksorten wie Filet, T-Bone, Porterhouse Steak, Entrecote, auch das Zwischenrippenstück, die Hochrippe und der Rostbraten.

Zwiebelrostbraten „Ribeye Steak“

Und nun muss ich in einer Fachzeitung lesen, dass es den Zwiebelrostbraten „Ribeye-Steak“ gibt. Was ist es nun: ein Steak oder ein Rostbraten, wobei ja das Ribeye eigentlich der Rostbraten ist? Aber wenn ich jetzt die Zutaten lese, werde ich nicht ganz schlau aus dieser Variante.

Zutaten für 4 Personen:
1 kg Ribeye Steak von der Cult Beef Kalbin, 150 ml Jus (kräftige Fleischsauce), 4 St. Erdäpfel, 20 St. kleine Zwiebel weiß, 2 St. Zwiebel für Röstzwiebel, 3 El Mehl, Salz, Pfeffer, Öl.

Ribeye in 3 bis 4 cm dicke Steaks schneiden und auf beiden Seiten salzen, dann in die Pfanne legen, Steaks auf jeder Seite ca. 2 bis 3 Minuten bei direkter, starker Hitze anbraten und im Backrohr für ca. 20 Minuten bei 120° ziehen lassen (medium rare).

Die kleinen Zwiebeln schälen und im Bratenrückstand mit etwas Öl anbraten, mit Jus aufgießen und bei reduzierter Hitze 15 bis 20 Minuten weich dünsten. Danach aus der Pfanne nehmen, halbieren und auf der Schnittfläche anbraten????????

Für die Braterdäpfel die rohen Erdäpfel mit Schale in dünne Scheiben schneiden und bei mittlerer Hitze in der Pfanne knusprig braten.
Zwiebel für **die Röstzwiebel** in dünne Scheiben schneiden und in einzelne Ringe zerteilen, salzen, in Mehl wenden und in heißem Öl schwimmend rösten.

Besonderes Augenmerk möchte ich dem Absatz schenken, in dem die kleinen Zwiebel angebraten, gedünstet und dann herausgenommen, in die Hälfte geschnitten und auf der Schnittfläche erneut angebraten werden – welch eine Sauerei das ergibt. Weiche gedünstete Zwiebel schneiden und dann wieder anbraten.

Ich kann mich nur wiederholen: Wem fällt so eine Dummheit ein! Wort für Wort so übernommen.

Saftiger Esterhazy-Braten

Da schließt sich gleich ein Rezept des „Esterhazy-Braten", welcher in einer Wiener Parteizeitung abgedruckt wurde, an. Mit Wurzelgemüse und Erdäpfel ist Esterhazy-Braten ein echter Klassiker der österreichischen Küche. Zum herrlich mürben Fleisch gesellen sich knackige Erdäpfel. Als Fleisch wird ein mageres Meisel verwendet. Auch ist laut Rezept-Angabe alles dabei, was gebraucht wird. Nur dürfte wie bei so vielen Rezepten, die weitergegeben werden, die Kommunikation nicht so recht funktionieren. Denn wenn der Schreiber dann eben schreibt: Das Fleisch würzen und rundherum anbraten. Dann mit etwas grob geschnittenem Wurzelgemüse in einen Schmortopf geben und ca. bei 180° 1 bis 2 Stunden schmoren lassen. Eine etwas vage Angabe. Dann kommt der Knaller!!!!!!!!!!!!! Das geschmorte Fleisch aus dem Topf heben, dann die Zwiebel in dem Bratenrückstand hell anrösten. Bitte, wie geht das????? Ich habe doch Gemüse zum Schmoren dazugegeben und wo ist da der Bratenrückstand? Und wo kann ich nun die Zwiebel hell anrösten? Weiter geht es damit, den Bratenrückstand aufzugießen und durch ein feines Sieb durchzuseien. Sauerrahm einrühren und dann mit Butter und Mehl die Sauce montieren. Ich finde das Problem, welches wir hier haben, entsteht, wenn jemand ein Rezept abschreibt, das er bekommen hat, er aber selbst keine Ahnung vom Kochen hat. Das finden wir zum Beispiel, wenn eben dieses geschieht und es dann beim Abseihen einer Suppe zum Passieren derselben kommt. Da fehlt es definitiv an der Kommunikation entweder des Koches oder einfach desjenigen, der das im Fernsehen oder zu Papier bringt. Zudem mangelt es an der Nacharbeitung eines Fachmannes, der diese Ungereimtheiten eben findet und korrigiert. Aber diese sogenannten Pseudo-Kochrezepte-Schreiber sind sich ja zu gut, um einen Fachmann zu konsultieren. Und die Hausfrau, welches das liest, glaubt natürlich dem geschriebenen Wort. Hat ja ein Fachmann geschrieben. Für mich schade um die Zeit und das Papier. Leider!

Und wieder kommt es zu einer diesen Verwechslungen, wie gerade beschrieben. Gestern hatte der Doyen der Wiener Rindfleisch-Küche, Ewald Plachutta, seinen 80. Geburtstag und natürlich wurde ein ausführlicher Bericht unter dem Titel „Mir ist alles zugeflogen" in einer Tageszeitung gebracht. Es wurde sein Leben kurz gestreift und erwähnt, dass er vom Bürgermeister speziell gewürdigt wurde. Unter anderem wurde auch ein Rezept (Grundrezept) für einen Tafelspitz unter dem Titel „So gelingt der Rindfleisch-Klassiker aus der Wiener Küche zuhause" abgedruckt.

Und da hat der Fehlerteufel wieder einmal zugeschlagen. Denn im Gegensatz zu seinen Büchern wird hier unter anderem auch etwas von einer Brühe gekörnt geschrieben. Ich kann mir nicht vorstellen, dass Ewald Plachutta dies so an einen Reporter weitergegeben hat, eher nehme ich an, da hat sich einer wieder eine Fleißaufgabe gemacht.

Oder hat der Verfasser bewusst, da ja in seinen Betrieben sehr viel Rindfleisch gekocht wird und es dementsprechend eine sehr starke Rindssuppe gibt, den Hausfrauen den Tipp gegeben, eben die Brühe gekörnt hinzuzufügen, um eine doch kräftige Suppe zu produzieren. Denn ich glaube kaum, dass der Koch sich mit Brühe gekörnt seinen Ruf schädigen wird. Aber auf der anderen Seite: Wer weiß schon in diesen Zeiten, was wirklich in den Küchen vor sich geht?

Ebenfalls ist die Wiener Küche bekannt für die Vorliebe für gekochtes Rindfleisch.

Das Erste, das natürlich jeder Wiener kennt, ist der Tafelspitz, ein herrliches Stück Rindfleisch, das ganz, wie es ihm gebührt, in einer wunderbaren, aus Knochen vorgekochten, leicht gesalzenen Suppe gargekocht wird, damit der ganze Geschmack im Fleisch bleibt. Zudem kann der Fettrand am Fleisch verbleiben, der dann noch zusätzlichen Geschmack verleiht. Anders als ein Fernsehkoch diese Fettschicht vor dem Kochen entfernt hat. Dieser Tafelspitz wird nun klassisch serviert mit Schnittlauchsauce. Das ist nicht etwa Mayonnaise mit Schnittlauch, sondern das Weiße der Semmel wird in Milch eingeweicht ausgedrückt und mit gekochtem Eidotter passiert. Dann wird das mit rohem Dotter, Senf, Salz, Pfeffer, etwas Zucker und Öl wie eine Mayonnaise aufgeschlagen. Dann mit Schnittlauch vermengen und servieren.
Auch kann Apfelkren, Essigkren oder Semmelkren gereicht werden.
Als Gemüse wird in Wien Cremespinat, Dillfisolen, Kohlgemüse und natürlich gestürzte Erdäpfel serviert. Ebenso kommt als Garnitur das in der Suppe gekochte Gemüse als kleine Dekoration auf den Tafelspitz. Auch kommt ein Stück Mark dazu. Außerdem wird das Schulterscherzel, das Beinfleisch, der Hüferlspitz, auch Bürgermeisterstück, der Ochsenschlepp, das magere Meisel und nicht zuletzt die Rinderzunge als Spezialität in der österreichischen Suppenküche gereicht. Die Beilagen sind da fast identisch.

„Und dann muss ich lesen: ein Tafelspitz vom Reh."

Was hat eine Schale mit Deckel vom Reh mit einem Tafelspitz zu tun?
Da wird der Ofen auf 60° erwärmt und das Fleisch, welches mit Speck ummantelt ist, für 60 Minuten ziehen gelassen. Das Fleisch wird dann aus dem Ofen genommen, um es weiter in einer Pfanne unter mehrmaligen Wenden von allen Seiten rosa zu braten. Und so werden wieder einmal die Leute und die Leser verarscht.

Definition vom Tafelspitz:
Vordere an die Hüfte grenzende, dünn auslaufende Spitze des Schwanzstückes.
Anatomisch: Musculus Gluteobiceps
Erstmals erwähnt als Tafelspitz bei Hess 1911
Weitere Rezepte der Beilagen zum Spitz bei Elisabeth Stöcker 1922 und weiter doch ausgefallene Beilagen bei Olga und Adolf Fr. Hess 1928

War nun Kaiser Franz Joseph wirklich ein Stumpfgaumen? Das ist ein sehr blödes deutsches Wort, für das ich kein Verständnis habe. Glaubt man der Gourmetschickeria des 19. Jahrhunderts, so war das eindeutig der Fall. Dieses ab- und ausgekochte, saft- und kraftlose Fasergewebe, so sagte einst Antonius Anthus, ein deutscher Arzt und Schriftsteller, der vor rund 180 Jahren den Tafelspitz verteufelte. Auch fand der französische Feinschmecker Jean Anthelme Brillat-Savarin, dass wahre Gourmets niemals gekochtes Rindfleisch äßen.

Und wo gute Suppe ist, sind natürlich die wunderbaren Suppeneinlagen einfach nicht wegzudenken, wie die Leberknödel, der Leberreis, die verschiedenen Schöberl-Arten wie Hirn, Kaiser, Schinken und Käse, der Lungenstrudel, die Hirn- und Leber-Pofesen, die Fritatten und sogar Nudel. Aber mein Liebling sind und bleiben die Grießnockerl. Für mich sind sie immer mit viel Arbeit verbunden und das ewige Zittern, ob sie etwas werden. Oder gibt es heute Grießsuppe? Und wieder einmal sehe ich eine Sendung im Fernsehen, in der sich die Tochter eines in Wien bekannten Kochs und Lokalbesitzers, der Herkner in Neuwaldegg bei der Endstation vom 43er, mit Wiener Küche beschäftigt. Dieses Lokal ist nun in anderen Händen, aber die Tochter hat sich nach längerer Zeit dazu entschlossen, in die Gastronomie zu gehen, und hat sich in einem ehemaligen Installateur-Betrieb im 4. Bezirk eingenistet, wie es scheint, mit Erfolg, aber was ich in dem Bericht gesehen habe, hat mich so erstaunt und sofort zum Nachmachen inspiriert. Es ging um besagte Grießnockerl. Nicht kompliziert, sondern so was von

einfach. Sie nimmt Butter und lässt diese schmelzen, aber nicht zu heiß, nur Körpertemperatur, und gibt den Grieß dazu, verrührt das alles mit einem Ei und formt daraus mit zwei Löffel die Nockerln, gibt diese ins leicht kochende Wasser und in kurzer Zeit sind absolut herrliche Grießnockerl im Topf. Genau so, wie wir sie in Wien mögen, mit einem Kern und der Rest flaumig und gut.
Also mein Resümee ist: Auch nach 40 Jahren des Kochens hat man noch nicht alles gesehen und gelernt. Und ich bin mir nicht zu schade, dies nachzumachen, um meine geliebten Grießnockerl einfacher und daher öfters zu produzieren.

Aber dann lese ich „gegrillter Tafelspitz mit Spargel" und stelle mir etwas sehr Schmackhaftes vor. Bei näherer Betrachtung allerdings ist das Rezept etwas eigenartig, denn der Spargel wird zum Spargel-Kimchi (ein koreanischer aus Chinakohl bestehender scharf vergorener Salat oder Vorspeise) und der Tafelspitz bekommt eigentlich noch zwei verschiedene Namen.
Der Tafelspitz wird zum bekannten schwarzen Scherzel degradiert (Schwachsinn) und während die Marinade in den Spargel einzieht, wird das Tafelstück !!!!! parallel zur Faser in 3 bis 4 Zentimeter dicke Steaks geschnitten (Picanha!!!!) Also jetzt ehrlich, was wird das jetzt wirklich?
Ich kenne den Ausdruck Picanha von den brasilianischen Steakhäusern (Churrascaria), wo der Tafelspitz auf einen Spieß gesteckt, und über offenem Feuer gegrillt und mit dem Spieß zu Tisch gebracht und vor dem Gast mit einem sehr großen Messer geschnitten wird. Als beliebte Beilage wird Chimichurri, eine grüne wohlschmeckende Paste, serviert.

Auch eine der von mir hautnah erlebten Geschichten war wiederum auf einer Tafel vor einem Hotel-Restaurant in einer Ortschaft in Niederösterreich zu lesen.

„Hotel Reinisch in Mannswörth“

Wir waren auf eine Geburtstagsfeier eingeladen und schon beim Betreten des Lokales fiel mir eine in einer sehr schönen Schrift geschriebenen Tafel, worauf zu lesen war: „gefüllte Kalbsbrust“, die frisch aus dem Ofen kommt und daher gerade verfügbar ist. Da es ja immer ein Problem ist, für nur zwei Personen eine Kalbsbrust zu füllen, da es ja nicht so kleine Brüste gibt, wird dann gleich die ganze Nachbarschaft verköstigt und so bleibt eigentlich immer nur der Weg ins Gasthaus oder Restaurant. Also wurde das bestellt und mit freudiger Erwartung der Dinge geharrt, was sich dann als echtes Desaster herausstellte.

Denn als der Ober die so heiß ersehnte Kalbsbrust von links servierte, blieben uns die Augen stecken, denn das, was wirklich auf dem Teller lag, hatte mit einer gefüllten Kalbsbrust aber überhaupt nichts gemein. Meines Wissens und entsprechend der Rezeptur einer Kalbsbrust werden für die gefüllte Kalbsbrust Semmel in Würfel geschnitten, in Milch eingeweicht, dann mit einigen gerösteten Zwiebel versehen und mit grünen Erbsen schließlich gekrönt. Als Würze werden etwas Salz, Muskat, Pfeffer und ein ganz klein wenig Petersilie verwendet. Nicht zu vergessen ist das Ei. Die Fülle nicht zu straff in die Brust füllen, denn die Fülle geht auf und würde die Brust zerreißen, denn die Oberseite der Brust ist ja im Vergleich zur Seite, wo sich die Knorpel befinden, relativ dünn. Dann auf Kalbsknochen mit etwas Gemüse aufsetzen und langsam im Rohr bei öfterem Übergießen schön braten, um einen guten Saft zu bekommen.

Und nun zu dem Stück Fleisch, welches sich Kalbsbrust nannte. Das Fleisch war extrem stark gebraten und daher sehr dunkel, weiters war die Fülle aus faschiertem Fleisch, das noch dazu mit einigen Debrecziner Wurststücken durchsetzt war. Auch roch es sehr stark nach Knoblauch, der ja überhaupt nichts darin verloren hat. Der Saft war sehr dunkel und weder degraissiert noch in irgendeiner Art gebunden. Wirklich Natur pur. Auf meine

Frage, was das sei, wurde ich von dem Ober herablassend gemustert und dann kam der Satz:

„Mein Herr, das ist eine gefüllte Kalbsbrust."

Ich konnte darauf nur mehr antworten: „Nehmen Sie das bitte weg und schicken Sie mir den Chef." Der war natürlich vorgewarnt und erklärte mir voller Stolz, sein ungarischer Koch habe das selbst kreiert, um den Gästen etwas zu bieten. Ich gab zu bedenken, dass sich ein Österreicher, wenn er liest „gefüllte Kalbsbrust", automatisch die von seiner Oma oder Mutter geratene gefüllte Kalbsbrust vorstellt. Ich erwähnte, dass man, wenn er doch wenigstens auf die Tafel geschrieben hätte „nach Art des Hauses", nachfragen und sich dann entweder für oder gegen das Gericht entscheiden kann. Das sei nicht üblich und so Entweder du isst es oder du lässt es. Um den Freund, der uns eingeladen hat, nicht zu brüskieren, bat ich dann ganz einfach um ein Schnitzel in der Hoffnung, dass der Koch nicht auch hier seine Individualität und vor allem Kreativität spielen lässt.

Das Zweite ist dann das Gulyas mit all den Variationen.

Die nächste Speise, die eigentlich nur in Österreich gang und gäbe ist und so oft falsch deklariert wird, ist das

„Fiakergulyas“

Das Fiakergulyas wird weder aus einem in Wien bekannten Fuhrwerk und dessen Kutscher, dem Fiaker, noch aus einem Pferd gekocht wird.
Auch hier ist in erster Linie wieder eine Geschichte dahinter. Die Fiaker hatten immer zu wenig Lohn und daher war ein großes Gulyas zur in Wien üblichen Jause um 10 Uhr zu teuer. Also kam ein findiger Wirt auf die Idee, ein kleines Gulyas etwas aufzubessern. Und er gab 3 Salzkartoffeln, ein kleines aufgefächertes Gurkerl, einen halben Einspänner (das ist ein halbes Frankfurter-Würstel) und ein wachsweiches Ei oder ein Spiegelei zum kleinen Gulyas, aber definitiv keinen Knödel, den alleine die Arbeit, einen Knödel zu fabrizieren, hätte den Profit geschmälert. Also nahm er ein paar Salzerdäpfel und nicht wie das Dingelstedt im 1. Bezirk stilgerecht einen Brezenknödel.

Ursprünglich wurde das Gulyas in Ungarn von den Hirten in der Steppe in einem Kessel wie Suppe mit diversen Einlagen über offenem Feuer gekocht, am Anfang allerdings noch ohne Paprika, denn der kam erst mit der Entdeckung von Amerika durch Kolumbus über verschlungene Wege über das Osmanische Reich in den Gulyaskessel.

Und es gibt dann noch diverse andere Arten wie das Gulyas Hus, das eigentlich der Wiener Gulyassuppe gleicht. Auch ist das Pörkölt bekannt, das mit dem Saft etwas dicklicher ist (wozu auch die kleingeschnittenen Zwiebeln beitragen). Dann gibt es das Paprikasch wie Pörkelt, nur wird dann noch Rahm zugefügt.

Ein Gulyas mit Knödel ist ein Bauerngulyas. Zum Andrassy Gulyas wird Haluska als Beilage serviert. Zudem gibt es das Gulyas nach Triestiner Art mit Polenta. Auch sehr beliebt ist das Szekely Gulyas mit Schweinefleisch und Sauerkraut.

„Das Wiener Saftgulyas nach Professor Zodl“
Hotel Sacher und Schule Judenplatz

1 kg Wadschunken in ca. 3 cm große Stücke schneiden (vom Gewicht ca. 50 bis 60 g), 150 g Schmalz, 800 bis 1000 g fein geschnittene Zwiebel, 50 g edelsüßer Paprika, ein Spritzer Essig, Wasser zum Aufgießen. Als Gewürz dienen Knoblauch, Majoran, Kümmel, Salz und Pfeffer.

Zwiebeln in dem Schmalz braun rösten, vom Feuer nehmen und den Paprika hineingeben, umrühren, einen Spritzer Essig dazugeben und dann mit Wasser auffüllen. Das Fleisch zufügen und dann auf kleiner Flamme langsam weich dünsten. Die Gewürze dazu. Eventuell mit etwas Wasser auffüllen.
Ich musste noch während meiner Lehrzeit das Gulyas nach dem Zufügen vom Wasser etwas einkochen lassen und dann durch eine sogenannte Wiege passieren.
Das Gulyas braucht auf jeden Fall Fett zum Rösten und Essig für die Farbe.
Sollte der Saft etwas zu dünn sein, eventuell mit etwas Mehl stauben. Ein Trick von den alten Köchinnen war, dass man von altem Brot die Rinde wegschnitt und dann in kleine Stücke brach und dem Gulyas beifügte, was einen molligen Saft hervorbrachte.
Da es aber immer wieder zu lesen ist, das Fleisch zuerst anzubraten. Das finde ich nicht richtig, denn wenn ich das Fleisch anbrate, verschließe ich das Gargut durch eine Art der sogenannten Maillard-Reaktion (eine nicht enzymatische Bräunungsreaktion). Das ist nicht zu verwechseln mit Karamellisieren. Jedoch können beide Reaktionen gemeinsam auftreten und die Gewürze können nicht mehr so gut in das Fleisch eindringen.

Ein Befürworter dieser Kochart ist ein bekannter Kollege aus München, der einen Eisladen und gleich daneben ein Gewürzgeschäft hat. Er produziert eigentlich ein Ragout und rührt dann etwas Paprika in kaltem Wasser an und schüttet das ins Ragout und lässt es etwas mitköcheln und das bei jedem seiner Gulascharten – egal, ob Rind, Kalb, Schwein etc. Und das steht auch in seinen Kochbüchern. Nicht die feine Wiener Art, eher Deutsch, aber was kann man schon von einem gelernten Fernmeldemechaniker verlangen, der dann von einem Gastwirt auf den richtigen Weg gebracht wurde und ein wenig Kochen gelernt hat. Als Dank wurde er dann adoptiert. Darum sage ich: Beim Kochen scheiden sich die Geister und Kochen ist reine Glückssache.

Bei einem Wiener Fleischhauer kam es zwischen dem Fleischer und einem Kunden, der Würstel kaufen wollte, zu folgendem Gespräch.
Der Kunde: Sie, Master, wissen se, wie ma aus an Schweinsgulyas a Rindgulyas mocht?
Der Fleischhauer: Na, was i net. Wia soll des denn geh?
Der Kunde nun ganz aufgeregt: Na, wenns den Töller, wo des Schweinsgulyas drauf is, schief holdn, dann rinnd's Gulyas und da habn's sas dann.
Der Fleischhauer: Na, no bleder geht's ja gar net.
Der Kunde etwas enttäuscht: Na, seh vastengen ober a kan Schmäh.
Der Fleischhauer: Wolln's jetzt de Wiarstl'n oder habn's no so blede Witz auf loger?

Aber den Vogel schoss ein Wiener Nobelcafé ab, als ich eines Morgens in der Stadt war und den Drang verspürte, auf eine in Wien so beliebte Art zu frühstücken: das Gabelfrühstück, ein kleines Gulyas, eine Semmel und ein kleines Bier. Also bestellte ich und als es kam, bin ich sofort erschrocken über die geometrische exakte Würfelform der daran beteiligten Fleischstücke, die in einem Saft gelegt wurden, der erst kurz vor der Bestellung in der Kaffeehausküche synthetisch hergestellt wurde. Es muss sich daher um vorfabriziertes angeliefertes Fleisch handeln, das von der Norm, die es ja eigentlich nicht gibt, so abgewichen ist. Denn in meiner Überzeugung ist das Wiener Saftgulyas ein Gericht sich aus einem sehr guten Saft mit viel Zwiebel, den dementsprechenden Gewürzen und einem Fleisch, das in unregelmäßige Stücke geschnitten ist. Was aber hier angeboten wurde, ist eigentlich nur der Unterschied zwischen Irreführung und schlicht und einfach Betrug am Gast, der für gutes Geld gute Ware erwartet. Da ist es ja noch verständlich. Wenn ich schon auf dieser Schiene fahre, warum verkaufe ich nicht ein Gulyas, das halt aus der Dose kommt, aber zumindest von einem renommierten Anbieter kommt, der es halt im Großen produziert. Man hat ja doch als Wiener eine Vorstellung, wie die Speisen, welche man aus der Kindheit kennt, aussehen sollen.

Das wiederum ist geschehen in einem guten alten Vorstadtwirtshaus, wo der Chef kocht und sein Sohn ebenfalls in der Küche steht. Der VKÖ hat in diesem Lokal die allmonatliche Sitzung des Kochstammtisches. Wenn ich als Koch in diesem Vorstadtbeisl verweile und auf der Tafel vor dem Lokal steht „Gulyas-Woche“ habe ich eine Vorstellung, die mir bereits beim Lesen der Tafel einen Wohlgenuss beschert, also das gute Aquaplaning auf der Zunge. Denn ich denke daran, wie ich es einmal für den Freundeskreis bei mir gekocht habe. Da waren sechs verschiedene Arten von Gulyas wie Rind, Schwein, Kalb, ein Schweinspörkelt, ein Curry und ein Paprikahendl. Dazu gab es natürlich die dementsprechenden Beilagen. Also her mit der Karte und dann sehe ich, dass es eigentlich nur Rindsgulyas in einigen Abwandlungen gibt, wie Fiaker, Bauern, Rind und das war es dann auch. Da kann man sich doch etwas Besseres einfallen lassen. Aber anscheinend reicht die Vorstellungskraft nicht so weit oder ist die Arbeit zu viel. Für mich aber hat das nichts mit Gulyas-Wochen zu tun, sondern nur mit Einfallslosigkeit in reinster Form. Es geht nun in derselben Weise weiter.

Es ist natürlich dem Wirt zu überlassen, vor allem in Ausnahmesituationen (ich habe das ungefähr ein Jahr später eingefügt während des 3. Lockdowns).

Der Wirt hat nachgedacht und für seine Gäste einen wahren Schmaus auf die Speisekarte gesetzt:

Das Pariser (Schnitzel)-Wochenende

Es gibt Pariser Schnitzel von der Schweinskarreerose, von der Putenbrust und – mein Favorit – von der Beiried.
Oder als Über-Drüber-Angebot ein Dreierlei (Schwein, Pute, Beiried), dazu Reis als Beilage zu den jeweiligen Pariser Schnitzel. Wir leben in einer Zeit, in der alles in Kochbüchern und auf Google zu erfahren ist. Nachschlagewerke kommen fast täglich auf den Markt und dann fällt einem Kollegen nichts anderes ein, als aus einer Beiried ein Pariser Schnitzel zu fabrizieren. Welch eine Schmach für unser Gewerbe. Aber ich schweife schon wieder vom Thema des Gulyas ab, aber ich musste das einfach dazwischenschieben. Dieser Gastronom kocht sonst eigentlich eine bürgerliche Küche, aber der Gedanke war, in der Zeit, wo wirklich Not ist, die Gäste doch mit raffinierten Speisen zu locken. Aber wahrscheinlich ist es mit dem Publikum auch nicht so weit hergeholt, die ein Beiried Pariser Schnitzel schon als exotisch betrachten.

Auch hat ein sogenannter Starkoch eine neue Art der Wiener Gulyas-Küche kreiert.
Für die Beautiful People, die Künstler, die Jugend oder Fans der Wiener Küche ist er laut Krone ein Feinspitz. So nimmt zum Beispiel Herr Bernatovics im Restaurant Kussmaul ein Schulterscherzel für sein Gulyas. Es steht ihm natürlich frei, welches Stück Fleisch er für sein Gulyas verwendet, und die neue Küche in allen Ehren, aber warum nimmt er ein so wunderbares Stück Fleischaus der alten Wiener Siedeküche, um Gulyas daraus zu machen? Ist der klassische Wadschunken nicht die bessere Lösung und auf jeden Fall authentischer?

Eine weitere Art von Gulyas ist das Erdäpfel-Gulyas. Das wird natürlich in Österreich meistens nicht nur mit Erdäpfeln gemacht, sondern es wird entweder mit einer doppelt geräucherten Dürren Wurst verfeinert oder es werden Debrecziner genommen, die etwas würziger sind. Natürlich scheiden sich da auch wieder die Geister, ob das Erdäpfel-Gulyas nun eine vegetarische Speise sei oder nicht. Ja, wenn nur Erdäpfel verwendet werden. Das wiederum führt zu der Ableitung des Würstel-Erdäpfel-Ragout. Eine Köchin (der frischen Kochschule in Leoben), die für das Genuss-Magazin schreibt, hat sich für dieses Gericht stark gemacht, nur verstehe ich es nicht. Nur weil ich das Paprikapulver weglasse und dafür etwas Tomatenmark zufüge, wird das Gericht noch immer, wenn auch in anderer Form, eine Art falsches Erdäpfel-Gulyas bleiben. Denn es hat sich an der Machart ja nichts geändert, es fehlt ja nur der Paprika, welcher eben darauf hinzielt, ein Gulyas zu sein. Nur eine andere Wurst wie Krainer-Würste kommen da rein. Aber bitte Gott behüte, keine Käse-Krainer.

Und so kommt es dann zu einer weiteren Variante des Gulyas, dem

„Schichtgulyas"

Das Schichtgulyas hat aber mit Gulyas nichts zu tun, außer dass der Verfasser eben Schweinefleisch verwendet, was er auch immer darunter versteht. Vielleicht weil es in Würfel geschnitten ist? Es werden Zwiebel in Würfel geschnitten, geräucherter durchwachsener Speck in Streifen geschnitten und mit der Hälfte des Fleisches, den Zwiebeln und Sauerkraut in einen Schmortopf geschichtet. Mit Salz, Pfeffer und Kümmel gewürzt und das Ganze wird wiederholt, Sauerrahm glattrühren und darüber gießen. Das sogenannte Gulyas zugedeckt ca. 1,5 Stunden garen und vor dem Servieren mit Petersilie bestreuen. Was hat das bitte mit Gulyas zu tun? Es ist maximal ein Eintopf mit Schweinefleisch und Sauerkraut, es fehlen Paprika, Knoblauch, Majoran, was eigentlich ein Gulyas ausmacht. Wiederum eine Variante, die jeder Grundlage entbehrt, um sich Gulyas zu nennen.

Das Gulyas wird gekocht, wie halt Gulyas so in etwa sein soll, aber dann kommt wieder einmal der Hammer: Es werden Paprika gewaschen und nach einer Stunde des Schmorens zugegeben und weiter geschmort. Dann kommen Erbsen und Blattspinat unter das Gulyas. Noch ein wenig köcheln lassen und dann mit einem Filoteigblatt bedecken. Restlichen Spinat darauf und weitere Teigblätter darauf schichten, zuletzt mit Mandelblättchen bestreuen und noch 15 Minuten weiter backen und dann servieren.

„Das ist aber noch zu toppen!!!!! Man glaubt es kaum."

In einem österreichischen – ich betone österreichischen – wöchentlich erscheinenden Magazin, das sich der Einheimischen Küche widmet und verschrieben hat, steht ein Rezept für ein Rindergulyas aus dem Dutch Oven.
An und für sich kein Problem, wenn man einen Garten oder eine Fläche zur Verfügung hat, wo man grillen kann. Oder den Dutch Oven in ein Bett von Kohle legen kann. Und das Rezept verlangt 2 kg Rindergulyas (vorzugsweise Beinscheiben), 2 kg Zwiebel, 60 bis 80 g Paprika, Knoblauch, Majoran, Tomatenmark, Kümmel, Salz, Essig. Soweit alles okay, nur die Beinscheiben sind etwas sonderlich. Mache ich jetzt Gulyas oder Ossobuco?

Aber da sich ja bekanntlich über Geschmack streiten lässt, soll sich jeder selbst ein Urteil bilden. Nur meines Erachtens kann man auch übertreiben.

Das Gulyas – ich weiß nicht, die wievielte unglaubliche Geschichte

Bei einer Wirtshausszene, die ich zufällig belauschen konnte, war das Gespräch auf das Gulyas gekommen und auf die Frage, welches Fleisch man dazu verwendet. Der eine stellte richtig fest, dass der Wadschunken das einzige wahre Fleisch wäre, denn durch die in Wien beliebten Flachsen (die Kollagen-Einlage) gibt das

Fleisch dem Gulyas die besondere Note. Der andere wiederum meinte, dass ein Stück vom hinteren Teil besser wäre. Das wäre aber für mich zu trocken. Der ganz Schlaue hat den Rindslungenbraten als bestes Fleisch erwähnt – zwar richtig, aber zu teuer. Und dann kam die Aussage eines der Herren, dass er, wenn er Gulyas kochen würde, zwar den Wadschunken als Gulyasbasis nähme, wenn aber dann das Fleisch gedünstet wäre, er dieses herausnehmen und es mit nebenbei gekochtem mageren Fleisch ersetzen würde, das halt nicht die Flachsen hat, die er nicht mag. Also jetzt frage ich: Wo ist der Sinn, Gulyas fast richtig zu kochen und dann durch ein anderes Fleisch zu ersetzen. Aber das sei dahingestellt. Nur der Sinn dieser Art, zu dünsten, besteht ja darin, dass diese im Fleisch eingelegten Kollagene nicht nur den Geschmack beeinflussen, sondern gleichzeitig den Saft noch zusätzlich leicht binden.

Das "Schraml Rindergulyas"

Wieder wurde eine Art des Gulyas (das Schraml Gulyas) in einer Zeitung kolportiert. Grundsätzlich betrachtet ist es aber gar kein Gulyas, sondern ein mit Zwiebel und Paprika angesetztes Ragout, denn für Gulyas fehlen eigentlich die nötigen Schritte, wie es eben sein sollte.
Das beginnt schon bei der Röstung der Zwiebel, denn wenn ich Zwiebel anröste, gebe ich kein Salz hinein. Da das Salz hygroskopisch ist, zieht es die Flüssigkeit aus der Zwiebel. Daher wird das nicht Rösten, sondern eher Dünsten und auch nicht Karamellisieren. Sind die Zwiebeln dann endlich dunkelbraun, gibt der Wirt Paradeisermark dazu, kurz darauf den Paprika und Wasser. Wo bitte ist der von uns gelernte Essig? Das alles wird nun mit den Gewürzen und Salz versetzt und nach kurzem Aufkochen mit dem in Würfel geschnittenen Fleisch, welches aus zwei verschiedenen Teilen (Wadschunken, Teil des Unterschenkels und Rinderhüfte) des Rindes besteht, hinzugegeben, was alleine schon zu einem total unterschiedlichen Garprozess führt. Laut Rezept hört es schlagartig zum Kochen auf. Weiter geht es damit, dass das Gulyas unter vorsichtigem Rühren zum Kochen gebracht wird und

ca. 5 Minuten weiter kocht und dann abgedreht wird. Es wird mit einem Deckel versehen und 18 Stunden stehen gelassen, damit es langsam auskühlen kann. Wir alle oder zumindest einige wissen, dass eben Gulyas doch länger dünsten soll und muss. Beim Wiederaufwärmen dieses Produktes soll die Fleischkonsistenz angeblich butterweich sein, solange das Fleisch nicht überhitzt wird. Was ich nicht verstehe, ist, dass der Garprozess, wenn ich das Fleisch, nachdem ich es 5 Minuten gekocht habe und dann abkühlen lasse, ja unterbrochen wird. Und wie soll es dann nach 18 Stunden bei kaltem Herd weiter dünsten oder kochen? Man sollte es auf jeden Fall einmal ausprobieren, aber wer hat in der heutigen Zeit 18 Stunden zur Verfügung? Ich könnte mir aber vorstellen, dass ich das Gulyas bei einem Niedergarprozess über Nacht in einem entsprechenden Ofen (Konvektomat, Kombidämpfer) zubereite. Jetzt würde ich gerne eine Küchenmaus sein, um mir einmal diese Art des Kochens anzusehen.

Und so gibt es wieder eine weitere Geschichte der außergewöhnlichen Art und Lokale, über die man spricht. Egal, wie!!

Darum möchte ich nun einen Artikel aus einer Zeitung vom Sonntag zitieren, in dem sich ein paar Seiten mit Genuss und Reisen beschäftigen. Dabei geht es um Wild, besser gesagt, um das Wildschwein. Und so kommt es dann auch zu einem Rezept, das sich „Wildsaugulasch“ nennt. Als – wie ich glaube – kompetente Person in Sachen Kochen habe ich natürlich eine Vorstellung dieses Gerichtes. Beim Lesen kamen mir dann doch Zweifel, wo der Verfasser des Artikels seine Fachkenntnisse herholt. Denn es hat zwar im weiteren Sinne mit Gulyas zu tun, doch ist entweder der Name verfehlt oder da wurden einfach Gulyas-Arten so vermixt, dass eben dieses Gericht herauskommt. Dafür wird das Gulyas, wie es sein sollte, angesetzt und gedünstet. Dann wird es aber mit Sauerkraut und Erdäpfel bei halber Kochzeit erweitert und ganz am Schluss kommen noch feinblätterig geschnittene Essiggurkerl und Pfefferoni dazu. Somit ist das für mich kein Gulyas, sondern ein Wildsaukrautfleisch nach Art des Verfassers und eben kein Wildsaugulyas. Dazu ist noch zu sagen, dass auf dem Foto, welches neben diesem obskuren Rezept ist, keine Spur von einem Kraut zu sehen ist, sondern einfach nur Fleischstücke in einer Sauce und als Dekoration ein Zweig Rosmarin. Und das empfinde ich als Verarschung des Konsumenten, der vielleicht auch etwas Ahnung hat, was Küche betrifft, und daher sehr wohl unterscheiden kann, was geschrieben ist und was er sich eigentlich von der Überschrift erwartet. Aber so sind halt diese Schreiberlinge.

Die – ich weiß nicht, wievielte – Version dieser an und für sich exzellenten, aber verhunzten Speise

Ich möchte gleich weiter auf das Gulyas und dann diese saublöden Fernsehsendungen, in denen eben gekocht wird und es darum geht, dass eine Single-Frau für einen Single-Mann kocht, eingehen. Er hat die Wahl zwischen fünf Menü-Vorschlägen, von denen er drei aussuchen kann. Da ist natürlich im deutschen Raum meistens an erster Stelle das Schnitzel in all seinen verrückten Variationen und das Zweite ist das Gulyas. So auch in diesem Fall. Die Single-Frau nimmt eine Zwiebel und ca. 1 kg Fleisch. Das Fleisch wird in Würfel geschnitten, angeröstet, mit der Zwiebel versehen und mit einer Flasche Rotwein abgelöscht beziehungsweise aufgegossen. Dann wird es weiter gedünstet, bis es weich ist. Es wird mit Nudeln serviert und das war es dann. Als wo ist der Paprika, wo sind die Gewürze und was halt sonst noch in ein Gulyas gehört? Leider verwechseln unsere Nachbarn immer wieder ein Ragout mit einem Gulyas. Aber wie gesagt, wenn ein Haubenkoch aus München ein Ragout kocht und dann ein Paprika-Wasser-Gemisch einrührt und es dann Gulyas nennt, erübrigt sich eigentlich jede Diskussion. Das ist nachzulesen in seinen Kochbüchern – egal, ob Rind, Kalb, Schwein etc.

Es gibt natürlich auch eine vegetarische Variante des Gulyas

Das ist das in Wien sehr beliebte Erdäpfelgulyas. Wie aus dem Namen ersichtlich ist, besteht es aus Erdäpfeln, Zwiebeln, Paprika, Knoblauch, Salz, Pfeffer und natürlich Majoran. Und es wäre nicht Wien, wenn der Wiener nicht etwas Besonderes daraus macht und diese Speise mit einer doppelt geräucherten Dürren Wurst verfeinert.

Mein Koch, den ich am allerwenigsten mag, der Münchner Bazi, hat natürlich seine eigene Variante dieser Speise kreiert. Aber das hat in weiterer Folge rein gar nichts damit zu tun, was wir unter einem Erdäpfelgulyas verstehen.

Er produziert sozusagen eine Basissauce aus Paradeiser, Paprika und Tomatenmark und lässt das alles einkochen. Für seine Lieblingsart, Gulyas zu fertigen, nimmt er Rosenpaprika, etwas scharfen Paprika und Majoran und rührt das alles in kaltem Wasser an. Dann schüttet er alles in den Ansatz und somit ist das Gulyas fertig. Das kommt in einen tiefen Teller, dazu kommen in Butter geschwenkte Erdäpfel oben drauf und als krönenden Abschluss in Butter geschwenkte grüne Spargelspitzen und kleine Romanesco-Röschen, als Dekor ein getrocknetes Lorbeerblatt und eine kleine Chilischote. Hier ist die Benennung falsch, denn eigentlich sollte es ja heißen Paradeisersauce mit Paprika und Braterdäpfel mit Gemüse.

Mein Verständnis ist, dass die Erdäpfel in dem Gulyasansatz weich gedünstet werden und den Geschmack annehmen.

Ebenso ist zu bemerken, dass in seinen Kochbüchern jede Art von Gulyas als Ragout angesetzt wird und vor Ende der Garzeit in kaltem Wasser angerührter Paprika zur Vollendung der Speise eingerührt wird – egal, ob Rind, Schwein, Huhn oder Kalb. In der Wiener Küche wird ein Gulyasansatz vorbereitet und dann das jeweilige Fleisch darin weich gedünstet, damit die Gewürze in das Fleisch einziehen können. Bis heute ist es mir ein Rätsel, wie der Mann so ein Imperium aufgebaut hat. Aber das ist meine Meinung. Auch fehlt mir das Verständnis dafür, dass in jede Speise Ingwer kommen muss. Egal, ob es passt oder nicht.

Das Eierschwammerl-Gulyas

Heute kam noch das Eierschwammerl-Gulyas von einem renommierten Koch aus Salzburg dazu. Der Gulyasansatz ist okay, aber der Rest ist mir unverständlich. Denn die Eierschwammerl werden in Butter angeröstet und da es schade wäre, den austretenden Saft der Schwammerl wegzuschütten, wird einfach weiter geröstet, denn der Saft geht in die Schwammerln zurück. Für mich ist das absoluter Schwachsinn, denn das Einzige, was geschieht, ist, dass sich am Boden der Pfanne eine Reduktion und eine Kruste des Saftes bildet. Aber wie soll der Saft je in die Schwammerln zurückkommen? Er ist ein Zauberer, der im Ronacher auftreten und das Kochen einem anderen überlassen sollte.

„Und es geht weiter mit der Geschichte"
„Und so kommt es zum überbackenen Gulyas."

In Heidingers Gasthaus gibt es jetzt ein gebackenes Gulyas um € 14,90. Heute gibt es in der kleinformatigen Zeitung einen Artikel, in dem so schön beschrieben ist, dass das, was hier auf den Tisch kommt, nicht „modern wienerisch" oder „verfeinert-wienerisch" oder „wienerisch-kreativ" ist, sondern Wiener Küche ohne zusätzliche Adjektive: unverfälscht, kompromisslos, kraftvoll, intensiv. Hier wird eigentlich alles gebacken, sogar das obligatorische Wiener Schnitzel vom Schwein!!!

Und nun ein Ausschnitt aus der Zubereitung.

Zwiebel rösten, Paprika dazu und umrühren (darauf achten, dass der Paprika nicht anbrennt), Fleisch zugeben und mit Majoran, Salz, Pfeffer und Kümmel würzen. Gut durchmischen und mit so viel Wasser aufgießen, dass eine dicke Konsistenz entsteht (ich bin der Meinung, dass es erst, nachdem das Gulyas eingekocht ist, zu einer etwas dicklichen Konsistenz kommt aufgrund der austretenden Zellflüssigkeit und des Kollagens in den Sehnen und dem Bindegewebe des Wadschunken). Das Gulyas darf nicht zu dünn sein. Den Zitronenabrieb und den Knoblauch zuge-

ben. Das Tomatenmark in einer Pfanne kurz rösten und auch zum Gulyas geben. Das Gulyas unter gelegentlichem Umrühren so lange köcheln lassen, bis das Fleisch weich ist. Das dauert mehrere Stunden. Weiter geht es zum Panieren. Das fertige Gulyas so lange weiter kochen, bis das Fleisch komplett zerfällt. Dann kalt stellen, bis es fest ist. Nockerln formen und wie ein Schnitzel panieren. In Öl bei 150° ca. 6 Minuten goldgelb backen. Bei Google ist unter gebackenem Gulyas in Foto dieser doch etwas außergewöhnlichen Speise zu sehen, die – bitte mich nicht falsch zu verstehen – aussieht wie einst Helmut Qualtinger in den 1950er Jahren, als Travnicek einen Schiffsurlaub in Jugoslawien machte und über Cevapcici mit einem anderen Reisenden sinnierte:
„No dö Hundtrümmerl mit an Zwiefel"

Und ich glaube, der Koch oder Küchenchef hat sich von einer Speise inspirieren lassen, die es schon lange in Wien gibt. Es ist das die krustierte Kalbslunge, ein gebackenes klassisches Kalbsbeuschel mit einer etwas dickeren Sauce, der Eidotter zugefügt werden. Dieses wird in eine gebutterte Form gefüllt und nach dem Erkalten in Streifen geschnitten und paniert.

Im Handlexikon der Kochkunst von Karl Duch wird ab Seite 180 unter warme Vorspeisen unter dem Namen Croquettes oder panierte Krusteln über diese geschrieben. Da wird Salpikon- oder Haschee-Croquetten-Masse beliebig geformt paniert und dann in der Friture gebacken. Die Benennung richtet sich nach dem Hauptbestandteil, wie zum Beispiel Rindskrusteln, Wildkrusteln, Geflügelkrusteln, Fischkrusteln usw.

Gebratene Krusteln
Dabei ist eine Variante, bei der die kalte Croquetten-Masse zu kleinen Scheiben geformt, paniert und in Butter gebraten wird. Als Beilage wird eine dem Hauptbestandteil entsprechende Sauce oder Jus gereicht und eventuell Naturgemüse.
Cromesquis, Kromeskies oder Backkrusteln. Die Croquetten-Masse erkalten lassen und in längliche daumengroße Stücke for-

men und in Backteig tauchen und frittieren. Klassische Sauce dazu ist Sauce madère oder Tomatensauce.

Petits Croustades oder gefüllte Krusten
Krustadenformen mit Mürb- oder Blätterteig auslegen, blind backen, mit Salpikon oder Haschee füllen und nach Art der Bouchees vollenden. Der Name ergibt sich aus der Füllung.

Fondants Püreekrusteln
Sehr feines Püree mit Eidotter binden, birnenartige Croquetten formen, panieren und backen. Ohne Sauce servieren.

„Soweit alles über Krusteln“
Alles in der feinen Küche, nur bitte kein Gulyas

Was mich gleich zu einem weiteren Lebensmittel bringt, welches gerade bei den vorhergegangenen Speisen nahezu unverzichtbar ist.

Das Ei

Das Ei ist ein Lebensmittel, ohne das eine Küche nicht auskommt, weder im süßen Bereich noch bei diversen Gerichten, bei denen ich zum Beispiel Dotter und Eiweiß trennen muss.
Darüber hinaus gibt es natürlich das Ei zum Frühstück, das in seiner Vielfalt einfach nicht zu überbieten ist.
Und da beginnt bereits das Dilemma. Nicht nur dabei ist zu beachten, wie regional das Frühstück ist, wie eben auch die Benennung der Eierspeise etc.
Das beginnt bereits mit einem simplen Rührei.
Ich hatte doch einige Erfahrung im Intercont mit dem Frühstück, da wir zu der Zeit, als ich meine Lehre absolvierte, ein Hoch an amerikanischen Reisenden hatten. Es waren summa summarium 600 bis 750 amerikanische Frühstück, bestehend

aus eben Würsten, Speck, diversen Eiern, Pfannkuchen, Waffeln mit Ahornsirup, Grießkoch und Haferschleim. Auch das Steak durfte nicht fehlen.
Die Eier umfassten Rührei, pochiertes Ei, Spiegelei normal und in der Variation umgedreht, Omelette und natürlich auch die in Wien berühmte Eierspeis. Und das bringt mich nun zu meinem Dilemma.
Ein österreichischer Koch, der in Deutschland sehr auf sich aufmerksam gemacht hat, ein Burgrestaurant besaß und in diversen Kochsendungen teilnahm.
Eben besagter Koch hat auf einer Plattform erklärt, wie man das beste Rührei produziert. Der Ansatz war okay, aber dann geriet er wie die meisten Köche eben bei dieser Speise in denselben Fehler. Das Ei wurde mit Obers verquirlt und in eine Pfanne mit Butter, die nicht zu heiß war, geschüttet und dann von der Seite mittels einer Spachtel gegen die Mitte geschoben. Das hat mit einem Rührei absolut nichts zu tun, denn so wurde mir gelehrt, dass es eine Eierspeise in Wien wäre. Nur machen wir es umgekehrt, denn wir ziehen das Ei-Gemisch nach außen und lassen es nicht zu sehr stocken. Das sollte der steirische Koch doch wohl wissen, denn die berühmte Steirische Eierspeis mit Kernöl wird ihm nicht fremd sein. Auch ist mir immer wieder aufgefallen, dass wenn ich in einem Hotel à la carte zum Frühstück kam, das Rührei immer so gemacht wurde. Wahrscheinlich aus Zeitgründen.
Mir wurde aber gelehrt, dass wir am Vortag die Mise en place von den Eiern gemacht haben, das heißt, es wurden die Eier in eine Schüssel gegeben und der Frühstückskoch, der kam, stellte einen mit Wasser gefüllten Topf auf den Herd mit Wasser und dann kam die Schüssel mit den Eiern darauf. Das Wasser wurde zum Kochen gebracht und am Anfang wurde gelegentlich umgerührt. Sobald sich aber zeigte, dass die Eier zu stocken beginnen, wurde dann so richtig gerührt und dann vor dem Stocken vom Feuer genommen und in ein Gefäß aus Porzellan umgefüllt, welches dann in die Bain Marie gestellt wurde.
Und das sind halt die Unterschiede zwischen einem Rührei und einer Eierspeis. Darum ist es nicht immer einfach, dieses

Wissen weiter zu geben, wenn unsere Superköche so einen Scheiß verzapfen und noch stolz darauf sind.
Ebenso scheiden sich die Geister, wie man ein pochiertes Ei zelebriert. Für mich die einfachste Sache der Welt. Aber nicht für Haubenköche wie einen nicht weißen Deutscher. Ein Desaster.

Das wiederum gibt mir die Gelegenheit, über weitere Köstlichkeiten der Wiener Küche zu schreiben.

Das Beuschel und seine abartigen Freunde

Ein Beuschel beinhaltet die verschiedenen Innereien wie Lunge, Herz, Zunge, Nieren, Bries, Euter, Hoden und einige mehr. Da es aber in diversen Ländern unterschiedliche Einstellungen betreffend den Innereien gibt, wird auch dementsprechend gekocht. Und in vielen Ländern ist das Verzehren von Innereien einfach tabu. Aber in Österreich, England, Bayern und einigen anderen Teilen von Deutschland wird das Beuschel, auch saure Lunge oder Lungenhaschee gerne gegessen. Sei es jetzt Kalb, Schwein, Schaf oder auch Wild – die Art, ein Beuschel zu kochen und zu fertigen, ist aber immer die gleiche. Das Herz wird ausgewaschen, die Zunge wird ebenfalls gewaschen, die Lunge wird angestochen und mit Wasser und Essig mit den Beuschelgewürzen samt Wurzelwerk und Zwiebel gekocht. Sobald die Lunge gekocht ist, wird sie in kaltes Wasser zum Auskühlen gelegt und der Sud wird abgeseiht und auf die Seite gestellt. Mit Schmalz und Mehl wird eine braune Roux hergestellt, die Gewürze wie Kapern, Sardellenfilets, etwas Zitronenschale, eine kleine Zwiebel, Senf und gemahlenen Majoran kurz mitrösten und mit dem Sud aufgießen. Dann werden die in der Zwischenzeit ausgekühlte Lunge und die anderen Zutaten in feine Streifen geschnitten und mit dem Saft vermengt. Mit etwas Salz, Pfeffer und Sauerrahm oder Obers kann das Beuschel noch verfeinert werden.

Die Beilagen sind aber regional verschieden. So gibt es zum Beispiel das Wiener Salonbeuschel, ein Kalbsbeuschel, das mit Servietten-Knödel und Gulyassaft serviert wird. Es gibt auch noch das Weinbeuschel, das mit etwas Rotwein verfeinert ist.

Und nun gibt es natürlich auch diverse Varianten – ich möchte es Auswüchse nennen –, die unser so geliebtes Beuschel so weit weg vom Original bringen, wo ich dann denke: Wer hat's erfunden wie bei den Ricola Zuckerln.

Es geht nun um ein Beuschel mit Zeltlknödel. Das ist vielleicht eine regionale Spezialität, aber was sind für Otto Normalverbraucher Zeltl? Das kommt von einem Gasthaus mit Fleischerei in Lamprechtshausen, im Falstaff Stille Nacht. Warum Stille Nacht? Ich sage lieber gute Nacht.

Der Fleischermeister und Wirt aus Leidenschaft und mit hohem Anspruch setzt auf Tradition und Innovation. Auch hat er diverse Goldmedaillen bekommen, aber sicher nicht für dieses Beuschel.
Er nimmt für das Beuschel 1 Schweinsherz, 1 Schweinszüngerl, ½ Schweinslunge, Kronfleisch, ca. 1/16 l Essig und Wurzelwerk, 1 El Thymian, 1 Tl Grüne Pfefferkörner, 1 Tl Estragonsenf, je eine Prise Zucker und Vanillezucker, 2 große Zwiebel, 4 Lorbeerblätter, Wacholderbeeren.
Die Zubereitung erfolgt dann so:
Herz, Lunge, Züngerl und Kronfleisch in gesalzenem Wasser mitsamt dem Wurzelwerk kochen, bis die Haut vom Züngerl abgezogen werden kann.
Danach abseihen und den Sud aufheben. Innereien kalt stellen und im kalten Zustand in ganz feine Streifen von 2 mm – ganz WICHTIG – schneiden. Geschnittene Zutaten mit Essigwasser bedecken und mindestens über Nacht stehen lassen. Dann wieder in den Sud geben und mit Thymian, grünen Pfefferkörnern, Senf, Knoblauch, einer Prise Zucker und Vanillezu-

cker, Lorbeerblättern und Wacholderbeeren würzen. 2 große Zwiebel fein schneiden, goldgelb anrösten und dazu geben. Alles zum Kochen bringen und, wenn nötig, etwas Gemüsebrühe zugeben. **Zum Schluss etwas griffiges Mehl mit kaltem Wasser verquirlen und das Beuschel damit binden.** Erst vor dem Servieren mit Rahm verfeinern.
Ich komme daher zum Entschluss: Fleischer, zerlege Fleisch, aber denke nicht an das Kochen, sondern überlasse es Leuten, die es können.
Wo sind die essentiellen Gewürze, die eben ein Beuschel ausmachen? Wo ist die Einbrenn, wo sind die Gewürze, die mitgeröstet werden, um den charakteristischen Geschmack zu bekommen? Wo ist das ein Beuschel??????? Du Fleischer.

Auch in einer dieser Sendungen wurde ein Lamm-Beuschel gekocht. Für mich ist halt die Grundlage dieser Speise, dass ich alles koche und aus dem Sud dann die Sauce herstelle. Dass aber Lunge, Niere, Zunge und Herz eigentlich nur blanchiert werden und fast roh sind, entspricht nicht dem Üblichen. Aber es ist wahrlich eine neue Interpretation. Es wurde dann alles in feine Streifen geschnitten und aufs Neue in einer Rein angeröstet. Dann wurde in Julienne geschnittenes Gemüse zugefugt und dann wurden noch Kapern, Gurkerl und am Schluss Lammfond dazu gegeben. Und damit war das Lamm-Beuschel auch schon fertig. Es haben zwar einige Zutaten dem entsprochen, wie ein Beuschel schmecken soll, aber für mich war das eigentlich nicht der richtige Weg. Es fehlen mir halt die Komponenten, die eben dieses Gericht zu dem machen und mit denen es original gekocht wird, wie eine Einbrenn, das Beuschelgewürz und das Aufgießen mit dem Kochfond. Auch hat der zweite Koch im Foodtruck noch Leber dazu gegeben, welche er angebraten hat. Das hat in einem Beuschel sowieso nichts verloren.

Automatisch fällt mir nun der liebe, hochdekorierte Kollege aus Salzburg vom Flughafen ein, der eine neue Interpretation nach einem Rezept von Édouard Nignon (1865–1934), der in Österreich und England lebte, beschreibt.

„Ein Calamari-Beuschel"

Édouard Nignon kreierte eine Speise, welche er „beuchelle tourangelle" nannte. Das war Kalbfleisch mit einer Niere und Reis in Anlehnung an das Beuschel, das er bei seinem Aufenthalt in Wien in seiner Urform kennengelernt hatte.

Jetzt frage ich nur: Was hat das alles mit Calamari zu tun? Und die Interpretation von Kalbfleisch, Niere und Reis hat sich auf wunderbare Weise in Calamari verwandelt.

Die Herstellung ist wie folgt:
Es wird hier ein Calamarisud hergestellt, weiters Fenchel- Petersilien-Öl, Langostino-Petersilien-Knödel, Gemüsejulienne, Calamaristreifen. Und wo sind die Lunge, das Herz und die Zunge, die dieser Speise den Namen Beuschel geben. Hat ein Calamari überhaupt eine Lunge?

Der Sud kommt in einen tiefen Teller, darauf kommen die Langostino-Petersilien-Knödel, der in Streifen geschnittene Calamari und das Juliennegemüse. Vollendet wird das alles mit dem Fenchel-Petersilien-Öl.

Auch kann ich mir nicht vorstellen, dass jetzt gerade in der Zeit der Martinsgänse ein Beuschel von der Gans sehr aktuell sein kann. Ich kenne die Innereien von der Gans als Einlage in der sehr guten Gänseeinmachsuppe mit Bröselknödel. Aber ich werde mir sicher sehr schwertun, mit der Zunge von der Gans oder mit der Lunge ein Beuschel zu kochen. Das Herz ist da vielleicht noch etwas besser, aber auch der Magen ist nicht so ideal, da es ein sehr starker Muskel ist.

Um das Ganze jetzt nochmals zu toppen, war heute in einer österreichischen Kochsendung von einem Gemüse-Beuschel mit Serviettenknödel die Rede. Es wurde rote Zwiebel geröstet, dann mit diversen Gemüsen (Karotten und gelbe Rüben) und mit klein geschnittenen Kapern vermengt. Dabei wies der Koch

penibel auf die verschiedenen Garpunkte hin. Dann folgten etwas Mehl und Gemüsefond und weitere Gemüse wie Sellerie, Lauch und Fenchel alles in Julienne geschnitten. Wiederum folgte die Ansage des Koches, wegen des Garpunkts alles genau in derselben Stärke zu schneiden. Vollendet wurde das alles mit einem Spritzer Essig. Jetzt frage ich mich als Koch: Was hat das mit einem Beuschel zu tun? Für mich ist das ein schön in Form geschnittenes Gemüse, welches nach Wiener Art „eitaglt" wurde. Warum nehmen Köche in ihrer eigenwilligen Art Dinge aus einem Kontext, der mit der eigentlichen Speise aber auch gar nichts zu tun hat. Kann man das nicht einfach Gemüseragout nennen? Müssen immer hochtrabende Namen verwendet werden, bei denen es dann auch noch zu einem Missverständnis beim Gast kommt, denn der stellt sich sicher eine Fleischspeise vor, bei der Gemüse ebenfalls dabei ist? Und der Gast ist dann eventuell bitter enttäuscht.
Fazit: Liebe Kollegen, bitte lasst diesen Scheiß und schreibt eine Karte, welche jeder sofort verstehen kann. Denn ein Gemüsebeuschel ist einfach Schwachsinn hoch drei.

Aber wer nun glaubt, das sei alles, hat weit gefehlt, das alles geht munter weiter mit den irrsten Rezepten, die man sich vorstellen kann. Wie am Anfang beschrieben, ist ein Beuschel eben nur eines, wenn diverse Komponenten für dieses Gericht im Einklang mit dem originalen Rezept stehen. Ein Tofu-Riesling-Beuschel schaut aus, wie Beuschel schmeckt und wie Beuschel ist, aber anstatt Fleisch wird geräucherter Tofu, was wirklich etwas anderes ist. Nur weil ich diverse Komponenten wie Gemüse und Beuschelgewürze verwende, ist es noch lange kein Beuschel. Oder wenn ich in einen Topf Kacke mit den Gewürzen vermenge und vielleicht Gemüsestreifen hinzufüge, ist das nun ein Beuschel? Warum wird das einfach nicht nach dem benannt, was in dem Gericht drinnen ist? Im Großen und Ganzen ist es wie das Gemüsebeuschel, nur eben mit Tofu. Außerdem fehlen das Charakteristische an der Sache, nämlich die Einbrenn, das Mitrösten der Beuschelgewürze und das Aufgießen mit dem Beuschelfond.

Da sind dann noch einige lustige Wiener Ausdrücke betreffend das Beuschel:

Beispiele sind „Beuschlreißer“, ein Zug von einer starken Zigarette, oder „des Beuschl ause haun“, ein sehr starker Hustenreiz, und zum Schluss ein „Beuschltelefon, wie das Stethoskop genannt wird.
Natürlich haben wir in der Wiener Innereien-Küche immer darauf geachtet, dass nur frische Innereien genommen werden. Daher gab es am Montag diese Spezialitäten nie.
Die Innereien-Küche ist aber leider in den letzten Jahren etwas in Vergessenheit geraten, da im speziellen Fall die Jugend nicht so viel Interesse zeigte. Es gibt natürlich einige Lokale, die sich auf das Zubereiten der Spezialitäten eingeschossen haben und das auch gebührend zelebrieren.
So kommt eine geröstete Kalbsleber in einem wunderbaren Majoransaft aus der Küche, ebenso wie eben eine gebackene Kalbs- oder Schweinsleber. Auch werden diverse Variationen von Hirn angepriesen. Bei Hirn mit Ei wurde nach der alten Anrichteweise noch der Eidotter auf dem gerösteten Hirn platziert, was aus heutiger Sicht schon wegen der Salmonellengefahr nicht mehr geht. Auch das gebackene Hirn erfreut sich großer Beliebtheit, ebenso das Kalbsbries, das als Delikatesse gilt. Weiters werden nach wie vor Kalbsnieren im Ganzen mit dem Fettmantel gebraten und mit Reis gereicht. Weitere Spezialitäten sind natürlich das Bruckfleisch, das in Wien bekannte „Katzengschroa“, Katzengeschrei, eine Speise aus Kalbfleisch, Zwiebeln, Butterschmalz, fein gemahlenem Kümmel, Essig, einer in Julienne geschnittenen Karotte Julienne, Sauerrahm, Gewürzgurken, Kapern, Zitronenabrieb und Mehl zum Stauben des Gerichtes. Für dieses Gericht können auch ein Teil von der Leber, Schweinefleisch und Rindfleisch verwendet werden. Und das zu gleichen Teilen. Das Gehört auch zu der Innereien-Küche in Österreich. Das Beste gab es vor langer Zeit in der Postschänke in Sulz im Wienerwald. Das ist aber schon sehr lange her.

Die eingebrannten Hunde

Da würde sich natürlich eine weitere Speise der Wiener Küche anbieten, die es, so weit ich mich erinnere, bei uns zu Hause meistens am Montag nach einem Schnitzel-Sonntag mit Erdäpfelsalat gegeben hat. Diese Speise mit dem sehr ungewöhnlichen Namen Eingebrannte Hunde, hat aber nichts mit einem Hund zu tun, ist aber auch nicht eingebrannt. Der Ausdruck ist hier fehl am Platz, denn um eine Einbrenn zu machen, ist Schmalz zu verwenden. Die Butter würde bei höherer Temperatur sofort schwarz werden und natürlich verbrennen. Das ist eine der typischen Sonderheiten der Wiener Umgangssprache. Ich erinnere mich jedes Mal wieder, wenn meine Mutter eine Art Bechamel, Butter, Mehl und etwas Milch zu einer Sauce gekocht hat und dann den vom Vortag übergebliebenen Erdäpfelsalat leicht daruntermischte. Man kann natürlich, wenn kein Salat vorhanden ist, erst Erdäpfel kochen und dann in Scheiben schneiden. Dann wird mit etwas in Scheiben geschnittenen Gurkerln verfeinert und als krönender Abschluss folgt eine Beamtenforelle (Knackwurst). Als Letztes kann, wenn es jemand mag, diese wunderbare Speise mit einem Schuss Essig oder mit dem Gurkerlwasser zu seinem Belieben verfeinert werden. Das eignet sich natürlich auch als Beilage zu gekochtem Rindfleisch (ohne Knackwurst natürlich).

Und zu meinem Erstaunen lese ich nun wieder einmal in einer kleinformatigen Zeitung Süß-saure eingebrannte Hunde. So weit, so gut, nur beim Lesen des Rezeptes hat das mit dem, was wir so immer gemacht haben, absolut nichts mehr zu tun.

Ein ca. 1 cm dickes Stück Butter schmelzen lassen und rasch Mehl einrühren, bis durchgehend eine sämig-feste Masse entsteht. Die Einbrenn vom Herd nehmen und auf einem Teller auskühlen lassen. Dann die Erdäpfel schälen und in Scheiben schneiden. In Rapsöl die gehackte Zwiebel leicht braun werden lassen und mit Wasser aufgießen. Während des Aufkochens die geschnittenen Essiggurkerl, Gewürze und Apfelessig dazugeben. Etwas weiter köcheln und die Erdäpfel hinzufügen. Nach einigen Minuten, bevor die Erdäpfel weich geworden sind, die klein geschnittene Wurst zugeben. Zuletzt das Gericht mit der Einbrenn binden. So kocht halt jeder auf seine Art. Der Unterschied von Einbrenn- und Einmach-Zubereitung besteht in den Grundmaterialien wie Schmalz für Einbrenn und Butter für Einmach.

Der Hot Dog

Auch ist eine Speise von Amerika zu uns übergeschwappt: Der Heiße Hund, der Anfangs nur ein Frankfurter Würstchen in einem länglichen Brötchen war, das dann mit Senf und Ketchup geschmacklich angepasst wurde. Es gab dann natürlich die lustigsten Abwandlungen dieses Hundes.
Eine konnte ich jetzt in einem renommierten amerikanischen Hotel an der Ringstraße, das eine ganz spezielle Sportbar betreibt, erleben. Es gibt dort zur Happy Hour von Montag bis Freitag Speisen zum halben Preis. Und Freitag ist eben der Hot Dog-Tag. Unter anderem werden auch spezielle Hunde kreiert, wie der Steinpilz-Käsekrainer Hund. Welch eine gastronomische Irrfahrt da aufgetischt wird. Da kommt ein Brioche-Brötchen mit der hoteleigenen Sauce, Babyspinat, Käsekrainer, sautierten Steinpilzen, Emmentaler und eben auch Pommes Frites.
Das ist eine Geschmacksexplosion, die ihresgleichen sucht. Käsekrainer mit Spinat geht ja noch, aber das alles nun mit Emmentaler, der doch im Geschmack sehr dominant ist, mit Steinpilzen, die wieder ihren eigenen wunderbaren Duft entwickeln, zu verbinden, ist entweder sehr gewagt oder einfach nur sehr dumm, denn all diese Komponenten scheinen mir nicht wirklich wohl durchdacht.

Aber wie ich des Öfteren erwähnt, essen die Leute – ich nenne sie gastronomische Wildschweine – einfach alles, wenn es nur gut annonciert ist. Wie es schmeckt, wird leider erst beim Essen festgestellt.

Die Sage oder die Mythen vom Grillen

Das wiederum bringt mich zu der bereits erwähnten Maillard-Reaktion (1912), von dem französischen Chemiker Louis Camille Maillard (1878–1936) entdeckt wurde.
Was geschieht bei der Maillard-Reaktion? Die sogenannten Röststoffe entstehen durch eine Reaktion von reduziertem Zucker (z. B.: Glukose, Fructose, Lactose) und Aminosäure. Da Proteine aus Aminosäure aufgebaut sind, lässt sich einfach sagen, dass eben für diese Reaktion in einem Lebensmittel Zucker sowie Proteine vorhanden sein müssen.
Eine weitere Voraussetzung für die Bräunung von Lebensmittel ist Hitze. Da Fleisch Proteine enthält, ist es bereits eine gute Voraussetzung, dass eben diese Röstaromen entstehen. Das allerdings ist genau so beim Backen von Kuchen und beim Frittieren von Kartoffeln. Eine weitere Erklärung würde aber zu weit führen.

Es geht darum, dass auch renommierte Köche in den doch gravierenden Fehler verfallen, beim Grillen oder beim Anbraten stolz zu erwähnen, dass sich jetzt durch das Anbraten die Poren schließen. Noch einmal: Fleisch hat keine Poren, sondern Muskelgewebe. Haut hat Poren. Die beim Anbraten entstehende Kruste ist wasserdurchlässig, es tritt nur durch die Hitzeeinwirkung eine Denaturierung von Proteinen ein.

Das bringt mich auch gleich wieder zu den Grillstufen und dazu, wie sie verständlich gemacht werden sollen. Wenn in einem guten Restaurant Steak verkauft werden, werden immer in der Karte die verschiedenen Garstufen beschrieben und natürlich sollte der Kellner dann noch einmal intensiv nachfragen, ob der Gast das auch so möchte, um eventuelle Reklamation im Vorhinein zu vermeiden.

1. Blau/franz. bleu/engl. rare: außen leicht geröstet, innen kalt und roh.
2. Roh, blutig, Englisch/franz. bleu/cru/engl. raw: kräftig angegrillt, innen fast roh, gibt beim Andrücken stark nach, Fleischsaft ist rot.
3. Medium rare/franz. saignant/engl. rare: Das Fleisch ist im Inneren leicht blutig, nach außen rosa und hat eine braune knusprige Kruste
4. Medium/franz. à point, anglaise/engl. medium: Das Fleisch ist innen rosa, gibt auf Druck nach.
5. Rosa/franz. demi anglaise/engl. medium well: Das Fleisch hat nur noch einen leichten rosa Kern, der Fleischsaft ist leicht rosa.
6. Durch/franz. bien cuit/engl. well done: Das Fleisch ist völlig durchgebraten. Das sollte aber bei hochwertigen Steaks vermieden werden, da es schade ums Fleisch ist. Bei Geflügel ist das hingegen ein MUSS.

Beim Grillen sind natürlich die Qualität des Fleisches und die Voraussetzung, wo und mit welchem Grill ich zu arbeiten habe, schon zu beachten. Ebenso sollten die anderen Komponenten wie Salate und diverse Saucen stimmig mit dem Grillgut sein.

Bevor wir nun in die Weiten des Grillens einsteigen, möchte ich ein paar Worte, welche die wienerische kulinarische Ausdrucksweise am besten darstellen, zu Papier bringen.
Da ist das „Aubrodn“, wobei in erster Linie gemeint ist, das Fleisch auf den Grillrost zu befördern. Weiters wird dieses Wort im Allgemeinen dafür verwendet, sich einer Dame zu nähern, um einen Kontakt herzustellen. Was beim Grillen absolut nicht fehlen darf, sind die „Bramburi“, auf Wienerisch die Erdäpfel. Natürlich würde das auch zu einem „Gummiadler“ passen, dem

allseits beliebten Grill- und Brathuhn. Das wiederum in aller Stille und Freude nach einem Krügel verlangt. Das ist auch als Maßeinheit bei starker Hitze zu gebrauchen. Die feine Gesellschaft wiederum würde den Schampus bevorzugen. Den Kindern oder den Personen, welche dem Alkohol fernbleiben, sollte das Kracherl ein wahrer Genuss sein.
Aber das allerliebste Getränk ist nach wie vor der „Gspritzte“, den man laut unserem ehemaligen Bürgermeister herbeibringe soll. Diese Getränke passen natürlich hervorragend zu an Stückl Schopf oder noch besser zu an Rostbratl. An „Zuckergoscherl“, welche einen Drang zum Süßen haben, sei auch gedacht mit einem Dessert.

Was jetzt noch dazu kommt, ist die Industrie, die uns jedes Jahr noch größere und in der Technik ausgefeiltere Grillgeräte – egal, ob mit Holzkohle oder mit Gas – zur Verfügung stellt.
Es geht jetzt nicht mehr um das Archaische (aus der Urgeschichte der Menschheit stammend), ein Stück Fleisch auf Feuer zu legen und darauf zu warten, dass es genießbar wird. Wir wollen ja kein rohes Fleisch. Das Grillen lag übrigens für viele Jahre in der Hand von Männern und Frauen wurde die Rolle zugewiesen, Salate und Beilagen zuzubereiten. Und NATÜRLICH den von Männern zurück gelassenen Dreck wegzuräumen.
Ich muss lesen, dass eben diese Art des Grillens wieder in Mode kommt. Wie in diversen Fleischer Zeitungen zu lesen ist, wird jetzt wieder auf der Kohle ohne Rost gegrillt. Die Kohle muss weiß sein – ein Zeichen, dass es heiß genug ist. Dann werfe man besagtes Stück Fleisch direkt auf die Kohlen, warte einen gewissen Zeitraum, um es dann vom Feuer zu nehmen, und befreie es mit einer Küchenrolle vom Kohlenstaub.
Und das alles in Zeiten, in denen sich die Industrie mit den neuesten Kreationen überschlägt, die darauf abzielen, dem Konsumenten das Geld nur so aus der Tasche zu ziehen.
Heute in einer Zeit, in der alles über Computer und Telefone verwirklicht wird, werden diese hochwertigen Geräten, soweit das das Grillen und Braten von Fleischstücken nicht mehr durch den zum Grillprofi erklärten Mann erfolgt, über Apps

gesteuert. Das bedeutet nichts anderes, als dass der Grillmeister, sobald das Fleisch am Grill platziert ist, nur mehr darauf wartet, dass sein Mobiltelefon ihm eine Meldung zuspielt, dass jetzt der Zeitpunkt gekommen ist, um das Fleisch zu wenden. Welch ein erbärmlicher Gedanke. Aber da uns alles vorgespielt wird, nehmen wie auch das ohne viel Widerspruch zur Kenntnis. Und es nimmt uns doch ein wenig die Freude, außer man ist ein kochtechnisches Ungeheuer, das Salz nicht von Pfeffer unterscheiden kann. Was es leider auch geben soll.

Denn ich habe in meinen langen Jahren, die ich jetzt schon im Gewerbe tätig bin, doch einiges erlebt, wie ich kurz berichten möchte.

Grillfest VKÖ die Erste

Wir waren von der VKÖ zu einem Grillfest eingeladen. Vorausschicken möchte ich, dass Köche für Köche gegrillt hatten. Und da gab es ja auch schon die erste Diskrepanz. Die neueste Art zu grillen ist eigentlich so wie in den USA das Smoken. Das ist langsame Befeuerung von der Seite, die Garmethode mit niedriger Temperatur, die dann indirekt auf das Fleisch einwirkt. Im Gegensatz dazu erfolgt das Grillen über offenem Feuer mit Holzkohle oder Gas.

Daraus ist der Mythos vom „Grill-Barbecue“ entstanden. Die beiden Begriffe werden oft synonym verwendet, dabei gibt es einen großen Unterschied. Wo Barbecue aufhört, beginnt das Grillen, 90 bis 160° beträgt die Hitze beim BBQ, rund 250° heiß ist es beim Grillen.

So, wir trafen uns bei Martina und der Smoker war aufgebaut und die Speisekarte geschrieben: gesmokte Rinderripperl, gefüllte Schweineschulter, Putenbrust mit Kräuterfüllung im Speckmantel, warm-geräucherter Lachs, Kräuterkartoffel, Grillgemüse und diverse Saucen. Mir sei die Bemerkung erlaubt, die Barbecue-Sauce war das Beste, denn die war gekauft. Alles andere war nicht der Mühe wert, dass man dort war. Gott sei Dank war alles frei Haus. Jetzt werden sich natürlich einige Personen mokieren: Was bildet sich dieser Mensch überhaupt ein, dass er solche Worte von sich gibt? Ich sage nur die Wahrheit, denn all diese Personen, die das Essen befürworten, waren noch nie auf einer echten Grillparty. Darum folgte der zweite Versuch.

Grillparty die Zweite vom VKÖ

Wenn du glaubst, es geht nicht mehr, kommt von irgendwo ein Lichtlein her. Also eine zweite Chance für den Grillabend. Aber es ist halt immer anders, als man denkt.
Es gab auf der Karte diverse Schmankerln vom Grill.

- Grillwürstel
- Gesmokte Rinderbrust auf Wiener Art
- Schopf auf italienischen Kräutern
- Schopf auf pikante Art
- Geräucherter Lachs mit Limettenkruste
- Rosmarin-Erdäpfel

Vom Buffet
- Erdäpfelsalat
- Coleslaw
- Blattsalatmix mit Balsamico-Dressing
- Krautsalat
- Gurkensalat

Sauce Tartare, Cocktailsauce, Kräuterbutter, Zwiebelsenf und eine sehr ketchupbetonte, mit Kräutern versehene würzige Sauce

Und von dem ich dachte, es wäre ein Dessert, stellte sich dann, nachdem ich gekostet habe, als ein Erdäpfel-Baumkuchen heraus. Wir waren alle sehr überrascht. Und es kam zu einer angeregten Diskussion.
Angeblich ist das eine Spezialität des Hauses Sacher, wo es als Fingerfood gereicht wird.

Für mich ist alles aus dem Kontext gegriffen, denn mit Grillen hatte das wieder einmal absolut nichts zu tun. Grillwürstel waren – soweit ich gesehen habe – gar nicht vorhanden. Die beiden Schopfbraten sahen eher aus, als ob sie im Rohr gebraten worden wären. Auch gab es fast keinen Unterschied bezüglich des Geschmacks. Es wurde zwar erklärt, dass der Pikante etwas schärfer sein sollte, aber das war nicht der Fall. Der dazu gereichte Saft war sehr naturbelassen und leider ohne Geschmack. Über die Rinderbrust kann ich nur sagen, dass angekündigt wurde, die Wiener Art sei so, wie man sich eine gefüllte Rinderroulade geschmacklich vorstellt. Leider ging auch das in die Hose – es war sehr geschmacklos!!! Zu sagen ist allerdings, dass die Rinderbrust sehr weich war und Leute mit Zahnproblemen damit absolut kein Problem gehabt hätten. Ich kann mich nur wiederholen, indem ich sage, dass ich, wenn ich für Kollegen ein Fest, das sicher nicht billig war, arrangiere würde, es mir zur Aufgabe mache, sie mit wirklichen Schmankerln zu verwöhnen, die einmalig sind, denn was dieses Mal geboten wurde, bringt eigentlich jeder Hobbykoch vielleicht sogar besser zuwege.
Warum wird nicht einmal mehr nachgedacht und vielleicht mit Kollegen darüber diskutiert, damit jeder, der involviert ist, seinen Beitrag leisten kann? Aber die Herren können das anscheinend nicht oder sind einfach zu abgehoben, um sich mit anderen Kollegen abzusprechen.

Da ich auch schon einige Grillfeste arrangiert habe, will ich nun meine Interpretation in Zeilen fassen.

Als kleine Vorspeise ein italienischer Brotsalat

Vom Grill
- Spare Ribs mit Honig-Ingwer Glasur
- Eine Karbonade vom Schweinerücken mit frischem Chili in Olivenöl
- Fledermaus vom Rind oder Schwein mit Semmelkren-Kruste
- Mais-Huhn blau; Oberkeulen mit Blauschimmelkäse gefüllt
- Lachschnitte mit Limetten und Dillbutter in der Folie

Dazu bunter Bohneneintopf mit dreierlei Bohnen und buntem Paprika als Einlage.

Als warme Saucen kommen auf den Tisch:

Eine rauchige Barbecuesauce und eine würzige dunkle Zwiebelsauce

Als kalte Saucen werden vorbereitet:

Chimichurri, eine argentinische Grillsauce (Petersilie, Thymian, Oregano, Knoblauch, Paprikaflocken, Chilischote, Zwiebel, Salz, schwarzer Pfeffer, Essig und Öl)
Marillen-Chutney, Knoblauchsauce, gekochte fruchtige Currysauce

An Salaten werden Coleslaw (US-Krautsalat mit Mayonnaise), Gurken-Rahm-Salat, Nudelsalat mit Kräuterjoghurt gereicht.

Hinreichend Brot und Gebäck werden wir ebenfalls anbieten.

Im nächsten Absatz gebe ich meinen Senf dazu.

Ich werde versuchen, das zu erklären

Nachdem ich im Jahr 1973 nach Neuseeland gekommen war, nahm ich eine Stelle als Konditor an, was ich auch gelernt habe.

Fairerweise muss ich sagen, es war der Betrieb meines Onkels der viele Jahre vor mir ausgewandert ist. Er wollte mich als Stellvertreter, denn er wollte mit seiner Familie nach Österreich fahren, um ihnen seine alte Heimat zeigen. Ich vertrat ihn gut und so nebenbei war ich am Freitagabend immer in einem Steakhaus, das ebenfalls mein Onkel managte, am Grill. Nach zwei Jahren war meine Zeit bei meinem Onkel abgelaufen und ich wollte mich beruflich verändern. Es war eine Stelle als Grillkoch vakant und ich habe mich beworben. Ich habe die Stelle auch bekommen und dann fing der eigentliche Lernprozess an. Denn in dem Steakhaus wurde damals schon – und das war das Jahr 1975 – trocken gereift. In einem Raum, dessen Temperatur bei etwas unter Zimmertemperatur war, lag bei Rotlicht das Fleisch am Knochen in Stahlwannen. Jeden Tag wurde das Fleisch umgelegt und dabei getrocknet und mit dem jeweiligen Datum versehen und auch die Wannen wurden getauscht. Es dauerte ca. 3 bis 4 Wochen, bis das Fleisch gut gereift war. Dann wurde das Fleisch je nach Lage der Bestellungen im Restaurant vorgeschnitten, was wiederum auf der Erfahrung des Chefs beruhte. Fairerweise muss ich sagen, es gab natürlich nicht so viele Schnitte vom Fleisch, aber die Grundsteaks waren immer vorhanden. Das Fleisch wurde nicht aus dem Kühler genommen, sondern war durch die Lagerung bereit zum Grillen. Dann wurde nicht, wie ich es in den USA erlebt habe, wenn das Steak fertig war, auf einem leicht warmen Teller angerichtet. Damit wurde der Garprozess nicht weitergetrieben und das Steak hatte den richtigen Garpunkt. In den USA wird das Fleisch leicht unter dem gewünschten Garpunkt gegrillt, um es dann auf eine heiße Platte zu legen, um den Sizzling Effekt zu erreichen. Auch wird etwas Butter über die Steaks gegeben.
Um meine Erfahrung dann weiter zu vervollkommnen, war ich für ein halbes Jahr im neu eröffneten Hotel Noahs, wo ich am Anfang als Konditor und dann als Chef Rotisseur im Waitangi Grill tätig war. Dort wurde ebenfalls mit der Trockenreifung des Fleisches am Knochen gearbeitet.

Auch hatte ich in den USA einige Male die Gelegenheit, in Restaurants die Küche zu besuchen, um einen Einblick in das Grillen in den USA zu bekommen.

Da natürlich auch mit den verschiedensten Grillgeräten gearbeitet wird, habe ich wirklich lernen können, was so ein Restaurant alles auf sich nimmt, um den Gast zufrieden zu stellen. Auch ist die Fleischqualität anders als in Österreich. Aber wir nähern uns schön langsam, darum hat es mir sehr leidgetan, was bei diesem Grillabend alles schiefgelaufen ist. Und glauben Sie mir, ich hatte schon größere Veranstaltungen zu Bekochen und mir sind auch teilweise Fehler unterlaufen, aber nicht, wenn ich für Kollegen gekocht habe. Schade!!!!!!!!!!!!!!

Darum ist es auch so schwierig, in unserer Zeit die Guten von den Bösen zu unterscheiden. Es wird zwar immer wieder über diverse Plattformen annonciert, dass es Weltmeister im Grillen gibt, aber die Grundvoraussetzung ist leider, dass jede Vereinigung nach anderen Maßstäben misst. So hat die eine Vereinigung ein Punktesystem, die andere wiederum sieht das ganz anders. Und da ja jeder einen anderen Geschmack hat, ist es sehr unterschiedlich zu bewerten. Alleine wenn man sich die Bewerbe ansieht, wie die Grillweltmeister gekürt werden, versteht man wirklich nicht, was eigentlich los ist.

Es ist zwar für das Volk ganz wunderbar belustigend, wenn die aus Horn kommenden Grillochsen mit den oststeirischen Grillhühnern um den Titel kämpfen oder in diversen US-Grill-Shows sogenannte Köche und Weltmeister ihrer Gnaden das Gleiche tun, aber mit der Realität hat das nicht das Geringste zu tun. Diese Shows wurden vor vielen Jahren einmal von der Fleischindustrie ins Leben gerufen und hat nun aufgrund der großen Beliebtheit so überhandgenommen, dass es eigentlich unüberschaubar geworden ist. Das Gleiche gilt für den Markt. Vor 25 bis 30 Jahren haben wir einfach nur mittels einer halbrunden Schüssel mit einem Rost und Holzkohle gegrillt, oder sogar auf zwei Ziegelsteinen, darüber einen Rost und darunter etwas Feuer. Heute ist der Markt der Grillgeräte so explodiert, dass der einfache Familienvater, der für seine Lieben am Wochenende etwas auf den Rost legen möchte, total überfordert ist.

Und der daraus resultierende Markt hat sich zu einer Industrie erweitert, nicht nur was den Grill alleine anbelangt, sondern auch bezüglich der damit verbundenen Annehmlichkeiten wie Kohle, Zubehör, Grillanzünder und nicht zuletzt diverser Saucen. Wer hat vor vielen Jahren den Grill mit einem speziellen Grillkamin angezündet? Nein, wir gaben die Kohle in die Schüssel, etwas Spiritus darauf und das Feuer brannte und bis zum Weißwerden der Grillkohle wurde noch ein Bier getrunken.
Aber wie gesagt, über die Jahre hat sich ein Boom daraus entwickelt und laut der Industrie ist alles für den Hobby Grillmeister so gestaltet, dass jeder, sei er auch noch so ein Idiot, grillen kann und mit Stolz behauptet, er sei der Beste.

Auch werden Seminare von einigen Köchen (Grillmeistern), die in Wahrheit ein Küchenchef oder der Besitzer eines Gasthofes sind, veranstaltet. Dazu kommen ca. 30 bis 35 Personen, die natürlich auch genug bezahlen. Dann werden heimische Fleischsorten wie Wild, Rind und Lamm und diverse Gemüse gegrillt. Auch Fisch ist dabei, ebenso der Folienerdapfel, Salate und Saucen. Meistens kommt es dann auch noch zu einem kleinen Highlight wie etwa ein großes Stück Fleisch, wie ein Schlögel oder eine Beiried, das über Buchenholzfeuer gegrillt wird. Das Ganze dauert dann bis zu 6 Stunden, da die Kerntemperatur immer bei 65° gehalten werden muss.
Der Sinn von der Sache ist nun, dass die Seminarteilnehmer etwas gesehen haben, auch teilweise etwas angreifen durften, aber schon allein durch die Anzahl der Personen es ja gar nicht zu einem befriedigenden Ergebnis kommen kann. Aber jede Person geht mit dem Gefühl nach Hause, er wäre jetzt der Spezialist, und wird ihr Können am Sonntag sofort unter Beweis stellen. Aber ganz ehrlich gesagt, ist der alleinige Gewinner der Veran-

stalter, der zwar einige Arbeit hatte, aber der Gewinn steht auf jeden Fall dafür. Denn es werden nicht weniger als € 100,00 und mehr dafür bezahlt.
Man beachte alleine die Anzahl der Verletzten beim Wochenend-Grillen. Es wird sicher Leute geben, die sich mit der Materie vertraut gemacht haben und gute Resultate liefern, aber der Großteil ist es nicht.

Das führt mich zu einer weiteren Episode im Smoken und Grillen. In der Fachzeitung Grillzeit wird eine gesmokte Jungstiergab erklärt. Alleine das Foto, welches auf Seite 20 und 21 zu sehen ist, löst in mir ein gewisses Unwohlsein aus. Denn das wunderbare hintere Ausgelöste vom Jungstier wurde am Vortag mit dem obligatorischem Rub aus Gelbzucker, grobem Meersalz, frisch gemahlenem Kaffee, geräuchertem Paprikapulver, Knoblauch, Ingwerpulver, Piment und Olivenöl dick eingestrichen und über Nacht in den Eiskasten gestellt.
Am nächsten Tag wird der Kugelgrill für indirektes Grillen vorbereitet und eine Tropfschale mit einem Fingerhoch Wasser hineingestellt. Das Kühlschrank kalte Fleisch wird gleich eingelegt und die eingeweichten Smokerchips werden auf die Glut gelegt. Den Deckel schließen, nach einer Stunde den Braten wenden, den Rest Chips auflegen und nach ca. 3 Stunden sollte die Gab eine Kerntemperatur von 75 bis 80° haben, was für einen Rinderbraten ausreicht. Wer es aber butterweich im amerikanischen BBQ-Style haben möchte, der gibt noch 2 Stunden drauf und erzielt 90° Kerntemperatur.
Die Außenhaut oder Kruste ist dann bereits so schwarz – ich würde sagen verbrannt und eher unansehnlich – eben durch den Zucker im Rub und typisch für den amerikanischen Geschmack, der definitiv nicht meiner ist. Auch kann ich nicht verstehen, dass sich Leute für diese Art des BBQ begeistern können. Aber ich habe es, glaube ich, schon einmal erwähnt: Gusto und Ohrfeigen sind halt doch sehr verschieden.
Wenn ich aber in einem Steakhaus ein Flanksteak bestelle und es medium will, soll es auch so kommen, denn es ist ja nicht so schwer, die Steaks nach dem Willen der Personen zu bereiten.

Wozu sind professionelle Köche da, ODER? Es kam dann aber auf beiden Seiten schwerst verbrannt, schmeckte eher bitter und ging nach dem ersten Bissen retour. Das Ersatzsteak war nicht um viel besser. Es war mehr welldone als medium und ich akzeptierte es ebenfalls nicht. Da ich mich sehr auf einen schönen Abend gefreut habe, war die Enttäuschung natürlich dementsprechend groß. Ich glaube, dass, wie es ja üblich ist, an der falschen Stelle im Bereich der Fachkräfte gespart wird.

So kommt es dann, dass in Zeitungen beschrieben wird, was eine Beiried ist. Ein vergleichsweise kleiner Muskelstrang am Rücken der Rinder gilt als Ziel aller Steakfans. Was die Fleischhauer dort herausholen, trägt nach Art der Teilung unterschiedliche Namen wie Filet, Entrecote, Roastbeef, Rostbraten etc. Warum der etwas breitere Teil zwischen den Rippen auf Wienerisch Beiried heißt, ist rätselhaft, aber unbestritten bleibt, dass es sich um eines der besten Stücke zum Grillen und Kurzbraten handelt. Längeres Garen verträgt dieses Fleisch nicht, es wird trocken, sobald das Fleisch im Inneren nicht mehr rosig ist und die Kerntemperatur deutlich über 55 °C hinausgeht.
Es ist aber unumstritten, dass als Grundlage der Englische vom Rind verwendet wird. Es reicht von der Schulterhöhe bis zum Schwanzansatz.
Der, die oder das Beiried ist ein sehr populärer Zuschnitt, der aber einige Synonyme hat wie Lendensteak, Roastbeef, Entrecote und auch Striploin.
Da die Beiried nicht so zart ist wie der benachbarte Lungenbraten, ist es vonnöten, dass das Fleisch von sehr guten Tieren und auch gut abgehangen ist.
Mit dem Knochen geschnitten wird aus dem Teil des Englischen das Clubsteak, welches ein halbes T-Bone-Steak ist, also ohne Lungenbraten.
Mit dem oberen Teil des Englischen, also wo sich der Lungenbraten befindet, wird das T-Bone-Steak geschnitten.
Das Porterhouse Steak wird aus dem flacheren Teil des Englischen geschnitten und soll ca. 6 cm dick und ca.1 kg schwer sein.

Das Ribeye-Steak hingegen wird aus dem Rostbraten geschnitten und eignet sich aufgrund des Fettauges sehr gut zum Kurzbraten. Im Ganzen gebraten wird daraus der Prime Ribeye-Roast, der entweder Rippen – bis zu 7 an der Zahl – und ein Gewicht von 6 bis 7 Kilo hat oder ausgelöst gebraten wird und speziell in den USA nach dem Aufschneiden noch kurz auf den Grill kommt. Im Chicago „Chop House" ist das die Spezialität des Hauses.

Ein falscher Ausdruck hingegen ist Rumpsteak, das, wie der Name schon sagt, aus dem Rumpf geschnitten wird.
Auch wird beim Roastbeef ein wenig Verwirrung gestiftet. In der englischen Sprache wird aus der bei uns üblichen Beschreibung Beiried Roastbeef.
Bei uns hingegen wird aus der Beiried im Ganzen mit den üblichen Gewürzen wie Salz, Pfeffer und scharfem Senf und nach einem kurzen Anbraten auf allen Seiten und nach einer Bratzeit von ca. 20 bis 25 Minuten bei 180° bis 200° das Roastbeef, das dann im Inneren noch rosa ist. Nach einer kurzen Rastzeit, um wirklich zu entspannen, kann es serviert werden. Typisch wären noch wie in England der Yorkshire Pudding und das grob geschnittene, in Butter geschwenkte Gemüse dazu.
Bei uns allerdings wird das Roastbeef meist kalt serviert mit Sauce Tartare. Ich persönlich bevorzuge allerdings, wie schon vorher beschrieben, den Teil vom Englischen, der dem Rostbraten nahekommt. Denn durch die Marmorierung und das Fettauge wird es weit saftiger.
Aber wieder einmal schoss den Vogel ein Kollege ab (natürlich bin ich mir da nicht ganz sicher), obwohl er sich selbst Grill-Sommelier nennt. Er hat erklärt, dass man, wenn das Fleisch auf den Rost kommt, darauf warten sollte, bis das Fleisch gut angebraten ist und es sich von Rost löst, ohne dass etwaige Fasern hängen bleiben. Das ist so weit okay, aber der Satz, der danach kam, war so was von nicht fachgerecht, dass ich mich erschauderte. Denn wenn nach dem Umdrehen aus dem Fleisch Wasser austritt, wäre das gegrillte Fleisch fertig und es sollte nun rasten. Wo bitte ist im Fleisch Wasser????????

Dem hat sich eine Kollegin aus Erfurt, Maria Groß, angeschlossen. Sie möge bei diversen Kochsendungen immer ein lustiges Lachen im Gesicht haben und versucht, eben bei solchen gute Miene zum bösen Spiel zu machen, aber ich glaube, sie sollte nochmals in eine Grillschule gehen. Denn bei ihrer Art, zu grillen, fehlt mir eigentlich das Verständnis für die Ware und den Zustand des Endproduktes.
Ihr Rezept für Shitty Carrots und ein Tomahawk-Steak ist wie folgt. Sie nimmt ein 4 cm dickes Tomahawk-Steak, legt es in die glühenden Kohlen und nach 20 Minuten Drehen kommen Salzflocken und Zitronenabrieb darüber. Nachsatz: That's it.
Für die Shitty Carrots 5 mittelgroße Karotten in die Glut legen und mit Kohle bedecken. Danach den Saft der abgeriebenen Zitrone darüber geben und etwas Honig und Salz darüber streuen.

Jetzt frage ich mich bei allem Verständnis für die Kollegin, aber meiner Erfahrung nach ist das Ergebnis, wenn das Steak 20 Minuten auf glühender Kohle liegt und dann noch gedreht wird, eigentlich ein schwarzes Stück verbranntes Fleisch. Und daher für mich ungenießbar ist. Da helfen auch keine Salzflocken und Zitronenabrieb.
Auch die Karotten sind nach 30 Minuten in der Kohle genau so verbrannt wie das Steak.

Wir reden immer von Grillen, wo wir tunlichst vermeiden sollten, dass Fett oder Marinade in die Glut tropft, um dem Krebsrisiko vorzubeugen, und dann grillt man das wunderbare Fleisch zu einer schwarzen, für mich einfach ungenießbaren Substanz. Und das alles wird noch in einer Fachzeitschrift abgedruckt.

Was hat das mit Grillen zu tun?

Auch ist der Hamburger mit all seinen Facetten zu erwähnen.

Ein wesentlicher Teil in unserem Leben sind auch die berühmten Hamburger geworden. Als ich im Jahr 1977 nach einem

längeren Aufenthalt in Neuseeland wieder nach Wien zurückkehrte, hat gerade der erste McDonald's am Schwarzenberg Platz aufgesperrt. Das war natürlich für Wien eine kleine Sensation, da es zu der Zeit fast nur Würstlstände und den Wienerwald mit seinen Hendln gab. Und jetzt auf einmal Hamburger. Also a Faschiertes Laberl in ana Semmel, Verzeihung, Bun. Das ist eine ganz andere Art von Essen, auf das die Wiener nur sehr zögernd reagierten. Und so war auch das Urteil über diese Speise sehr unterschiedlich, von sehr gut bis „lätschert". Aber über die Jahre hat sich das allerdings sehr gewandelt.
Aber für mich war es natürlich in erster Linie eine Enttäuschung, denn ich habe auch in NZ Hamburger genossen (kein McDonald's), aber von einer hervorragenden Qualität und immer frisch zubereitet. Denn im Gegensatz zu der großen Hamburgerkette, wo doch so zu sagen weltweit alles gleich schmeckt, wird in NZ individuell gebraten und jeder hat seine eigene Vorstellung von einem Hamburger. So steht auf der Menükarte der normale Hamburger und dann im Speziellen, was man noch als Zugabe, sprich Belag, extra haben möchte und da sind wirklich keine Grenzen nach oben wie Speck, gebratene Zwiebel, Spiegelei, Tomaten, Salat usw. Also war jeder Hamburger eine eigene Kreation und wurde nach dem Belieben des Gastes zubereitet und nicht diese Einheitslaberl in Styropor. So habe ich es dann später auch in den USA erlebt. Da ist ein Hamburger eine Mahlzeit mit selbst gemachten Fritten und einer eingelegten Gurke und immer frisch und nicht unter der Wärmelampe. Und so hat sich das über die letzten 40 Jahre auch ein wenig geändert, McDonald's hat immer wieder neue Kreationen im Programm, aber von der Grundidee weicht man nicht ab.
Es gibt jetzt in Wien einige Lokalitäten, die sich darauf spezialisiert haben und daher einen Hamburger so servieren, wie er eigentlich sein sollte. Aber leider ist, wo Licht ist, auch Schatten und das wiederum bringt Köche oder solche, die sich dafür halten, zu den für mich lustigsten Kreationen.

Es gibt Pulled Pork Burger – eine Farce, dass sich das Burger nennt. Schnitzel-Burger, Lamm-Feta-Burger, Pita-Burger mit

Fledermaus und Rübensenf, Waffelburger/Filet/Zwiebel, the Jamacain Jerk, Veggie-Burger, Chicken-Burger, Steakfleisch-Burger Uruquay mit BBQ-Sauce und – nicht zu vergessen – die Erdäpfel-Trilogie mit Dip.

Ein Beispiel ist der Burger mit Pork Belly Burnt Ends. Es wird gesmoked, gedämpft und natürlich gegrillt. Alleine schon der Name macht mich irgendwie unbehaglich, wenn ich auch dann noch das Foto sehe mit dem aus dem Bun herausragenden verbrannten Stück Fleisch, bei dem die Kruste wirklich schwarz ist. Daher möchte ich kurz das Rezept und dann die Reihenfolge des Anrichtens beschreiben.

Für 4 Personen: 1 kg Schweinebauch ohne Knochen, 50 g Gewürzmischung wie 2 El Paprikapulver, 1 El Knoblauchpulver, 1 El Zwiebelpulver, 1 Tl Cayennepfeffer, 1 Tl Rosmarin, 192 Tl Zimt, was auch immer das bedeuten soll, 1 El brauner Zucker, 1 El Salz. Die Gewürze vermengen.
4 Burgerbuns, 12 Scheiben Frühstücksspeck, 2 El Honig, 0,5 l BBQ-Sauce, 250 ml Cola, 100 ml süße Sojasauce, 4 große Salatblätter.

1. Schweinebauch von der Fleischseite her im Abstand von 1,5 bis 2cm horizontal und vertikal bis zur Schwarte einschneiden.
2. Die Fleischseite mit der Gewürzmischung einreiben und 3 Stunden im Kühlschrank einwirken lassen.
3. Den Schweinebauch für 1 Stunde bei 120° räuchern.
4. Für die BBQ-Sauce Honig, Cola und Sojasauce verrühren und in einen Bräter geben. Den Schweinebauch mit der Fleischseite nach unten in die Sauce legen.
5. Für 2 Stunden bei 120° dämpfen. Gelegentlich mit Sauce übergießen.
6. Den Schweinebauch dann im Grill mit der Schwarte nach unten auf den Rost legen und bei 160° die BBQ-Sauce auf der Außenhaut karamellisieren und die Schwarte kross grillen.

7. Nun den Schweinebauch auf ein Brett legen (Schwarte nach unten) und die einzelnen „Burnt Ends“ herausschneiden.
8. Die Burgerbuns auf der Innenseite anrösten, den Speck kross braten und den Burger mit Salat, Tomate, Speck, „Burnt Ends“ und Sauce nach Wahl belegen.

Das ist viel Arbeit für 4 Laberln. Aber wer verbranntes Fleisch liebt, wird hier sicher einen seiner Favoriten finden.

Es gibt doch so viele Varianten, alleine schon was das Fleisch anbelangt, und dann ja noch die, wie es so schön auf neu Deutsch heißt, die Trimmings.
Von den Buns gar nicht zu sprechen. Hier gibt es eine Vielfalt an Mehl und Getreide.

Es gibt die verschiedensten Hamburger oder was sich halt so bezeichnet, wie heute gesehen in einer Frühstücksfernsehsendung. Da wurden Personen gefragt, ob sie von dem alternativen Essen der Zukunft kosten wollen. Burger aus Mehlwürmern!!!! Es war eigentlich lustig, die Reaktionen zu sehen, aber nachdem der Küchenchef eines alternativen Lokales dann zeigte, wie die Mehlwurmburger gemacht werden, war der Spaß vorbei, nicht wegen der eigentlichen Verarbeitung der Würmer, sondern aufgrund der Tatsache, wie der Burger frittiert wurde. Warum mache ich mir die Mühe und erzeuge den Burger, um ihn dann in Unmengen von Frittierfett zu ertränken? Wo bleibt da die Idee des gesunden Essens? Und warum überrascht es mich dann nicht, dass, wie ebenfalls zu lesen ist: „Von wegen Kompost, Bio-Bananenschalen eignen sich unter anderem als Veganer Pulled Pork Ersatz. Was muss noch alles herhalten, um veganes Essen zu werden?“

Als vegane Alternative:

Banane waschen, die Innenseite der Schale mit einem Löffel auskratzen. Die saubere Schale dann mit einem Messer oder mit

den Zinken einer Gabel zu „Fäden" verarbeiten und zusammen mit Zwiebel und Knoblauch 8-10 Minuten dünsten.
Je reifer die Banane, desto dünner und süßer wird die Schale.

Und du glaubst, dass man das alles nicht toppen kann, kommt schon der nächste Blödsinn an.

Der Burgersalat

Als Koch habe ich, wenn ich so etwas lese, natürlich eine gewisse Vorstellung und denke vielleicht an etwas wie einen Backhendlsalat. Könnte interessant werden. Weit gefehlt, denn nach einem kurzen Blick auf das Rezept fällt mir dann ein, was ich schon ein- oder zweimal geschrieben habe. Wer kocht so an Scheiß und wer frisst des? Und bekommt noch € 36,50 für die Veröffentlichung in einem kleinformatigen Blatt?
Ich fahre gleich mit der Zubereitung fort. Die da lautet: Paradeiser, Zwiebel und Essiggurke in Scheiben schneiden. Eisbergsalat in Streifen schneiden. Faschiertes in etwas Öl anbraten und mit Salz und Pfeffer würzen. Zuerst Salat in einem tiefen Teller anrichten. Paradeiser, Zwiebel und Gurkerl in Schichten darüberlegen. Warmes Faschiertes darauf verteilen, mit je einer Scheibe Toastkäse belegen und mit einer fertigen Burger Sauce – wie immer die auch schmecken mag – verfeinern.

Fazit:Es kommt warmes loses Faschiertes auf einen nicht gewürzten Salat, wird mit Käse bedeckt und dann mit einer Sauce übergossen. Das sieht dann wahrscheinlich so aus, als ob der Kellner den Tisch abgeräumt und alles Reste zusammen in einen Teller geputzt hätte.

Einfacher wäre es doch vielleicht, kleine Burger zu formen und diese dann in gebratenem Zustand auf einen gut marinierten, abgetropften Salat anzurichten. Mit einer leichten Joghurtsauce mit frischen Kräutern nappieren und das alles mit einem reschen Bauernbrot oder Dreikornbrot servieren.

Daher kommt mir noch ein Zitat in den Sinn:

„Aber in Zeiten von schwarz gekleideten Köchinnen und Köchen und weißen Bestattungsautos wundert einen eh schon fast nichts mehr.“

Es hat sich natürlich über die Jahre doch einiges verändert, aber der Beruf des Koches sollte sich in erster Linie auf die Produkte und vor allem auf die Bedürfnisse des Gastes und der ihm zur Verfügung stehenden Lebensmittel konzentrieren.
Und auch die Ästhetik des Berufes spielt hier eine große Rolle. Wie in vielen anderen Berufen hat der Koch eine Arbeitsbekleidung oder Uniform zu tragen, die sauber und adrett sein soll. Es geht gar nicht, dass der Koch ein T-Shirt – und das noch dazu sehr verschmutzt ist – trägt. Er sollte sich bewusst sein, dass wir eine Standesehre und eine Tradition von einigen hundert Jahren in unserem Gewerbe haben.
Ich beziehe mich nun auf den Absatz weiter oben und meine, dass ein Koch eine weiße Jacke und eine schwarz/weiß karierte Hose zu tragen hat. Das möge jetzt antiquiert sein, aber ein Koch mit einer rosa Jacke und einer blauen Hose entspricht nicht der Vorstellung eines Kochs. Das ist etwas für den Fasching, aber nicht für eine Küche. Leider aber hat sich das in unserer Gesellschaft so eingebürgert.
Der neueste Trend ist, dass Köche eine Lederschürze tragen. Wozu dieser Aufwand? Haben diese Köche Angst vor dem Feuer? Oder müssen sie in der Zwischenzeit ein Messer schmieden? Einer macht es vor und andere folgen dem wie eine Herde Schafe. Das gilt auch für diese neue Art des Anrichtens. Da wird mit Pinzetten hantiert, damit die Blumen auch richtig auf der Speise sitzen, aber die wichtigen Fachausdrücke kennt man nicht wie z.B. was ist ein Zestenreißer oder was ist eine Zeste. Es ist auch eine Unart, Zitronen mit der Hand auszudrücken

wie der englische Wunderkoch Jamie Oliver, von dem ich persönlich nicht einmal ein belegtes Brot essen würde.
Wir sind alle so versessen, alle zu kopieren, wobei wir das Wesentliche übersehen, nämlich mit den Produkten das Bestmögliche zu kochen und eine Speisekarte zu erstellen, die den Charakter des Lokals widerspiegelt und dem Gast zeigt, was ich als Koch leisten kann, und nicht einfach bei dem nächsten Gasthaus die Karte zu kopieren und vielleicht auch die Preise dieses Lokales plus/minus abzuschreiben, anstatt richtig zu kalkulieren.

Aber es geht nun noch weiter, denn der ehemalige Chef von McDonald's, Harald Sükar, hat am eigenen Leib verspürt, wie Fast Food dick macht und jetzt kämpft er in einem Buch gegen die Fast Food-Falle an.

Auch wird bei diesen Firmen sehr viel Wert auf die sogenannte Nachhaltigkeit gelegt.
Für mich ist das das Unwort des Jahres. Alleine wenn ich daran denke, dass bei diesen Laberlbratern die Pommes Frites nach der Warmhaltephase einfach entsorgt werden. Ich habe einen Bericht im TV gesehen, wobei es nur um eine Filiale dieses Laberlbraters in Deutschland ging. Es wurde keine Angabe gemacht, wie viele von diesen nicht mehr in den Verkehr gebrachten Pommes entsorgt wurden. Aber man stelle sich jetzt vor, das wird in ganz Deutschland, europaweit und weltweit gemacht und das nur bei einem Produkt. Das sind wahrlich Berge von Pommes. Wo ist hier die Nachhaltigkeit? Und das alles geht aber noch weiter, denn dieses Verfahren zieht sich über all diese Produkte, die dann ebenfalls entsorgt werden. Den Schlüssel dafür habe ich noch nicht herausgefunden (es werden da so kleine Sticker erstellt). Was für eine Essensverschwendung und das muss ja auch alles produziert werden. Und das wird bei den verschiedensten Fast Food-Anbietern, die ähnlich mit ihren Speisen verfahren, da es ja doch von Good Old America kommt. Ich bin überzeugt, dass mit einer Tagesration an dem, was weggeschmissen wird, die Welt für

viele Tage ernährt werden kann. Aber keiner kümmert sich darum. Wir werden nur immer darauf aufmerksam gemacht, zu spenden für alles und jenes. Warum schert sich keiner um diese Betriebe? Dort wäre anzusetzen. Alleine wenn man sich den Verbrauch an Plastikgeschirr, Bechern, Besteck eines Tages in den USA ansieht, wird einem schlecht.

Das bringt mich gleich zu meiner nächsten Episode, in der die sogenannten Hobbyköche eine Erwähnung verdient haben.

Es ist nun doch schon einige Jahre her, als ich mit einem Malermeister bekannt wurde. Als dieser Mann Harry herausfand, dass ich Koch bin, hat er mir sofort von seinen Kochkünsten erzählt. Dabei muss ich sagen, dass er wirklich eine Speise zur Perfektion gekocht hat. Das war eine gefüllte Ente, die auf einem Burg Grill zur Perfektion gegrillt wurde. Er hatte einen Garten an einem Badeteich in der Nähe von Kornneuburg. Wir waren eingeladen und zu meinem Erstaunen waren die Enten sehr gut. Es kam die Spargelzeit und so kam der Wunsch nach Spargel Hollandaise. Ich erklärte mich bereit, das zu kochen, sagte ihm aber, dass ich nicht die Zeit hätte, eine Hollandaise selber aufzuschlagen. Ich würde eine aus dem Paket nehmen. Helle Entrüstung kam auf und so vereinbarten wir, dass ich es selber machen würde. Harry erschien um eine halbe Stunde früher, um ja nicht zu verpassen, ob ich wirklich die Sauce selber machte. Das Spargelessen war ein guter Erfolg, nur konnte dann meine liebe Frau nicht zusehen, wie Harry mit dem Rest der Sauce Hollandaise in der Küche eine Liebesbeziehung einging und diese mit dem Löffel einfach verspeiste.
Während dieses Essen wünschte sich Harry von mir eine Pastete. Da ich aber aufgrund der sehr kleinen Küche nicht in der Lage war, sagte ich, das könnte ich nicht machen. Ich konnte ihn aber zu einer Galantine vom Huhn überreden, da dieses Gericht für mich einfach zu fertigen ist. Also bin ich zur Firme Hink Pasteten und habe eine Galantine gekauft. Diese habe ich zu Hause dann ausgepackt, in ein Tuch gewickelt, in eine persönlich gefertigte

Court Bouillon eingelegt und bei Erscheinen von Harry herausgenommen und ausgewickelt und mit diversen Saucen serviert. Auf Nachfrage, ob es nach seinem Geschmack wäre, war Harry hellauf begeistert. Und ich hatte eine Sorge weniger.

So kam es, dass ich bei einem Bekannten in Reisenberg etwas ausgeholfen habe und Harrys 50. Geburtstag ins Haus stand. Da kam auch schon die Aufforderung, eine Pastete zu seinem Geburtstag zu fabrizieren. Also sagte ich zu und machte mich wieder auf den Weg zu der Firma Hink Pasteten. Selbe Prozedur, nur die Pastete aus der Folie gewickelt, schön angerichtet und geliefert mit Sauce Cumberland und diversen Salaten. Alle waren hellauf begeistert. Es war wieder ein Erfolg auf ganzer Linie. Nach einigen Monaten trafen wir uns zufällig bei einem Heurigen in Simmering. Sofort kam das Gespräch auf meine herrlichen Pasteten. Das Gespräch wurde dann doch etwas heftiger und in der Hitze des Gefechtes sagte ich, man könnte eine gute gekaufte Pastete von einer selbstgemachten nicht unterscheiden. Darauf schaute mich Harry sehr entrüstete an und behauptete stock und steif, das würde er sofort merken, denn er hätte den ultimativen Gaumen. Nachdem mir dann meine liebe Frau dermaßen ans Schienbein getreten hatte, gab ich mein Vorhaben auf und ließ den lieben Harry in seinem Glauben. Ich konnte ihm leider nie mehr sagen, welch ein Idiot er war, denn Jahre später hat er durch Wodka und Orange seinen Frieden gefunden. Er ruhe Sanft.

Ein Zitat möchte ich noch an dieser Stelle einfügen:

„Es gibt immer mehr Ess-Analphabeten."

Darum sind mir sogenannte Hobbyköche immer ein wenig suspekt. Das heißt, ich mag sie einfach nicht, denn ich habe 6 Jahre gelernt, habe 40 Jahre gekocht und dann soll ich mir vielleicht von so einer Person, die ein Gericht gut kann, sagen lassen, wo es lang geht. Zum Teufel mit ihnen.

Eine weitere Kuriosität ist das typisch italienische Nudelgericht

„Spaghetti Carbonara"

was übersetzt eigentlich nach Köhler-Art bedeutet. Da stellt sich nun gleich die Frage, wann im Laufe der Zeit das Rezept in eines mit einer Sauce verwandelt wurde.
Spaghetti alla carbonara ist ein einfaches Nudelgericht aus Spaghetti mit Speck, Ei und Käse aus der italienischen Region Latium.
Carbonaro ist im römischen Dialekt der Köhler oder Kohlenhändler.
Die richtige rein italienische Zubereitung ist wie folgt:
Die Nudeln werden gekocht, der etwas durchwachsene Speck (Pancetta) wird in feine Streifen geschnitten und mit wenig Olivenöl oder Butter sanft aus-gebraten, der Käse (Parmesan, Pecorino Romano, auch gemischt) wird mit Ei verschlagen. Die Nudeln werden in eine vorgewärmte Schüssel gegeben und sofort mit dem Speck, etwas Kochwasser von der Pasta, der Käse-Ei-Mischung und frischem schwarzen Pfeffer vermengt. Die erwärmte, aber nicht gekochte Käse-Ei Mischung bildet bei richtiger Zubereitung eine cremige Sauce.

Anmerkung: Es müssen nicht immer Spaghetti sein, jede Art von Pasta ist möglich.
Und damit ist alles, was in Carbonara gehört, gesagt.

Es gehören weder Zwiebel oder Knoblauch noch Weißwein oder Schlagobers hinein, denn wo hatte der Köhler den Obers zur Verfügung? Er musste ja sein Essen mit den einfachsten Mittel zubereiten.

Aber die Industrie hat natürlich einen Weg gefunden, um für die gestresste Hausfrau ein Rezept zu entwickeln, bei dem bereits vorbereitet ein Paket geöffnet wird, das in einem Topf mit Milch erwärmt und dann über die Spaghetti geschüttet wird. Fertig sind die Carbonara. Ich habe mir einmal die Mühe gemacht, das zu lesen, was auf der Packung steht. Das hat eigent-

lich mit Kochen nichts mehr zu tun, sondern ist nur ein Chemiebaukasten, der zum Essen wird.
Unter dem Titel Viva la Pasta zitiere ich aus einer Zeitung einen Artikel, der sich auf Nudeln bezieht: Eben gerade Weizennudeln haben es im Moment nicht leicht, denn mit den allgegenwärtigen Asia-Suppen und dem Poke-Bowl-Trend mutieren sie zur Beilage, gehen unter in Brühen oder zerhacktem, halb roh servierten Gemüse. Zudem erobern Fusilli-Imitationen aus Kichererbsen oder Linsenmehl die Supermarktregale. Aber – was wäre die italienische Küche ohne ihre vielfältigen Teigwaren aus Weizenmehl? Darum ist es sehr schön, dass sich doch noch Plätze erhalten haben, wo eben diese Spezialitäten zubereitet werden.

Aber wieder einmal schoss den Vogel eine – ich weiß nicht, was sie wirklich ist – Frau namens Katy 1979 ab. Sie schreibt: „so hast Du Carbonara noch nie gesehen". Natürlich darauf aufmerksam geworden, las ich das Geschriebene und musste feststellen, dass sie recht hat. Schon alleine die Bezeichnung Carbonare ist hier fehl am Platz. Denn eine Sauce aus Frischkäse, Gurken, Fetakäse und Schinken lässt nicht auch im Geringsten auf Carbonara schließen, auch nicht die Bezeichnung cremig und leicht.

Die Zutaten sind Gurke, Zwiebel, Öl, magerer Schinken, Frischkäse, Gurke, Feta, fein geriebener Käse und Milch.
Die Gurke waschen, halbieren, die Kerne mittels eines Löffels herausschaben, in dünne Scheiben schneiden. Dann die Zwiebel mittelfein schneiden. Die Gurken in der Pfanne kurz anrösten, die Zwiebel dazu, weiter anbraten und den Schinken ebenfalls dazu. Den Fetakäse ebenfalls in der Pfanne mitrösten, bis er leicht angeschmolzen ist, Frischkäse und Milch dazu, ebenso den geriebenen Käse, weiter rühren, alles schmelzen lassen und die Sauce mit Pfeffer und Paprika abschmecken.
Diese Sauce würde sich mit Erdäpfeln und diversen Teigwaren gut verbinden.
Warum müssen Personen nur um des Schreibens Willen so eine Kacke zu Papier bringen? Aber gerade diese Personen kön-

nen wahrscheinlich nicht einmal Wasser zum Kochen bringen, aber blöde Rezepte in irgendein Forum zu stellen, ohne irgendeinen Hintergrund zu wissen. Es kann einem schlecht werden bei so viel Arroganz und Selbstverherrlichung. Einfach fürchterlich und abzulehnen. Das hat mit seriösem Kochen nichts zu tun.

Und so möchte ich gleich mit einem weiteren Rezept aus dieser Kategorie fortfahren.
Zucchini-Carbonara. Für 4 Personen. Der Titel lässt darauf schließen, dass es sich hier um ein Gericht handelt, das eigentlich nur der Fantasie entsprungen sein kann.
Denn wie bei so vielen Gerichten wird auch hier der Name dessen, was es sein soll, derart vergewaltigt, dass nur mehr ein Kopfschütteln angesagt sein kann. Denn eine Person, die gerne italienische Speisen verzehrt, hat eine Vorstellung von Carbonara. Das Rezept verlangt: „2 EL Olivenöl, 2 Zwiebel fein gehackt, 3 Knoblauchzehen fein gehackt, 3 Streifen geräucherter Speck, 250 dag Champignons, 1 Tasse Obers, 1/4 Tasse Weißwein oder Hühnerbrühe oder Wasser, 2 Eigelb, frisch gemahlener schwarzer Pfeffer, 1 kleiner Bund Schnittlauch oder Estragon fein gehackt (je mehr Kräuter, desto besser), 4 Zucchini, idealerweise mit einem Spiralschneider geschnitten, etwas Öl, um diese anzubraten. Etwas Parmesan zum Garnieren. Alle Zutaten bis auf die Zucchini zu einer Sauce verkochen, wobei ich nicht ganz verstehe, was ich jetzt dazu geben soll: Wein, Wasser oder Hühnerbrühe? Die geschnittenen Zucchini kurz anrösten und dann mit der Sauce, in welche ich die Dotter eingerührt habe, überziehen. Mit Parmesanspänen dekorieren. Warum muss ich das nun Carbonara nennen? Haben diese Leute keinerlei Fantasie, dieses Gericht so zu benennen, dass alle Zutaten daraus hervorgehen? Denn das hat mit Carbonara absolut nichts zu tun und ist eine Verunglimpfung dieser so wunderbaren Speise.

Auch erwähnenswert sind natürlich diese nicht ganz nachvollziehbaren Rezepte, welche teilweise von renommierten Köchen in einer Zeitung, die sich Essen &Trinken nennt, aber auch in ganz normalen Beilagen von Möbelhäusern und diversen Supermarktzeitungen zu finden.

So nennt sich einer der Titel „Mit Stäbchen und Gabel“.

Der Koch beschreibt in 10 Schritten, wie die Speise zubereitet wird.

Yuzu-Wolfsbarsch-Ceviche

1. Leche de Tigre
2. Chilisauce
3. Avocado-Limetten-Creme
4. Den-Miso
5. Tomatenfondue
6. Kirschtomaten
7. Koriander Öl
8. Wolfsbarsch
9. Avocado
10. Maistortilla

Ceviche kommt eigentlich aus Peru.

Zuerst muss der, der das nachkochen möchte, mit der Einkaufsliste in einen japanischen Supermarkt gehen, um ja alle Zutaten zu erstehen. Dann wird die doch sehr aufwändige Liste der Vorbereitung entschlüsselt und dann kann erst mit der Zubereitung der Speise begonnen werden. Da aber der Verfasser dieses Rezeptes, ein Koch, in einem von einem Japaner geführten Lokal das Zepter schwingt und auf Fusionsküche spezialisiert ist, ist das für ihn natürlich kein Problem, aber jetzt kommt der Hacken. Ein wie immer gearteter Hobbykoch wird an diesen Vorgaben zu 100% scheitern.
Nur aus einem wurde ich beim Lesen dieses Rezeptes nicht schlau. Was bitte ist ein Tomatenfondue? Es werden Zwiebel angeschmort und dann mit klein geschnittenen Tomaten inklusive Haut und Kernen in der Pfanne vereint, das alles wird

geschmort und nach dem Würzen mit Salz und Pfeffer durch eine „Flotte Lotte“ (Passiergerät) passiert.
Jetzt stellt sich die Frage, was hat das mit einem Fondue zu tun? Warum bringe ich so einen Namen ein, wenn im Endeffekt doch nur Tomatensauce herauskommt?
Ich greife jetzt das zweite Rezept noch heraus:

„Tamari-Soja geschmorter japanischer Daikon-Rettich (Vegan)“ mit Mizuna, Daikonkresse, Takuan, Tororo-Imo und Wagarashi-Senfkörnersauce
Dieses Rezept verlangt in etwa dieselbe Vorgangsweise wie das Rezept zuvor.

Wer versteht das bitte und wer kann dem noch folgen?

Und was bitte ist Karotten-Öl????
Karotten in Öl im Ofen geschmort, zerkleinert und mit Brühe aufgegossen, abgeseiht und mit Öl aufmontiert. Gesehen und gekocht von einem österreichischen Haubenkoch in Gut gekocht in FS2.

Weiter geht es mit einer Speise, die für mich ebenso nicht nachvollziehbar ist. Und das bitte auf der Zunge zergehen lassen. Es ist das:

„Lasagne Baguette“

Die Zubereitung: Zwiebel und Knoblauch hacken, Olivenöl in einer Pfanne erhitzen, beides rösten. Das Faschierte dazu geben und anbraten, salzen und pfeffern. Die passierten Tomaten beimengen und köcheln lassen.
Den Frischkäse auf dem Boden einer Auflaufform verteilen. Das Faschierte darauf geben und mit geriebenem Käse bestreuen.

Im Ofen bei 200° ca. 10 Minuten lang backen. Das Baguette in 3 Teile schneiden und aushöhlen. Die Masse mit einem Löffel in die Baguette-Teile füllen, auf ein Backblech legen, mit Knoblauch und Olivenöl bestreichen. Für ca. 10 Minuten bei 180° backen. ACHTUNG HEISS!!!!!

Das Bild, welches mitgeliefert wurde, zeigt ein Baguette, das in drei Teile geschnitten, ausgehöhlt und gefüllt wurde, wie man früher ein Sandwich mit Wurstsalat gefüllt hat für Kinderpartys. Welch ein Scheiß.

Auch kommt es vor, dass eben in diesen Rezepten Ausdrücke verwendet werden, die zwar einen Namen von einer Speise beinhalten, aber total aus dem Kontext gerissen wurden.

„Blunz'n Lasagne mit Erdäpfeln und Majoran"

Die Dame, die das Rezept in die Zeitung gestellt hat, geht davon aus, dass sie jede Art von Pasta liebt. Da war es doch naheliegend, sich bei den Zutaten Inspirationen aus der italienischen Küche zu holen.

Ich erspare mir, das Rezept zu schreiben, denn es ist aus der Anrichteweise ersichtlich.

Blunze enthäuten und in 16 Scheiben schneiden.
Erdäpfel gut waschen und in 16 Scheiben schneiden.
Kren mit Creme fraîche, Muskatnuss und Zitronensaft verrühren.
Blunzenradl in Mehl tauchen, im erhitzten Fett beidseitig braten und zur Seite stellen.
Erdäpfelscheiben in der gleichen Pfanne fast durchbraten und zur Seite stellen.
Im Bratenrückstand Zwiebel glasig dünsten, kurz auskühlen lassen, Creme fraîche-Mischung unterrühren, kurz erwärmen.
Mit Salz, Pfeffer würzen und Käse einrühren.
Blunzenradl mit einer Scheibe Erdapfel belegen, einen Teelöffel Sauce darauf, Vorgang 3-mal wiederholen.

Dann die weiteren drei Türmchen bauen.
Türmchen in eine Auflaufform setzen, mit etwas Käse bestreuen und im Backrohr 15-20 Minuten lang backen.

Ein weiteres Beispiel ist „Entenbrust mit Rotkraut-Slaw".

Für Otto Normalverbraucher: Was ist „Slaw"?

Jetzt kenne ich aus meiner Lehrzeit den Ausdruck Slaw aber in einem anderen Kontext, nämlich als typischen amerikanischen Krautsalat, den „Cole Slaw", den unsere Kalt Mamsell Frau" Vally" über zwei Tage zelebrierte.
Und das Ganze begann einfach damit, dass „Vally" das Weißkraut sehr dünn geschnitten und dieses leicht eingesalzen hat. Es wurde dann über Nacht im Eishaus mit einem Deckel beschwert aufbewahrt. Dann wurde es am nächsten Tag fein säuberlich ausgedrückt und in einen großen Kessel gelegt, dem dann fein gerissene Karotten, Mayonnaise, Worcestersaucen, Salz und Pfeffer zugefügt wurden. Das Ganze wurde fein säuberlich gemischt und dann wieder für einen Tag ins Eishaus gestellt. Erst, nachdem sich alles zusammengefügt hat und durchmariniert war, wurde es verarbeitet, um als sogenanntes Mascherl (frühere Art der Tellerdekoration, meist etwas Paprikasalat auf einem Salatblatt oder eine Tomatenscheibe mit einer Gurkenscheibe) auf den Teller zu gelangen. Dieses bestand aus einem Salatblatt, auf den dann der „Cole Slaw" mittig platziert wurde. Das Mascherl wurde mit einer Gurkenscheibe und einem Tomatenviertel fertiggestellt. Das wurde dann als Salatgarnitur zu den diversen Sandwiches gereicht, wie dem Clubsandwich, dem Pastrami auf Roggenbrot und den diversen Hamburgern, welche wir bereits 1967 im Intercontinental Hotel serviert haben. Erst viel später haben sich die amerikanischen Hamburger-Ketten in Österreich etabliert und sind eigentlich nicht mehr aus dem Stadtbild wegzudenken.

In der Zwischenzeit sind diese Ketten und auch andere wie T-G-I Friday, Pizza Hut, Burger King, KFC, der Hendlbrater, Subway Sandwich, Starbucks stark vertreten.

Bei uns gab es noch den Wiener Wald, die Nordsee und das Quisisana, das auf der Mariahilfer Straße war und die besten Schinkenrollen und Mayonnaise-Eier hatte.
Des Weiteren waren natürlich die Würstelstände in Wien damals noch fahrbar und wurden jeden Abend neu aufgestellt. Das war schnelles Essen auf Wiener Art. Fast Food à la Viennese. Daraus hat sich eine gewisse Kultur entwickelt, die aus Wien einfach nicht mehr wegzudenken ist. Heute hat sich eine Klientel gebildet und man kann heute bei der „Haaßen", der ortsüblichen Burenwurst, keinen Unterschied mehr feststellen, ob arm oder reich. Man kann vielleicht noch an der Aussprache kleine Differenzen feststellen. So wie der Spruch da lautet: „Gib ma a Eitrige mit an Bugl, an Gschissenen, a Sechzehnerblech und a Oarschpfeifferl und des Aber Jenniferl".
Was bedeutet: Ich hätte gerne eine Käsekrainer mit einem Endstück Brot, etwas süßen Senf, eine Dose Bier aus Ottakring (Wien 16) und eine scharfe Pfefferoni und das rasch wie von Jennifer Rush.
Oder „heast, sable oba a Stickl von den Pflasterhirschen, oba so, dass i no Schnurspringen ka."
Zu Nummer zwei: Hallo, schneiden Sie mir bitte ein Stück von der Wurst, in der ich etwas Pferdefleisch vermute, aber bitte so lange, dass ich eventuell damit Schnurspringen kann.
Aber was ich persönlich zu bedenken gebe, ist, dass diese Art von Speiselokalen nun als Systemgastronomie bezeichnet wird und es ist ihnen erlaubt, Lehrlinge auszubilden, was mir nicht ganz einleuchtet. Denn ich habe zum Beispiel 3 Jahre Konditor und dann noch einmal 3 Jahre Koch gelernt, wurde dabei in allen Sparten der Küche instruiert und konnte alles erledigen, was mir aufgetragen wurde. Wir haben gelernt, wie Pommes Frites von den rohen Erdäpfeln bis hin zum fertigen Produkt hergestellt werden. Der Lehrling bei McDonald's nimmt ein Paket mit TK-Pommes, schüttet sie in den Frittierkorb, setzt diesen

ins Fett und schaltet eine Uhr ein und wenn diese dann läutet und der Korb sich automatisch heraus senkt, sind die Pommes Frites fertig. Und das setzt sich mit all den anderen Speisen, welche dort produziert werden, fort.
Jetzt zu meiner doch beängstigenden Vermutung. Dieser dann ausgelernte Systemgastronom kommt jetzt in eine Anstellung als Koch. Wartet er dann auch auf das Klingeln oder muss er jetzt seine Eigeninitiative nutzen und die Pommes Frites zur rechten Zeit herausnehmen. Reine Vermutung?????

Bei einem sehr kurzen Tagesaufenthalt in einem Restaurant in der Nähe von Wien in Mauerbach War ich, nachdem ich mir die Speisekarte angesehen hatte, von der typischen Wiener Küche doch beeindruckt, denn der Arbeitsplatz war nicht sehr groß, die Herdfläche bestand nur aus vier Flammen. Und dann wurde getrickst auf Teufel komm raus. Es wurde für 2 Speisen auf der Karte das gleiche Grundgulyas vom Schwein verwendet. Und egal, ob jetzt ein Krautfleisch oder ein Reisfleisch bestellt wurde, wurde das Grundgulyas mit etwas Suppe verdünnt und mit entweder Kraut oder Reis vermengt. Auch gab es diverse Dinge, mit denen ich nicht ganz konform gehen konnte, wie zum Beispiel, dass das Fleisch, das nicht so oft verkauft wurde, vorgeschnitten und dann kurz aufgetaut und gebraten wurde. So ist das wie in einem meiner vorhergehenden Absätze (Gefüllte Kalbsbrust, Seite 11.) ein Beschiss am Gast, denn er erwartet sich eine Speise, die so gekocht wird, wie es halt der Brauch ist.

Darum nun meine Art, wie ein Wiener Reisfleisch zubereitet werden soll.

Fleisch in 3 cm große Stücke schneiden. Zwiebel in grobe Würfel schneiden.
Schmalz in einem Topf erhitzen und die Zwiebel darin kräftig anbraten. Knoblauch, Fleisch, Paprikapulver, Tomatenmark, etwas Essig dazu und mit ca. 1,5 l Wasser aufgießen, damit das Fleisch bedeckt ist. Salzen und Pfeffern und bei niedriger Hitze 20 bis 25 Minuten köcheln lassen. Den Reis untermischen,

aufkochen, vom Herd nehmen und zugedeckt 10 bis 15 Minuten durchziehen lassen, bis der Reis gar ist. Der Reis sollte aber so wie in etwa beim Risotto nicht zu trocken werden, sondern saftig sein. Beim Anrichten einen Löffel Rahm darauf geben. Eventuell mit geriebenem Parmesan an der Seite servieren.

Ebenso wird in etwa mit dem Krautfleisch verfahren, ABER bitte ohne Parmesan.
Als mündiger Esser und Koch mit viel Erfahrung nehme ich mir das Recht heraus, zu sagen, wenn mir kulinarisch etwas nicht passt. Essen kann aber auch eine traurige Angelegenheit sein, daher ist diese Feststellung Anlass der nachfolgenden Erzählung.

Das bringt mich nun zu einer weiteren Episode der sogenannten Kochkunst. Es geht um eine sehr spezielle Art des Krautfleisches, das Szegediner Hummerkrautfleisch. Und zwar geht es um einen in Wien sehr bekannten Koch, der in dem Hotel Ambassador in der Kärntnerstraße mit einem weiteren Koch aus Niederösterreich das Restaurant führte. Ich hatte einmal die Möglichkeit –, es muss so im Jahr 2008 gewesen sein – im Ambassador einen Probetag zu absolvieren. Ich hatte mich damals mit dem Koch in Verbindung gesetzt, nachdem er in diversen Medien verbreitet hatte, es gäbe zu wenig gute Köche. Ich wollte mich als Koch für das Finanzministerium in der Kantine bewerben. So wurde eben der Probetag vereinbart. Ich lernte den Küchenchef kennen und erfuhr, wie in Haubenküchen gekocht wird. Es stehen dort am Herd mindestens 15 kleine Sauteusen, in jeder befindet sich eine Menge von einer Sauce oder Ähnlichem. Im Kühlladen befinden sich Einmachgläser mit Gummiring und Deckel, in dem sich die Mise en place befindet. Und so war es dann auch, als eine Bestellung für das Hummer-Krautfleisch hereinkam. Als Gruß aus der Küche wurde eine kleine Joursemmel aufgeschnitten und mit einer Scheibe von angeblich selbstgemachtem Leberkäse belegt. Dann kam die Stunde des Krautfleisches. Da ich mit der Materie der Haubenküche nicht so vertraut war, war ich aber dann doch überrascht, wie sich das Krautfleisch zu vervollständigen begann. Es wurde aus einem Einmachglas geschnittenes Weißkraut genommen, das, wie ich sagen möchte, nicht mehr das jüngste war. (Hummerkrautfleisch geht halt nicht so oft.) Es wurde eine Sauteuse zugestellt, das Kraut hineingegeben und mit etwas Hummersuppe aufgegossen und kurz blanchiert, für meine Begriffe allerdings zu wenig, denn das Kraut hatte noch sehr guten Biss. Dann wurde ein vorgekochter halber Hummer aus der Schale genommen und kurz in Butter geschwenkt. Das Anrichten verlief dann so: Das Kraut wurde mittig am Teller platziert, die drei in Butter kurz angegangenen Hummerstücke auf den Teller aufgelegt und als Abschluss wurde etwas Hummersauce kurz aufgeschäumt und das Kraut und die Hummerstücke wurden nappiert. Soweit das berühmte Hummerkrautfleisch des Küchenchefs.

Eine Ableitung von einem dieser Superköche ist das Szegediner vom Waller. Hier ein Rezept von einem Haubenkoch aus Niederösterreich.
Unter dem Titel „Kraut und Fisch mit Erdäpfeln“: „eine einfache und bewährte Kombination, in diesem Fall neu und zeitgemäß interpretiert.“
Warum aber verwendet der Koch für das Kraut und für die Paprikasauce ein fast identisches Verfahren der Zubereitung?

Kraut
Chili, Ingwer, Kümmel und Schalotten in Honig karamellisieren, fein geschnittenes Kraut dazu geben, mit Veltliner ablöschen, nach einer Stunde Garzeit mit Salz, Pfeffer, Johannisbeeressig und Hendlfett abschmecken.

Paprikasauce
Chili, Ingwer, Knoblauch und Schalotten in Honig karamellisieren, den roten Paprika dazugeben, mit geräuchertem Paprika paprizieren und mit Veltliner ablöschen, einreduzieren und mit Geflügelfond auffüllen und nochmals reduzieren, mit Veltliner ablöschen, nach einer Stunde Garzeit mit Salz und Pfeffer, Johannisbeeressig und Hendlfett abschmecken. Mit Obers und Gewürzen mixen und abseihen.

Pommes Rissolées
Erdäpfel schälen, in kaltem Wasser einlegen, in 0,5 x 0,5 cm große Würfel schneiden, in Fett ausbacken, abtropfen und würzen.

Weißes Wallerfilet
In Stücke von 40 bis 50 Gramm schneiden, salzen und pfeffern, Curry, grünen Pfeffer und Traubenkernöl einmassieren. In Traubenkernöl und Butter leicht glasig braten.

Die Vielfalt der Gewürze und die neue Interpretation des Szegediners ist für mich einfach zu viel des Guten. Wenn ich schon den Fisch mit Salz und Pfeffer würze, warum brauche ich dann noch grünen Pfeffer?
Auch ist der Ansatz des Krautes und der Paprikasauce bis auf ein oder zwei Nuancen ident. Warum kann ich nicht beides in einem machen, wie wir es gelernt haben, und sollte ich etwas mehr Sauce brauchen, dann etwas mehr aufgießen und dann etwas abschöpfen zur Dekoration der obligatorischen Spritzer und Punkte, ohne die ein Teller heute nicht mehr servierfähig ist.

Auch ist mir an diesem Tag aufgefallen, dass sehr viel verschwendet wurde. So wurde zum Beispiel, nachdem ein Steak gebraten wurde, bevor es serviert wurde, noch der Rand getrimmt, was das Steak um mindestens ein Drittel verkleinerte.
Die Saucen wurden nach dem Service nicht etwa gekühlt und für das Abendservice bereitgestellt, sondern alles kam in den Müll.
Ich absolvierte den Probetag und musste zu meiner Schande gestehen, dass ich lieber ein normaler Wiener Koch bleiben wollte. Die Stelle als Kantinenkoch habe ich dann auch nicht bekommen.
Die geniale Zweisamkeit der beiden Köche hatte dann im Jahr 2009 ein jähes Ende, denn der Vertrag mit Toni Mörwald wurde laut seiner Frau wegen Differenzen nicht mehr verlängert. (Siehe Seite 3) Christian Domschitz ging dann ins Burgtheater ins Vestibül, wo er heute noch seine Signatur-Speisen kocht wie Brettljause vom Butterfisch, Hummer-Currywurst, Rollmops von der Forelle.

Da bietet sich gleich auch ein Kameel Lokal im 1. Bezirk an, das über 400 Jahre seinen Namen trägt, aber bis heute nicht verstanden hat, dass eben die Kochkunst nicht wie in anderen Künsten den Style wechselt, sondern dass sie behutsam, wenn überhaupt Dinge erfindet, die im Kontext einfach nicht so sind, wie sie Küchenchefs abwandeln. Wie eine Köchin jetzt wieder bewiesen hat.

Sie kocht zum Beispiel eine Paprikaganache mit einer Riesengarnele. Schon der Name treibt mir die Zornesröte ins Gesicht, denn der Begriff „Ganache" kommt bei mir vor in zwei Dingen: erstens bei einem Pferdemaul und zweites als Füllung von Pralinen oder als Creme für eine Tortenfüllung, aber in Verbindung mit Paprika finde ich die Bezeichnung einfach irreführend und einfach nicht passend. Aber da sich diese Leute wahrscheinlich bei diversen Bezeichnungen keinerlei Gedanken machen, was oder wie diese andere Bedeutung ist, kommen eben dann solche schwachsinnige Erklärungen auf der Speisekarte zustande und der noch dümmere Gast ist einfach von den Socken, wenn er das liest, und ist vielleicht doch überrascht, wenn er dann ein Paprikasafterl bekommt.

Auch wiederum findet sich in derselben Zeitung ein Rezept für ein Paprikahendl. So weit, so gut, aber wie immer gibt es bei diesen Rezepten dann den so einschneidenden Satz, der alles ad absurdum führt. Die Hühnerstücke aus der Sauce nehmen und die Sauce pürieren, Kosten und, wenn die Sauce zu intensiv schmeckt, noch ein wenig einkochen lassen. Das ist der absolute Schwachsinn, denn wir haben doch gelernt, wenn ich etwas einkoche, verstärke ich doch den Geschmack. Um den intensiven Geschmack wegzubekommen, muss ich es doch verlängern und nicht, wie sie schreibt, weiter einkochen. Es zeigt wieder einmal, dass diese Schreiberlinge keine Ahnung haben, und das gemeine Volk zuckt aus, weil es ja in der Zeitung steht und das alles ohne Recherche.

Nicht nur in Niederösterreich wird Krautfleisch nicht so gekocht, wie es sein sollte. Ein Bekannter hatte ein Erlebnis in einem Wiener Wirtshaus, wo es nie einen Platz gab und die Chefin das Szegediner Gulyas selbst kochte. Eines Tages kam er zufällig vorbei und auf der Karte war sein so geliebtes Gulyas. Sein Mund entwickelte Aqua Planing auf der Zunge und er musste es unbedingt haben. Mit viel Vorfreude musste ein Gulyas her. Da die frühere Chefin nicht mehr kochte und die jungen Leute aus der Familie das Lokal übernommen hatten, wurde ihm allerdings ein steinhartes papriziertes Sauerkraut, in das flachsige Schweinefleischstücke untergemischt waren, die eine andere Temperatur als das Kraut hatten, sprich eher kalt waren, serviert. Vermutlich wurden sie also nachträglich beigemengt. So soll es auch nicht sein!!!!

Da ist mir doch eine weitere Abartigkeit von einem Szegediner Gulyas untergekommen.

Das Szegediner Gulyas von Erdäpfeln und Eierschwammerln mit Saibling und frittiertem Liebstöckel

Die Zutaten sind natürlich Erdäpfel, ein halber Kopf junges Kraut, 250 g Eierschwammerl, Paprikapulver, 500 ml Gemüsesuppe, Tomatenmark, Zwiebel, Öl,
Besonders möchte ich auf die Zubereitung hinweisen. Erdäpfel schälen, klein würfeln und in Salzwasser bissfest kochen, Zwiebel glasig anschwitzen, Paprikapulver und Tomatenmark dazugeben, Kraut dazugeben und ein bisschen köcheln lassen. UND JETZT DIE EIERSCHWAMMERL **KURZ MITRÖSTEN** UND MIT DER GEMÜSESUPPE AUFGIESSEN: „Wie bitte soll ich, wenn etwas köchelt, etwas dazugeben und mitrösten?“ Den Fisch halbieren und auf der Hautseite kross anbraten.

Anrichten:
Gulyas auf tiefe Teller verteilen, Fischfilet mit der Hautseite nach oben drauflegen und mit dem frittierten Liebstöckl dekorieren.

Auch war ich eines Tages am Neusiedlersee und fand bei einem Restaurantbesuch folgendes auf der Karte „Neusiedlersee-

Fischsuppe mit Lachs". Auf meine Frage: „Wie kommt Lachs in die Suppe? Da haben Sie sich sicher getäuscht" war die Antwort: „Wie kann ich mich aber täuschen, wenn es so auf der Karte steht?" Es wurde aber tags darauf der Name der Suppe geändert!!!!!!!!!!!!!!!!!!

Aber das resultiert auch aus dem Mangel an qualifiziertem Personal und dann noch aus der sehr schlechten Bezahlung.
Gutes Personal verdient gute Bezahlung und das wird sich auch nicht ändern, schlechter Lohn bedingt dementsprechendes Personal und irgendwann den Verlust der Gäste!!!!
Und wenn es schon so ist, dann sollte wenigstens so gekocht werden, dass nicht der kleinste Unterschied zu merken ist. Es können schon Kombinationen aus Fertigprodukten und Liveküche aufgrund der Rationalisierung erfolgen, aber bitte so schonend wie möglich.

Und dennoch kommt es zu mancher grotesken Lösung.

Da wird ein Schweinsbraten lustlos in den Ofen geschoben und niemand findet die Zeit, den Schweinsbraten vom Schopf für einen guten Saft regelmäßig zu übergießen, um dann nach Eintreffen der Bestellung ein Stück herunterzuschneiden. Daher hat man für die auf der Karte speziell ausgewiesene „Spezialität des Hauses" eine andere Machart.

Da wird das Fleisch nach dem Braten und Auskühlen in Scheiben geschnitten, in Folie gewickelt und dann schockgefroren. Kommt dann die Bestellung, wird der Braten in eine Brühe gelegt, wo er auftaut und sich erwärmt, mit dem Ergebnis, dass er dem Namen „Schopfbratl" nicht entspricht, da er trocken und hart ist. Der in einem Geschirr vorbereitete Saft, der auch nicht annähernd dem entspricht, was ein Schweinebratensaft ist, wird dann über das Fleisch gegeben und somit ist die Spezialität des Hauses auch schon fertig.
Ich habe natürlich Verständnis für eine Situation wie diese, aber auch in diesem Fall kann man diese Speise so zubereiten, dass

es wirklich nach einem Schweinebraten, wie gerade aus dem Rohr herausgenommen, aussieht.

Da bin ich eines Tages auf ein Rezept in einer Zeitung aufmerksam geworden.

Herzhafter Braten nach Omas Art. Ich musste aber dann nach dem Lesen des Rezeptes feststellen, dass es ein hundsordinärer Schweineschopf mit Zwiebel, Salz, Pfeffer, Kümmel und Knoblauch war. Dem Rezept zufolge wird der Braten mit den Gewürzen eingerieben und bei 180° mit der fein geschnittenen Zwiebel ca. 1.1/2 Stunden gebraten und mit dem Bratensaft übergossen. Und dann kommt etwas, was in dem Rezept eigentlich nicht beschrieben wird: Wenn man das Fleisch kreuzweise einschneidet und ca. 10 Minuten vor Ende der Bratzeit mit Honig bestreicht, bekommt man eine schöne Kruste. Wo steht im Rezept, dass die Schwarte noch am Schopfbraten ist oder sein soll? Denn nur mit der Schwarte bekomme ich eine krosse Haut, aber nicht, wenn ich den Braten kreuzweise einschneide und mit Honig bestreiche. Das wiederum zeigt mir, dass diese Leute die eingesandten Rezepte gar nicht prüfen oder kontrollieren und die arme Hausfrau, die glaubt, einen neuen Braten zu kochen, ist bitter enttäuscht, weil es ja doch nur ein Schweinsbraten ist, den sie auch zu Hause immer so gebraten hat.

Auch in das gleiche Horn stoßen die Verfasser der Weihnachtsfischsuppe.

Alleine schon die Mengenangabe ist für mich sehr schwer nachvollziehbar, denn wenn ich für 5 bis 6 Personen 4 Liter klare Suppe benötige, bekommt jeder einen guten halben Liter davon. Weiters benötige ich einen Fischkopf, 3 Karpfenstücke à 15 dag, ca. 5 dag Rogen-Milchner-Beuschel gemischt, 3 Karotten, 1 Petersilienwurzel, 1 kleinen Sellerie, Salz, Thymian, Rosmarin, 1–2 El. Mehl, 1 El Estragon Senf.
Fischkopf, Karpfenstücke und Gemüse in der Suppe für 30 Minuten kochen, Suppe abseihen und auffangen, die Fischstücke

kaltstellen. In einem Topf Fett (welches und welche Menge steht leider nicht in dem Rezept) erhitzen und das Rogen-Milchner-Beuschel gut rösten und mit Mehl stauben. Senf dazu und mit der Suppe aufgießen und aufkochen lassen. Den Fisch entgräten und in die Suppe geben. Das Suppengrün passieren und einrühren. Je nach Geschmack mit Suppenwürze verfeinern. Als Beilage wird geröstetes Knoblauchbrot gereicht.
Und warum schreiben die Leute nicht einfach Fischbeuschelsuppe, denn das Ganze ist eigentlich nichts anderes, außer dass der Essig fehlt.

Es hat sich auch vor langer Zeit in Wien zugetragen, das sin einer sehr bekannten Diskothek auf der Karte ein Hirschfilet nach Jägerart verkauft wurde und dass obwohl der Hirsch nie einen Wald gesehen hatte. Es wurde schlicht das Fleisch von einem Lungenbratenkopf fein dünn geschnitten, gespickt und mariniert. Dann wurde es mit einer Jäger-Sauce überzogen, deren Geschmacksverstärker aus Wacholder bestand, der feinst zerdrückt den Geschmack vom Wald bestens hervorbrachte. Das ist auch Betrug am Gast und ein Etikettenschwindel, denn der Hirsch war ein Rind.

Und das sind bei Gott keine Einzelfälle und ich möchte nun auch wieder vorausschicken, dass ich außer, wenn ich koche, eine Haube aufhabe, was mich aber nicht gleich zu einem Haubenkoch macht. Wenn ich mir die sogenannten Haubenköche oft im Fernsehen so ansehe, bin ich mir nicht sicher, wem diese Auszeichnung eigentlich gebührt.
Denn wenn ich nun sehe, wie ein Haubenkoch im Fernsehen auftritt und nicht im Stande ist, eine Zitrone, wie es sich gehört, auszudrücken oder auszupressen, sondern die in die Hälfte geschnittene Zitrone mit der Hand über die zweite Hand auspresst, ist jede Hygienevorschrift außer Acht gelassen. Ich wiederhole mich gerne bei solchen Missständen. Das hat er wahrscheinlich von seinem Namensvetter Jamie Oliver, einem britischen Fernsehkoch, der anscheinend pleite ist, gelernt. Dieser hat das Kochen, nachdem er im Pub seines Vaters ein wenig gekocht hat-

te, im Rahmen einer schulischen Hauswirtschaft-Ausbildung erlernt. Einer seiner späteren Arbeitskollegen war Tim Mälzer, daher auch die fast gleiche Arbeitsweise: Alles wird auf einem Brett mit den Händen irgendwie durchgemischt.
Zurück zu Oliver mit Vornamen. Eines seiner Glanzstücke – und ich bezeichne das so – war eine Frittata (ein italienisches Omelett, das so, wie es ist, aus der Pfanne kommt und nicht zusammengeklappt oder umgeschlagen wird), welche er im Fernsehen zelebrierte. Der Anfang war sehr vielversprechend, aber das Finish eine Katastrophe. Er nahm diese wunderbar aufgegangene Speise aus dem Ofen und diese wunderbare braune Kruste war so einladend, um direkt reinzubeißen. Und dann nimmt er einen Teller und stülpt diese Frittata mit der schönen Kruste verkehrt auf den Teller. Alles dahin und eine blasse gelbe Omelette liegt auf dem Teller. Schade um die Arbeit.

Das fast Gleiche war heute am 12.10.2018 im Fernsehen. Ein Gastkoch war mit einem soufflierten Grießschmarren sehr beschäftigt, so weit, so gut nur als er den wunderbar aufgegangenen Schmarren aus dem Rohr nahm, stürzte er selbigen mit sehr viel Schwung und noch mehr Getöse auf ein Brett, wobei der Schmarren sich sofort auf die Hälfte reduzierte. Warum nur bemühe ich mich und produziere etwas Wunderschönes, wenn ich es dann mit voller Wucht auf ein Brett stürze? Auch ist meine Meinung, dass, wenn ich schon das Privileg habe, im Fernsehen zu kochen, alles andere Nebensache ist und für diesen Moment muss ich nicht 100% sein, sondern 1000%. Da viele Personen zusehen, kann ich mir eigentlich keinen Fehler erlauben. Und da diese Sendungen sowieso aufgezeichnet werden, muss ich die Stiele der Waldheidelbeeren eben entfernen und nicht mit der Sauce mitkochen. Auch wenn ich dem Publikum erkläre, ich mache jetzt Karamell, dann sollte ich Karamell machen und nicht nur einen Hauch des Zuckers karamellisieren, sondern alles. Denn es gibt Leute, die auch diese Sendungen zum Teil ansehen und eine Ahnung haben, da fühlt man sich schon verarscht. Genau so ist es mit dem Ausputzen der Schüssel. Es wird so viel weggeschmissen und zur Seite geräumt, dabei benötigt es nur das richtige Werkzeug wie eine Teigkarte, ein Werkzeug, das jeder Konditor in seiner Tasche haben muss, und nicht, wie wir sagen, einen Gummihund, eine Art Spachtel mit einem Gummiteil und einem Holz- oder Plastikgriff. Ich lehne dieses Werkzeug ab, denn es eignet sich eigentlich zu gar nichts und speziell nicht zum Ausputzen einer Schüssel, da es nicht die Rundungen erreicht wie eine Teigkarte, ein Universal- Instrument in der Konditorei. Wie sollen zukünftige Lehrlinge lernen, wenn die Chefs so schmissig sind beim Backen?

Darum gebe ich diesen Herrschaften einen gut gemeinten Rat.

„Kein Gast und kein Fisch halten sich länger als drei Tage im Haus."

Damit sollte gesagt werden, dass der Fisch nach drei Tagen zu stinken beginnt und der Gast nicht wieder kommt.

Adolph Freiherr von Knigge

Und dann kommen solche gastronomischen Irrläufer wie in dem nächsten Fall zutage.

Der Überhammer ist von einem Möbelhaus in Wien. Da wird auf einer Wurfsendung in einer Zeitung Essen zu günstigen Preisen annonciert: Zwiebel-Rindsschnitzel mit Bratkartoffel und Gemüse, Geselchtes mit Knödel und Linsen. So weit, so gut, aber jetzt kommt es.

Ein kleiner Schoko-Gugelhupf im SCHLAFROCK, der zufällig aussieht wie der Mohr im Hemd von einer bekannten Wiener Tiefkühlfirma. Wem fällt so etwas ein? Wird das nicht kontrolliert, wenn das in Druck geht? Das zeigt aber wieder, dass die Leute eigentlich keine Ahnung haben. Ich nenne sie „gastronomische Wildschweine", denn das Bild in der Anzeige zeigt einen, wie wir in Wien sagen, Mohr im Hemd aus der Fabrik und tiefgekühlt. Okay, um 2,00 Euro kein Problem, aber das

Annoncieren war total daneben. Eigentlich schade ums Papier. Es hat sich ja noch dazu herausgestellt, dass in diesen Küchen ja nicht mehr wirklich gekocht wird, sondern das Aufschneiden von Plastiksackerl zelebriert wird. Darum ist es möglich, dass ein Schnitzel von Schwein oder Huhn um 4,50 Euro verkauft wird und es natürlich tiefgefroren ist und dann nur mehr mittels Zeituhr in die Fritteuse kommt, einzeln eingeschlichtet und das in 10er-Reihe. Der Andrang ist groß, da viele Pensionisten essen gehen und die Hälfte dann nach Hause nehmen. Das ist also von der kochtechnischen Seite nicht das, was man sich von einem Restaurant vorstellt.

Auch glaube ich, wenn Mozart schon die Salzburger Nockerln gekannt hätte, würde er sich bei der Aussage über exotische Salzburger Nockerln im Grab umdrehen. Es geht dabei um Nockerln mit Kokosraspeln und Kokossirup, Mangomark oder Mark jeder beliebigen Frucht. Woher nehmen die Leute eigentlich diesen Einfallsreichtum??? Wo doch ein Salzburger Nockerl etwas so Fantastisches ist und keinesfalls – wie man heute sagen würde– eines Aufmotzens bedarf.

Was bitte sind schwarze Spaghetti (okay mit Sepia)? Aber bitte was ist „Dotterparmesan"?
Dotter in eine Mulde aus Salz und Zucker legen und 4 Tage in den Kühlschrank geben. Dann die Dotter vorsichtig aus der Kruste heben und abspülen und, wenn die Spaghetti gekocht sind, darüber reiben. Das ist eine für mich sehr aufwendige Art, Spaghetti zu servieren. Das alles ist zu lesen im Gusto, Österreichs erstem Food Magazin. Das ist für alle Hausfrauen sofort zum Nachkochen geeignet.
Im selben Heft einige Seiten später der nächste für mich – ich kann es nicht anders bezeichnen – Blödsinn. Es werden Namen von Gerichten – egal, ob süß oder fleischig – so aus dem Kontext gebracht, dass jedem, der etwas Ahnung hat, die Haare zu Berge stehen. Nur weil ich in die Fülle dieser Petit-Fours Kaffee hineinmische, sind es auf einmal Tiramisu Petit-Fours. Dabei sind es ja nur Punschkrapfen mit Kaffeegeschmack und

einem Espresso. Es wäre doch alles so einfach, wenn jeder die Kirche im Dorf lassen würde.

Und unsere jungen irregeleiteten Köche in Das Jüngste Gericht. Im zarten Alter von 13 Jahren der Teilnehmer kommt dann unter dem Titel Dinner für Gourmets spektakulär ein Gericht wie Lamm-Surf und Turf mit Polenta-Creme in Powidl-Zitronen-Sojasauce und ein Schokolade-Törtchen mit flüssigem Kern und eisiger Zitronen-Pistazien-Creme auf Beerenstraße. Oder ein Rumpsteak auf Vogel-Granatapfel-Salat mit Polenta-Pommes und einem Gemüsespieß

Was mich zu einer anderen Geschichte bringt, die sehr lange her ist, aber noch immer aktuell ist.

Es ist nun, so glaube ich, doch schon fast 50 Jahre her, dass es im österreichischen Fernsehen eine Sendung über die Österreicher mit dem sehr bekannten Moderator Walter Cronkite von CBS, der später das Wiener Neujahrskonzert moderierte und seine Meinung grundlegend revidierte, gab. Es ging darum, die Essgewohnheiten der Österreicher zu dokumentieren.

Es wurde darauf hingewiesen, wie viel unsere Landsleute so im Schnitt essen. Da wurde gezeigt, wie wir die Backhendl so in uns hineinstopfen, den fetttriefenden Schweinsbraten mit einer Wollust und einen Knödel noch nachschieben, um uns dann hinterher noch einen Kaiserschmarrn einverleiben. Nicht zu vergessen das Glas Bier und den herrlichen Grünen Veltliner. So wurden wir für das amerikanische Fernsehen präsentiert. Man kann da nur sagen: Diese Aufnahmen entstanden in einer Zeit, in der wir uns im sogenannten Aufschwung befanden und vielleicht einen Nachholbedarf hatten. Und uns alles leisten konnten. Nur wurde aber das Ganze so präsentiert, als ob sich jeder Österreicher nur mehr dem Fressen widmen würde und alles andere Nebensache wäre. Wie gesagt, das war vor sehr lange Zeit und Gott sei Dank hat sich doch einiges geändert.

Aber einiges ist davon übergeblieben. Das sind eben Lokalitäten, die Wert darauflegen, dass eine große Portion auf den Teller kommt. Das ist im Allgemeinen auch nicht schlecht, denn diese Lokale waren immer ein Treffpunkt der Arbeiter und wenn jemand sehr hart arbeitet, soll er dementsprechend essen.

Aber wo Licht ist, gibt es natürlich auch Schatten. Es hat sich über die letzten Jahre bei uns eine Art Fresstempel-Manie entwickelt, bei der es nur mehr XX Large Essen gibt, und es vergeht eigentlich keine Woche, in der es nicht eine Neueröffnung auf diesem Gebiet gibt. Und in diesen Lokalen wird wirklich gekocht, als ob das Essen aus der Mode kommen würde. Da sind die Schnitzel ca. einen halben Kilo schwer, es kommt dort die „Heugabel des Schreckens" oder die „Fuhre Mist" auf den Tisch. Auch wird dort geworben mit Spare Ribs, so viel man essen kann und nicht nur das Fleisch, auch die Beilage wird ständig erneuert.

Ich kann mich auch noch erinnern, dass es in Wien einen Schnitzelwirt im 7. Bezirk in der Neubaugasse gab und noch immer gibt, der in sämtlichen Reiseführer erwähnt wird und wo sich Leute aus der ganzen Welt einfinden, um diese Wiener Spezialität zu verspeisen. Das ist eine Wiener Kuriosität, der eigentlich nichts entgegenzusetzen ist.
Aber diese XX Large Lokale haben sich zu wahren Essensverschwendern entwickelt. Erstens wird ja doch über alle Massen auf die Teller gepackt und der Gast ist meistens nicht in der Lage, alles zu essen. Denn das Ausmaß alleine an Pommes Frites ist so groß, dass zwangsläufig viele überbleiben. Und wer nimmt sich Pommes mit nach Hause? Daher werden diese vernichtet. Das nächste ist das Fleisch. Solange es sich um Gebackenes handelt, nimmt sich der eine oder der andere etwas mit, aber wenn es sich um Braten oder Gegrilltes handelt, wird das Ganze schon etwas mühsamer. Also wieder weg damit. Auch mit Gemüse wird gleich verfahren. Zum Ende des Tages geht der Behälter mit den Speisen, die zurückkommen, meistens über. Früher wurde das alles an einen Schweinebauern weiterverkauft,

aber seit wir in der EU sind, muss der Abfall abgekocht werden, um ihn für den Abtransport zu konservieren, denn der Abholer kommt nicht jeden Tag. Auch muss das gut gekühlt werden und, wenn es dann endlich abgeholt wird, kommt es zur Weiterverarbeitung in eine Biogasanlage.

Und sollte der Gast sich entschlossen haben, die Speise mit nach Hause zu nehmen, wird es dann spätestens zwei Tage im Müll entsorgt, denn zu Hause schmeckt es dann doch nicht so wie im Restaurant. Das ist auch reine Verschwendung.
Aber wie so viele Dinge kommt einiges wieder einmal aus den USA. Wie zum Beispiel die kuriosen Wettessen. Eine Abartigkeit sondern Gleichen.
Wer kann in einer gewissen Zeit so viel wie möglich Marillenknödel essen oder wie viele Hot Dogs werden in zehn Minuten hinuntergewürgt? In den USA ist der Rekord, ich glaube, 74 Stück. Aufgestellt 2018 auf Coney Island.
Ich konnte im Fernsehen verfolgen, dass in Texas ein Lokal existiert, in dem der Kandidat auf einem Podest sitzt und dann eine Stunde Zeit hat, ein Steak von 2 Kilo inklusive allen Beilagen zu verputzen. Die Allerwenigsten schaffen es. Und obendrauf, wenn er es nicht schafft, muss er es ja auch noch bezahlen.

So gibt es in Las Vegas, wo sich alles um Superlative dreht, den Heart Attack Grill, ein Burger Restaurant, welches ein Konzept kreiert hat, das sehr schräg, aber aufgrund der Blödheit der Menschen sehr erfolgreich ist. Ihre Spezialitäten sind Gerichte, die einen Herzinfarkt verursachen können. Bis zu 9983 Kalorien kann man mit einem einzigen Burger zu sich nehmen. Der Quadruple Bypass Hamburger erhielt im Jahr 2013 einen Eintrag ins Guinness Buch der Rekorde.
Wer hier ist, bekommt einen OP-Kittel. Die Kellnerinnen tragen sehr knappe Krankenschwestern-Kostüme. Aber das Schlimmste ist, wie ich finde, dass man, wenn jemand das Essen nicht schafft, eine Züchtigung vom Personal auf den Hintern bekommt. Aber wer es schafft, wird im Anschluss mit einem Rollstuhl zum Auto gebracht.

Als Nachsatz: „Über Geschmack lässt sich streiten, das war immer so, aber klar ist, wer sich wider alle Umstände zu seiner Marke bekennt, hat Chancen auf Erfolg, so absurd ein Konzept auch sein mag.“

Auch gibt es da diese obskuren Pseudoköche wie Adam Richman und Andrew Zimmern, der Allesfresser, der auch ein Journalist sein soll. Wenn man diesen beiden zusieht, hat man wirklich keinen Hunger mehr, denn wie ich es sehe, fressen nicht einmal Schweine so wie Adam Richman. Er versucht sich an Portionen, die eigentlich für 6 Personen bestimmt sind, wie auf Long Island eine Fischplatte. Oder ein anderes Mal einen Eisbecher mit 10 verschiedene Eissorten, 10 Stück Waffel und einer unüberblickbaren Menge an Obers, der in einer Bowle-Schüssel angerichtet wird. Auch artet das manches Mal derart aus, dass einem alleine vom Zusehen übel werden kann, wenn der Kandidat das Essen in sich hineinschobt und fast am Kotzen ist, nur um etwas zu essen, was in den meisten Fällen unmöglich ist, denn die Menge ist so groß. Um das Ganze noch zu steigern, feuert das Publikum den Kandidaten mit lautem Geschrei an. Und der versucht nun trotz aller Übelkeit, die bereits aufkommt, weiterzumachen. Der Moderator schreit auf ihn ein, um die Zeit einzuhalten. Einfach schrecklich, wozu Leute fähig sind.
Es gelingt mir immer wieder beim Herumschalten im Fernsehen, dass ich auf diese Sendungen komme, ich muss aber spätestens nach 2 Minuten wegschalten, sonst wird mir schlecht.
Und so habe ich in Zeiten von Corona wieder einmal einige dieser wunderbaren amerikanischen Gruselsendungen gesehen. Da es anscheinend keinerlei Regelungen gibt in Sachen Geschmack, Originalität und gesundem Essen, habe ich mir überlegt, doch noch ein paar Zeilen zu schreiben.
Es gibt da einen Reporter, der es sich zur Aufgabe gemacht hat, Plätze zu besuchen, wo alles – und ich meine alles – frittiert wird. Von Pizza über Schokoriegel bis zum mexikanischen Burrito. Aber das Schlimmste war ein sogenannter Schmalzkuchen. Es wird ein Palastschinkenteig gemacht, der dann mittels eines Kruges in eine runde Form in Fett gespritzt wird. Dann wird

er umgedreht und, wenn er fertig ist, abtropfen gelassen. Dann wird er mit Apfelkompott, Zimt und Zucker bestreut und mit Vanilleeis komplettiert. Das alles wird in ein Burrito eingeschlagen, gefaltet und mit Ei und Pankobrösel paniert und schwimmend in einer Fritteuse herausgebacken für ca. 2 bis 3 Minuten. Dann wird auf einem Pappteller angerichtet und nochmals mit Apfelkompott und Schlagobers garniert.
Und wen wundert es, dass die Ami so fette Ärsche haben?
In einem anderen Geschäft werden Hamburger fabriziert, bei denen der Speck nicht wie üblich auf einem Grill gebraten wird, sondern der Speck kommt noch in die Fritteuse, wo er angeblich noch knuspriger wird. Dann wird der Hamburger geschichtet. Das Ausmaß ist in etwa 12 bis 15 cm. Um den in den Mund zu bekommen, muss derjenige ein Maul wie ein Nilpferd haben. Und wenn man dann dieser Person zusieht, wie sie den Hamburger drückt, abbeißt und die Hälfte des Hamburgers herausquillt, vergeht einem der Appetit. Generell ist zu sagen, dass die Amerikaner bei Essen, welches mit der Hand gegessen wird, wie Schweinderln essen. Es tropft und kleckert über den ganzen Mund und sonstige Körperteile. Das ist ungustiös im wahrsten Sinne des Wortes. Natürlich sind dann auch verschiedenste Kreationen, welche bei uns total unbekannt sind, am Teller.
Das ist speziell der Fall, wenn es um den berühmten zerrissenen Schweineburger geht. Das Ganze schaut aus, als ob jemand das Fleisch schon einmal vorgekaut hätte. Einfach widerlich. Oder wenn das Fleisch für Stunden im Ofen vor sich langsam dahin brät und eine kohlrabenschwarze Farbe annimmt. Für uns ist das einfach zu verbrannt, aber die Amis lieben es so. Hauptsache, es ist weich. Ist wahrscheinlich so, damit sie, wenn sie es mit Plastikbesteck essen, nicht zu viel schneiden müssen.

Wir haben anscheinend verlernt, uns auf das Wesentliche zu konzentrieren. Wir sollten uns in aller erster Linie auf Grundnahrungsmittel konzentrieren. Und dabei ist das ja das Einfachste, sollte man meinen. Wir haben auch das Geschmacksempfinden immer weiter in den Hintergrund geschoben, denn unsere Geschmacksnerven sind so abgestumpft, dass wir die einfachs-

ten Gewürze und Kräuter nicht erkennen können. Denn wer sich heute eine verpackte Speise genauer ansieht, wird merken, dass auf der Verpackung einige Dinge vermerkt sind, die, wenn man richtig nachdenkt, dort gar nichts verloren haben. Das sind Konservierungsstoffe wie E 200, E 219, E 235 oder konserviert mit Nitritpökelsalz. Es geht weiter mit den Antioxidationsmitteln wie E310, E321, die sich in Trockensuppen und zum Beispiel in Schinken befinden. Wir sprechen auch von Geschmacksverstärkern wie E 620-E635, die in Fleischerzeugnissen und Saucen drinnen sind. Schwefeldioxid/Sulfite E 220-E 228 ab 10 mg/kg!! Essig, Trockenobst. Und dann noch die Süßstoffe wie E950-952, E954 und E 955 und schließlich andere Süßungsmittel (Zuckeralkohole) wie E 420, E 421, E 953 und noch die Phosphate. Das sind E 338, E341, E 450-E452. Jetzt frage ich, wie viel Chemie verträgt der Mensch denn noch? Denn meine Mutter hat, soweit ich halt zurückdenken kann, die eine oder andere Karotte gekocht und dann mit einer Gabel zerdrückt und mit etwas Honig versüßt. Wenn man heute ein in etwa gleiches Produkt im Supermarkt kauft, weil man an Zeitmangel leidet, wird man bald sehen, dass dieser Artikel ungekühlt in einem Regal steht. Und doch über eine gewisse Zeit lagerbar ist. Und das alles ohne Chemie!!!
Wer es glaubt, ist selber schuld. Ich glaube es auf jeden Fall nicht. Wir sind ja bereits Sklaven der Industrie.
Darum war ich etwas überrascht, als ich auf einer Dose, die einen Bratlsaft (Basis für Sauce getrocknet) ergibt, folgendes lesen konnte: Ergibt einen hervorragenden bekömmlichen Geschmack für Ihren Schweinsbraten sowie für Vegetarier als Soße mit Knödel. Ohne Zusatz von Hefe und Geschmacksverstärker. Das Bild auf der Dose zeigt eindeutig Fleisch, Erdäpfelpüree und eine gebundene Sauce, die eben nach einer Fleischsauce aussieht. Die Zutaten sind Tapioka und Maisstärke, Maltodextrin, Speisesalz. Das Aroma enthält Soja, Laktose. Laktose, Tomatenpulver, Kokosfett ganz gehärtet, Magermilchpulver, Emulgator: Mono- und Diglyceride von Speisefettsäuren, Stabilisator, Triphosphate, Traubenzucker, karamellisierten Zuckersirup, Zucker, Knoblauch, Karotten, Gewürzextrakte.

Und so was wird als Bratlsaft verkauft, wo nicht im Geringsten Fleisch – egal, in welcher Form – vorhanden ist. Das ist reinste Bauernfängerei und eigentlich eine Vorspiegelung einer Sache, von der jemand, wenn er es nicht genau liest, doch annimmt, dass es sich um Fleischsaft handelt, der halt in Pulverform als Aufbesserung gedacht ist.

Durch einen Artikel in einer Wochenzeitung bin ich auf etwas aufmerksam geworden, das fast in diese Kerbe schlägt. Es geht um den sogenannten „Betrug auf dem Teller" oder darum, wie große Firmen mittels gefälschter Lebensmittel riesige Gewinne erwirtschaften.
Fälschungsgefahr ist immer dann vorhanden, wenn das Endprodukt teurer ist, es aber durch ein billigeres Produkt gestreckt werden kann. „Marktamt Wien".
Das meistgefälschte Produkt ist nach wie vor das Olivenöl, dann ist bereits der Fisch an der Reihe und sage und schreibe an der dritten Stelle sind Bio-Lebensmittel vor Milch, Getreide, Honig, Kaffee, Tee, Gewürzen wie Safran, Wein und Fruchtsäfte. Nicht nur, dass wir mit Formfleisch konfrontiert werden, auch wird aus Wasser Fett und diversen Zusatzmittel Käse gemacht. Aber nicht nur das, es werden Tiere geschlachtet, die zwar für den menschlichen Genuss geeignet sind, aber in gewissen Regionen nicht vom Menschen gegessen werden, wie zum Beispiel das Pferd. 2013 wurde in England und Irland nicht deklariertes Pferdefleisch in Gulyas und Lasagne verarbeitet. Das dann auch noch mittels DNA-Analyse Pferdefleisch in Tortellini, Döner Kebab und Wurst gefunden wurde, war dann doch zu viel des Guten und wir sprechen da von 750 Tonnen billigen Pferdefleisch, das den Verbrechern eine stattliche Summe an Gewinn eingebracht hatte. Bei einem Milchskandal in China kamen 2008 tausende Kleinkinder mit schweren Nierenerkrankungen ins Spital. Dabei nehmen diese Verbrecher auch in Kauf, dass Leute sterben. In Dänemark wurde zum Beispiel sogenanntes hochwertiges Olivenöl so hergerichtet, dass man es verschnitten hat, sogar mit billigem Lampantöl. Der Name stammt von der Verwendung als Lampenöl, das zwar aus Oliven besteht, aber

industriell gereinigt und dann vermischt wird. Ebenso hat man in Italien Wein gepanscht, indem man minderwertigen Rebensaft reinen Alkohol beigemengt hat, um den Alkoholgehalt zu erhöhen. Deklariert wurde er dann als teurer Spitzenrotwein.
In Portugal wurden 300000 Fisch-Konserven konfisziert, Blechdosen mit Sardinen in Tomatensauce mit fast abgelaufenem Datum, die bereitstanden, um frisch verpackt in die EU verkauft zu werden.
Im Vorjahr wurde auf Wiener Märkten lediglich gefälschter Kaviar beschlagnahmt.
Aber in den meisten Fällen sind die Betrüger den Fahndern immer einen Schritt oder sogar zwei voraus. So sind Honig und Kaffee auch nicht ausgenommen und in Chili-Gewürz fand sich eingefärbtes Gras und das beste Beispiel ist Safran, das teuerste Gewürz, teurer als Gold und dem Fälschen ist damit keine Grenze gesetzt.
Im Jahr 2017 wurden von der Organisation OPSON VI (Altgriechisch für Nahrung) weltweit 9.800 Tonnen Lebensmittel und 26,4 Liter Getränke beschlagnahmt im Wert von 230 Millionen Euro. Es wird auch billiger Pangasius als teure Scholle verkauft und der Trick mit Thunfisch ist anscheinend auch nicht neu, denn bei einer Überprüfung einiger Proben wurde der sehr schön rote Fisch, wenn er gekocht wurde, zwar außen beige-grau, aber im Inneren war jedoch immer noch rot war und der Geschmack erinnerte sehr verdächtig an einen Fisch mit Pökelaroma. Und das ist Betrug! Es wurden insgesamt 205 Proben von gefrorenem und frischem Thunfisch genommen, wobei 15 Fälle von künstlich gerötetem Fisch aufgedeckt wurde. Das ist Food Fraud, also Betrug. Das aber führt weiter zu Riesengewinnen in der Industrie, die sich allerdings nur im großen Stil machen lassen, denn bei 500 Kilogramm eines Lebensmittel ist die Gewinnspanne eher gering, aber wenn es sich um 30 000 Tonnen eines Lebensmittel handelt, kann man mit kleinen, fast nicht messbaren Abweichungen gewaltige Gewinne erzielen. Von „einer Gewinnspanne wie beim Drogenhandel wird da bereits gesprochen.

Und so geht es munter weiter, denn wenn in Mexiko die Avocado-Ernte auf einem Tiefpunkt anlangt, werden Köche erfinderisch und nehmen stattdessen Kürbis-Püree. Aufgeflogen ist das alles, als im Jahr 2019 der US-Preis für Avocados um 129% höher war als im Vorjahr. Das bringt allerdings die Köche auf die kuriosesten Ideen. Sie täuschen ihre Gäste mit Erbsen- und Kürbispüree auf dem beliebten Avocadobrot. Der mexikanische Sommerkürbis Calabacita hat im pürierten Zustand eine ähnliche Konsistenz wie Avocado. Die Gästetäuschung wird als „irritierendes neongrünes avocadoloses Verbrechen gegen die Taco-Menschheit" bezeichnet.

Aber wir werden von Fernsehen und diversen Zeitungen – egal, ob Frauenzeitschriften oder einfach nur Boulevard – jeden Tag darauf hingewiesen, dass ein It-Girl jetzt gerade diese Speise zu sich nimmt, und alle machen es nach. Auch habe ich immer geglaubt, dass Influenza eine Krankheit ist, aber nein, das sind Personen, die es eigentlich nur über das vielleicht etwas schönere Gesicht zu dieser Position gebracht hat. Und alles, was diese Person gerade aussagt, wird postwendend umgelegt auf die nur darauf wartende Menschheit.
Auch haben wir es mit einer Gesellschaft zu tun, die vieles, wenn nicht alles über das Medium Instagram verbreitet. Und da sind alle Mittel gerade gut genug. So wird unter dem Hashtag #-Zeichen alles geteilt.

Der Instatrend des Monats # pokebowl

Und da wird geschrieben, der Bowl-Trend geht weiter, jetzt allerdings mit hawaiianischen Einflüssen. Poke ist ein Salat aus rohem Fisch, der mit Reis als Poke-Bowl serviert wird.
Ich frage nun, warum mit hawaiianischen Einflüssen, wenn dieser Fischsalat aus Hawaii kommt und dort den Status eines Nationalgerichtes hat. Es handelt sich da um eine kulinarische Verschmelzung der japanischen Küche mit der Küche der Westküste der Vereinigten Staaten.

Und natürlich sind Promis und Influencer (Influenza ist für mich eine Krankheit) Django Asül, einem türkischstämmigen Deutschen zwischen Belanglosigkeit und Schwachsinn im Poke-Trend, wo doch die Hawaiian Poke Company angeblich die besten Poke Bowl im Herkunftsland Hawaii serviert.
Und natürlich dürfen der Blogger und die Bloggerin nicht fehlen. Auch die YouTuber sind da nicht ausgenommen. Jeder muss heute seinen Senf dazugeben – egal, wie qualifiziert er auch ist. Auch bin ich nicht gerade ein Fan von diversen Food-Bloggerinnen und Bloggern, die im seltensten Fall gelernte Kräfte sind, aber diese eine möchte ich kurz erwähnen, die – wie sie schreibt – Spitzenköchin und Bloggerin Tici Kaspar. Ich habe von ihr noch nie was gehört oder gelesen bis auf diesen Artikel, in dem sie schreibt, dass sie gerne Rezepte verarbeitet, welche ohne großen Aufwand doch einiges hinterlassen.
Der Anfang des Rezeptes für ein deftiges Ragout à la Bolognese war einwandfrei, nur mit zwei Dingen war ich persönlich nicht einverstanden: Sie röstet das Gemüse, fügt dann das Fleisch dazu, röstet weiter und dann kommt Milch hinein und nachdem das alles fast verkocht ist, gibt sie dann das Tomatenmark dazu, röstet es mit, füllt mit Tomaten-Polpa auf und kocht fertig. Natürlich gebe ich das Tomatenmark nach dem Rösten des Fleisches dazu. Dass Milch in ein Sugo kommt, hatte ich nicht gelernt. Da ich aber gerne den Dingen auf den Grund gehe, fand ich in alten Rezepten sehr wohl, dass entweder Milch oder sogar Obers verwendet wird, was dann der Sauce einen milderen Geschmack gibt. Auch ist dazu zu sagen, dass eigentlich überall in der Welt Spaghetti Bolognese gekocht werden, aber in Bologna werden nur Tagliatelle für diese Speise verwendet. Aber das gilt in Italien nur, wenn man getrocknete Nudeln verwendet, bei frischen Tagliatelle lässt man Obers oder Milch weg. Ebenso ist zu erwähnen, dass am 17. Oktober 1982 von der Accademia Italiana della Cucina das Originalrezept bei der Handelskammer von Bologna hinterlegt wurde.

In der Industrie, die uns auf dem Weg des gesunden Lebens bringen will, haben sich Strategen, wie schon der Name sagt,

eine Strategie zurechtgelegt, damit wir Menschen noch schöner, gesunder und vor allem älter werden.
Das beginnt mit den sogenannten Super Foods. Da wäre die wunderbare Goji-Beere, die, so weit ich weiß, aus Japan zu uns kommt. Und da beginnt ja schon die Lüge dieser Leute: Die Beere enthält zwar Vitamin B und C, Zucker, Fett, Ballaststoffe, Mineralien, Spurenelemente usw., wobei bis zu € 12,00 für 250 Gramm nicht gerade billig ist. Als Alternative würde sich bei uns die heimische schwarze Johannisbeere anbieten. Nicht so teuer und nicht so weit gereist. Da ist auch noch zu erwähnen, dass sich der Lebenswandel und die Essgewohnheiten der Japaner auch gravierend von unseren unterscheiden. Daher werden uns Goji-Beeren nicht wirklich helfen. Ebenso ist der Chiasamen bei uns mit dem Leinsamen als Alternative zu bewerten. Das Gleiche gilt für Quinoa, das durch Hirse ersetzbar ist, und Acai kann mit den Heidelbeeren oder Blaubeeren ersetzt werden. Auch haben wir sehr gute heimische Superfoods wie Brennsessel, Feldsalat, Grünkohl, Walnüsse, Kren, Pastinaken, Himbeeren etc.

Dasselbe gilt auch für die sogenannten Super Drinks wie zum Beispiel Mandelmilch. Sie ist zwar ein Ersatz für Veganer und ist glutenfrei, weil sie keine Getreidemilch ist, enthält aber bei 250 ml 1–2 g Eiweiß, 5–7 g Fett und 6 g Zucker. Aber die meisten Mineralien gehen beim Einweichen und Filtern verloren, so dass nach diesem Vorgang wieder künstlich diverse Inhaltsstoffe zugesetzt werden, um ein halbwegs trinkbares Gesöff zu produzieren.
Auch wird mit Reismilch, eigentlich Reisdrink, so ähnlich verfahren. Der Reis wird gekocht, püriert, mit Wasser vermengt, gefiltert, fermentiert und mit Emulgatoren, Zusatzstoffen und Zucker aufbereitet, sodass der gekaufte Reisdrink nicht viel Natürliches zum Inhalt hat. Sollte dann ein Mineral oder Vitamin fehlen, nehmen wir halt eine Pille, um den Verlust auszugleichen.

Ich habe mir daher einmal einen Kuchen von einer Firma, die sich die Nummer 1 in Europa nennt, angesehen und zwar ei-

nen glutenfreien Schokoladenkuchen, von dem sich 10 Stück à 35 g in der Packung befinden.
Bei näherer Betrachtung der Packung ist mir dann bewusst geworden, wie arm eigentlich Leute sind, die wirklich an dieser Krankheit leiden.

Denn was sich in diesem Kuchen befindet, ist alles nur mehr Chemie und absolut nichts Natürliches wie folgt:

Zucker, Pflanzenöle und Fette (Palm-, Palmkern-, Kokosfett), Eier, Glukose, Fruktosesirup, Reismehl, Wasser, Magermilchpulver, 6% Maisstärke, Magerkakao, 2,2% Maismehl, Reisstärke, Stabilisatoren, Sorbitol, Zichorienfasern, Backtriebmittel, Glucono-Delta-Lacton, Emulgatoren, Natriumhydrogencarbonat, Sojalecithin, Mono- und Diglyceride und Speisefettsäuren, Milchproteine, Verdickungsmittel, Xantangummi, Johannisbrotkernmehl, Geliermittel, Agar, Aromen, Salz.
Wenn ich das jetzt lese, vergeht mir sofort der Appetit auf diese Speise und auch wenn man heute jegliche Verpackungsaufschrift liest im Speziellen, wenn es in einer Fabrik erzeugt wird, überwiegt die Chemie und wir sind stolz darauf, dass wir uns ja so gesund ernähren.
Natürlich haben einige Leute Probleme mit dem Weizen. Darum floriert das Geschäft mit den gluten- und weizenfreien Produkten, denn in Büchern werde diese als Dick- und Krankmacher verteufelt. Nebenbei tauschen sich in diversen Foren Leute aus, die durch Weizenverzicht ihr Gewicht reduziert haben. Dabei ist aber nur 1% der Bevölkerung von Glutenproblemen betroffen. Jeder Tausendste ist von einer Weizenallergie betroffen, was sich bis zu einem anaphylaktischen Schock entwickeln kann.
Dass glutenfreie Kost das Gewicht per se reduziert, ist nicht belegt. Schließlich ist der Verzicht auf Getreide sogar kontraproduktiv, wie Dr. Marlies Gruber sagt.
Ebenfalls wird uns das so gesunde Obst angepriesen. Aber wie gesund ist es wirklich? Viele Menschen trinken zwischendurch einen Bananen-, Mango- oder Ananas-Smoothie, der in Wirklichkeit sehr viele Kalorien hat und eine richtige Zuckerbom-

be ist. Ein weiteres Problem kommt sofort zutage, denn der in den Früchten enthaltene Fruchtzucker, die Fructose, hat ja gegenüber dem Haushaltszucker, der Saccharose, sogar Nachteile. Denn Fruktose erhöht den Blutzuckerwert nicht, sondern er wird direkt in der Leber abgebaut, das dabei entstehende Fett wird auch gleich gespeichert. 40 % der im Westen lebenden Menschen haben daher eine nicht durch den Alkohol bedingte Fettleber. Auch werden über die Jahre Nieren, Knochen und Herz geschädigt und Diabetes kann entstehen.
Daher wird auch empfohlen, 5-mal am Tag Obst zu essen und nicht auf Säfte zurückzugreifen. Denn beim Entsaften gehen die Ballaststoffe leider fast verloren, auch sind säuerliche Fruchtsorten besser für die Leber.
Wir haben teilweise aus Unwissenheit in den 1980er Jahren vermehrt Mais, Maiskolben und Maissirup konsumiert, die Bevölkerung im Speziellen in den USA hatte eine explodierende Verfettung. Mais wird ja nicht umsonst in der Gänsemast verwendet. Er regt die Fettbildung in der Leber besonders stark an.

Das Resümee:
Der Produzent dieser Waren ist der Einzige, der daran verdient. Das ist im wahrsten Sinne Gesundstoßen. Denn bei einer ausgewogenen Ernährung kann sich der Körper regenerieren und die Geschichte, dass wir unseren Körper entschlacken oder entgiften sollen, ist genau so eine Falschmeldung, denn der Körper ist selbst imstande, sich zu säubern und zu reinigen. Aber wir als Menschen glauben natürlich der Werbung und wenn es nicht hilft, wird es auch nicht schaden. Außer dem Geldbeutel!!!!!
Auch haben wir verlernt, zu kauen, den schon beim Kauen entstehen die Enzyme, die wir zum Verdauen brauchen. Wenn wir uns diese Smoothies einverleiben, ob Grün oder Orange oder auch Banane, brauchen wir demnach auch nicht zu kauen. Denn die Maschine zerlegt alles, was wir uns als Smoothie erwünschen, in so kleine Teile, dass eben nur mehr Schlucken angesagt ist.

Und das Allerschlimmste ist, dass wir alles in der heutigen Zeit alleine vollbringen. Denn das gemeinsame Frühstück ist schon lange passe, es wird am Weg zur Arbeit oder Schule im Gehen verzehrt oder im Auto gegessen. Auch wird das gemeinsame Mittagessen nur mehr sporadisch eingenommen, denn der Bäcker am Eck hat gefüllte Brötchen oder der Big Mac ist auch nicht weit weg. Dazwischen gibt es Kaffee aus dem Becher, der dann automatisch zum Müll wird. Man könnte ein ganzes Buch darüberschreiben, wie sich die Zeit in 50 Jahren verändert hat – und ich glaube nicht zum Allerbesten.

Aber das Leben hat Gott sei Dank auch Geschichten auf Lager, die den Leser dieser Zeilen zum Lachen bringen sollten.

Es war im Jahr 1972 in München. Ich war gerade nach einer Wintersaison von Tirol gekommen, um mit zwei ehemaligen Kolleginnen vom Intercontinental in Wien Gespräche zu führen betreffend einen Kochjob. Denn sie waren in einem Lokal beschäftigt, dem „Klösterl", einer kleinen, aber sehr feinen Kneipe in unmittelbarer Nähe der Maximilianstraße und einiger Theater. Und ich wurde als zweiter Koch eingestellt mit Quartier und Verpflegung um 1000,00 Mark im Monat. Das Erste, was ich zu tun hatte, war, um eine Arbeitserlaubnis anzusuchen, die ich auch bekommen habe. Es war nur Nachtgeschäft und es lief ganz gut, bis das Geschäft aus dem Grund, dass unser Chef ein Spieler war, einfach zusperrte.
Also war ich auf der Suche nach einer neuen Anstellung. Und da ich ja auch Konditor bin, war es nicht allzu schwer, in einer der besten Konditoreien, dem „Richards", am Marienplatz Arbeit zu bekommen.

Da war eines Tages Not an Fahrern aus Gründen, die nicht nachzuvollziehen waren, und so wurden mein Kollege und ich einfach eingeteilt, mit dem Lieferwagen zu fahren. Ich war der Fahrer und der Kollege, ebenfalls ein Österreicher, war als Einweiser im Auto, da er München besser kannte. Das Ganze war um vier Uhr morgens.

Der Wagen war voll mit frischem Gebäck, Hefekuchen, Bienenstich und so manch anderer Spezialität der Münchner Konditoreikunst.
Nach der ersten Lieferung fuhren wir weg, um bei der nächsten Kreuzung einen kurzen Stopp einzulegen, als wir ein fürchterliches Geräusch von quietschenden Reifen hörten.
Man kann sich jetzt vorstellen, was sich da abgespielt hat. Das Gebäck und alles andere war in der Fahrerkabine gelandet und wir waren von oben bis unten voll mit Creme, Schaum und anderen guten Sachen. Wir sind raus aus dem Auto und hinten drin hat sich ein BMW eingeparkt, aus dem sich der Fahrer gerade heraus manövrierte. Er wollte trotz seines Alkoholgehaltes Fersengeld geben und so hielt ihn mein Kollege, der 2 Meter groß war, am Kragen fest. Da es aber in der Zeit war, als es noch keine Mobiltelefone gab, ging ich zurück in den Laden und die riefen dann die Polizei und den Chef, der auch einige Zeit später dazu gekommen ist und seine ersten Worte waren „na, es Österreicher“. Alles, was wir nun tun konnten, war, nachdem die Polizei alles aufgenommen hatte, den Wagen zurück in die Firma zu bringen und mit dem Gartenschlauch von all den Kuchen zu säubern.

Das Gute an der Sache war, dass wir nie wieder Liefern fahren mussten. Wir waren aber wochenlang das Gespött von der Firma.

Dazu muss man sagen, dass München im Jahr 1972 ein Paradies war. Die angesagtesten Club-Leute wie Abi Ofarim fuhren im offenen Rolls Royce mit einem Gepard auf dem Rücksitz durch München. Und wir waren mittendrin in einer Zeit, in der viel gearbeitet, aber auch dementsprechend gefeiert wurde. Die Zeit der Olympiade und des Wandels in München brachte eine neue U-Bahn, die Straßen an Marienplatz waren total aufgegraben und mit Platten abgedeckt und sind gerade noch fertig geworden für die Spiele und vieles mehr. Es ist eine Zeit meines Lebens, die ich nie und nimmer vermissen möchte und an die ich mich gerne zurückerinnere, wenn ich in München bin. Und dabei Leute verblüffen kann, wenn sie dabei sind und ich in München herumgehe, als ob ich nie weg gewesen wäre.

Einige Jahre später war ich mit Helene im Westen der USA unterwegs. Wir hatten gerade eine wunderbare Fahrt in eine Gegend, wie man sie im Film öfters sieht. Es war eine schnurgerade Straße, die nur unterbrochen wird von einem Hügel. Da geht es hinauf und auf der anderen Seite wieder runter. Das alles wiederholt sich über eine Strecke von ca. 40 Kilometer. Wir kamen dann in einem schönen Nationalpark an, dem „Great Basin National Park“, der im Osten von Nevada und fast an der Grenze zu Utah liegt. Er liegt zwischen der Sierra Nevada im Westen und den Rocky Mountains im Osten. Die höchste Erhebung ist in etwa 4000 Meter, der Wheeler Peak, und bis ca. 3000 Meter kann man mit dem Auto auf einen Parkplatz fahren, um dann zu Fuß in Richtung des letzten, sehr kleinen Gletschers in der Region zu wandern. Entlang dieser Strecke findet man die sogenannte Langlebige Kiefer, die, soweit man es sagen kann, bereits seit über 2000 Jahre abgestorben ist, aber noch immer als Stamm in der Region steht, die Rinde wurde von Wind und Wetter entfernt. Ein weiterer Höhepunkt sind die Lehman Höhlen, eine Tropfsteinhöhle in fast 2500 Meter. Nach einem sehr schönen Tag suchten wir im Park nach einer Übernachtungsmöglichkeit, die wir auch fanden.
Ebenso war ein kleines Restaurant in der Nähe, welches wir auch besuchten. Es gab den ganzen Tag das obligatorische Steak-Frühstück und eigentlich unterscheiden sich die Menükarten nicht wesentlich von denen in Österreich. Es wird zwar regional unterschiedlich gekocht, aber die Speisen sind bis eben auf die Region gleich. Wie bei uns es gibt überall diverse Steak, es gibt gebratenes oder gebackenes Huhn mit Saft, ebenso wie bei uns Schnitzel, Braten und diverse Salate. Wir hatten Steak und Salat, wobei man wieder aufpassen muss, denn der Salat wird nicht so wie bei uns vorher gegessen und wenn man den Salat zum Steak will, muss man Acht geben, denn der Salat ist sehr schnell abserviert, sobald man ihn wegschiebt und für das Steak reserviert. Nachdem wir das Steak gegessen hatten, kam eine doch schon ältere Frau auf

uns zu, um zu fragen, wie es denn geschmeckt hat. Meine Antwort war: Es war sehr gut, denn wenn nicht, hätte ich dem Koch gezeigt, wie es geht. Es entwickelte sich ein Gespräch, wobei ich erwähnte, dass ich selbst Koch bin und aus Österreich komme. Darauf bekam diese Frau einen eigenartigen Gesichtsausdruck und stellte mir in einem lustigen Akzent die Frage, ob ich wüsste, was ein Kaiserschmarren wäre, denn das hatte sie immer als Kind von ihrer Großmutter bekommen, den die war aus Ungarn. Ich bejahte und spontan kam die Frage nach einem Rezept dafür. Ich wiederum erwähnte, dass es ja mit einem Rezept alleine nicht getan wäre. Aber ich war bereit, ihr einen zu machen, wenn ich in die Küche dürfte und Sie alle Zutaten hätte. Das wurde bis auf Rosinen bejaht. Also ging ich in die Küche und zelebrierte einen Kaiserschmarrn. Das Ergebnis war ein gelungener Schmarren, den ich dann auf eine Silbertasse anrichtete. Mit einer Servierkraft im Schlepptau ging die Frau dann durch das Lokal, die Serviererin hatte kleine Teller und so wurde bei jedem Gast, der im Lokal war, Station gemacht und jeder musste von ihrer Kindheitserinnerung kosten. Für mich war dies ein zufriedenstellender Ausklang eines sehr schönen Tages. So kann es sich ergeben, dass ein Koch aus Österreich in der Weite der USA einen Kaiserschmarrn kocht. Es wurde auch noch ein sehr lustiger Abend. Das Traurige ist aber, dass, als wir 2 Jahre später wieder vorbeikamen, der Platz verlassen und das Lokal einfach weg war. Die Leute sind hier sehr flexibel, anders als bei uns, und gehen dorthin, wo das Geld zu verdienen ist, und nehmen es daher in Kauf, weit weg zu ziehen. Darum sieht man auf den Straßen in den USA viele Autos, die einen Anhänger der Firma U-Haul haben und mit den persönlichen Dingen von Stadt zu Stadt ziehen, denn wohin auch immer sie ziehen, sind die Wohnungen meistens möbliert und es ist viel leichter als bei uns. Die Leute sind nicht so sesshaft und ortsgebunden.

Aber wieder zum Thema der österreichischen oder Wiener Küche.

Es ist immer wieder zu sehen, dass sich Köche und andere Gastronomiekünstler auf Wagnisse einlassen, die eigentlich nur schlecht

ausgehen können. Wir in Wien tendieren dazu, alles, was neu ist, am Anfang hochzujubeln, aber in relativ kurzer Zeit verschwindet das alles wieder in der Belanglosigkeit. Und zurück bleibt das, was wir gerne essen und trinken, und das hat auch Bestand. Ich kann mich noch sehr gut erinnern, als in den 1980er Jahren ein oder zwei Lokale in Wien versuchten, sich mit dem Credo „lustig Essen" einen Namen zu machen. Es gab eines in der Nähe der Stadthalle, eines in der Marc-Aurel-Straße. In diesen Lokalen wurden wirklich nur sehr kleine Portionen angerichtet, dafür aber konnte man 3 oder 4 Hauptgänge locker essen. Auch war es preislich so gestaltet, dass man mit einigen Vor- und Hauptspeisen und dann noch einem Dessert auf den Preis eines 2- oder 3-gängigen Menüs kam.
Das Vorbild des Ganzen waren die Tapasbars wie in Spanien üblich. Aber wie gesagt, was woanders voll funktioniert, sagt aber nicht aus, dass Wien und Österreich ein Nährboden dieser Idee sein kann. Denn in erster Linie ist es aus einer Tradition entstanden und diese haben wir halt nicht. Denn bei uns ist es üblich, in ein Lokal zu gehen, beim Ober zu bestellen, das Bestellte zu konsumieren und dann gemütlich den Tag ausklingen zu lassen. Woanders ist es üblich, nach dem Essen die Rechnung zu bekommen, zu zahlen und zu gehen, wie zum Beispiel in den USA. Zum Gemütlichsein geht man dann wo anders hin. Nur weiß ich nicht, wohin.

Das ist auch so mit den Tapas in Spanien

In kleinen Kneipen bekommt der Gast sein Glas Wein und kann dann diverse kleine Speisen auf einem Teller im Stehen verspeisen. In manchen Bars sind diese kleinen Leckereien im weiteren Sinne kostenlos, als Beigabe zum Wein oder Bier kann aber durchaus auf eine größere zu bezahlende Variante, die sogenannte Ración, erweitert werden. Auch war es so, dass diese Speise auf einer Scheibe Brot mit einem lufttrockneten Schinken über das Weinglas gelegt wurde, um die Fliegen aus dem Glas fernzuhalten. Das heißt auf Spanisch „tapar“ (zudecken).

Wie alles hat auch diese Speise eine Geschichte

Diese Geschichte geht auf den König Alfons den X von Kastilien zurück. Er war durch eine Krankheit gezwungen, zwischen den Mahlzeiten Wein und kleine Häppchen zu sich zu nehmen. Nachdem er kuriert war, veranlasste er, dass Wein immer nur in Verbindung mit kleinen Häppchen serviert werden durfte.

Ebenfalls waren bei Feldarbeiten die Arbeiter immer mit kleinen Imbissen beschäftigt, um die Zeit bis zur Hauptmahlzeit zu überbrücken.

Auch wurde, wenn Wein bestellt war, ein Deckel über das Glas gelegt, der später dann durch eine Scheibe Brot ersetzt, die mit einigen Oliven beschwert wurde. Daraus hat sich dann die immer besser werdende Kultur der Tapas entwickelt.
Sehr bekannte Tapas sind Albondigas, kleine Fleischbällchen, sowie Caracoles, Schnecken in Sauce, Bundelos de Bacalao, frittierte Kabeljaubällchen, und der sehr bekannte Jamon Serrano der Schinken vom Eichelschwein. Und weitere ca.100 Varianten, die regional verschieden sind.

Jetzt kommt das Ganze nach Wien, nennt sich Wiens Küche Miniportionen und so wird aus einem sehr lange leerstehenden Gasthaus „Zur kleinen Dreifaltigkeit“ ein Paradies der Altwiener Küche, ein Bistro Buffet mit origineller Tapas-Küche, das wie beschrieben ein schicker Treff für alle Zeiten des Tages geworden ist. Das hat aber mit dem Original aus Spanien absolut nichts mehr zu tun, schon gar nicht, wenn ich mich Tapas Bar nenne und mich im selben Atemzug der Österreichischen und Wiener Küche verschreibe und das alles in Kleinstformat. Wie bitte passt das zusammen? Ein Anachronismus pur.

Auch will ich einige Worte über die sogenannte Fusionsküche sagen. Es gab vor – ich glaube, dass es so ca. 20 Jahre her ist – im Marriott Hotel einen Versuch, böhmische Küche mit der chinesischen zu fusionieren. Das hieß dann Navratil &Wong, wo man versuchte, eben die böhmischen Speisen mit einer Beilage aus China oder den anderen Weg herumzumachen. So wurden zum Schweinebraten gebratene Nudeln serviert und zum Hühnerfleisch Süß-Sauer gab es Knödel auf böhmische Art. Das alles war nach einer relativen Phase bald wieder eingeschlafen und man kehrte wieder zu dem zurück, was sich in einem Hotel der Spitzenklasse geziemt. So wurden wieder die allabendlichen Kerzenlicht--Abendessen forciert und das Sonntags-Mittagessen mit einem verlängerten Frühstück wieder ins Programm genommen und siehe da, obwohl die Hotelgastronomie in Wien keine sehr gute Auslastung zeigte, war das Hotel Marriott auf einmal wieder führend in derselben. Und wenn ich mir heute so ein oder zweimal im Jahr dieses Essen leiste (speziell im Jänner zum Hochzeitstag), stelle ich fest, dass bis weit in die Hotelhalle die Gäste platziert werden, denn die Tische im Restaurant reichen schon lange nicht mehr.
Auch ist mir nicht ganz klar, warum die Restaurants die Küche in einer Art verunglimpfen müssen, bei der man die Köche mit fremdländischen Genüssen überfordert, wie zum Beispiel pannonische/mediterrane Küche. Jetzt kocht ein – ich nenne ihn einmal – halbwegs ausgebildeter burgenländischer Koch, der Zander und Fischsuppe mit Neusiedlersee-Fisch kann, ein gutes Beuschel vom Steppenkalb und der soll jetzt auf einmal Italienisch oder Griechisch, vielleicht sogar noch Französisch kochen. Er hat den Grundbegriff, an der Umsetzung wird es aber hapern. Ganz glamourös wird es dann, wenn ich Thai-Küche mit Kärntner Kasnudel mit Käfernfülle (Erdäpfel und Minze) oder Kletzennudel in Verbindung bringe. Viel einfacher wäre es doch, in einem renommierten Lokal Spezialitäten-Wochen zu veranstalten und dann den entsprechenden Koch, der diese Speisen kann, für eine Zeit einzustellen. Das beginnt ja schon bei einer simplen steirischen Woche. Um authentisch zu sein, sollte ein Steirer kochen. Welcher Wiener kann noch einen Hei-

desterz. Und je komplizierter es wird, umso mehr muss ich darauf achten, die echten Speisen zu kochen.
Warum haben wir denn so viele verschiedene ethnische Restaurants in Wien? Wie ich ja schon einige Male erwähnte, können wir teilweise nicht einmal unsere Wiener Küche, geschweige denn, die Küche aus Peru. Aber natürlich gibt es die berühmte Ausnahme, aber wo?
Jetzt macht sich wieder ein Lokal am Schubertring mit Gulyas wichtig. Ich kann aber noch nichts sagen, denn ich habe es noch nicht besucht. Aber mir schwant Böses, denn wer Champagner anstatt Bier serviert, wird auch sicher das Fiakergulyas mit einem Knödel servieren. Aber ich kann mich auch täuschen.

Aber die Zeit wird zeigen, dass Wien, wie schon bei der Einfahrt in unsere Stadt steht, einfach anders ist. Um dem Ganzen jetzt noch eines drauf zu setzen, hat sich mein spezieller Freund, der Koch aus Feuersbrunn, in Sachen Austria-Tapas zu Wort gemeldet. Mit einem Beef Tartar T. M. Da es auch für diese wunderbare Speise ein sogenanntes Grundrezept gibt, bin ich der Überzeugung, dass sich in diesem sicher kein Tomatenketchup befunden hat.
Ich sehe natürlich die Freiheit des Koches ein, aber wenn die dafür nötigen Zutaten dabei sind, braucht es sicher kein Ketchup, um Geschmack reinzubringen. Denn Gurkerln, Zwiebel, Senf und Tabascosauce ergeben noch kein Beef Tartar. Leider!!!
Vor einigen Jahren verfeinerte ein sehr bekannter Koch in Salzburg (leider viel zu früh verstorben) gefüllte Gourmet-Stanizel als Fingerfood. Ein weiteres Beispiel sind die Steirer Tapas als regionales Fingerfood in der Steiermark. Aber wieder einmal schoss ein Wiener Gastronom mit Austro-Tapas auf der Speisekarte den Vogel ab. Ein kleines Gulyas war da ebenso wie eine Schnitte Brot mit Beinschinken und Kren. Ich denke, der Gastronom sollte eher bei seinem Würstelstand oder dem Stadtheurigen bleiben. Man möge erfinderisch sein, aber auch wenn gleich regionale mit internationalen Appetithäppchen das Beste von zwei Welten vereinigen sollen, wo bleibt die Authentizität eben dieser Gerichte und der Sinn, der dahintersteckt? Ich

stelle mir lebhaft vor, wie ein kleines Gulyas auf einem Brot, welches ich über ein Glas Wein lege, die Form verliert und mir den Wein so richtig versaut.
Aber diese Gastronomen gehen davon aus, dass Sharing oder Snacking ein Food Trend der Stunde ist. Dem Spanier ringt diese Bezeichnung für gemeinsames Probieren und vor allem Genießen ein müdes Lächeln ab. Immerhin haben sie mit Datteln im Speckmantel oder Ziegenkäse mit Walnüssen die Basis für Tapas-Partys erfunden.

Auch wundere ich mich immer wieder über Sendungen im Fernsehen, in denen diverse Landstriche oder Regionen vorgestellt werden. Man sieht dann die schöne Gegend und unter anderem wird gekocht. Das alles wird untermalen mit einer sonoren Stimme, die den Vorgang der Produktion der Speise beschreibt. Da dies aber meistens Leute sind, die keine qualifizierte Ausbildung als Koch oder Gastronom haben, nehme ich an, dass es ein Drehbuch gibt, in dem alles penibel aufgeschrieben ist. Und das wiederum wird doch von dem geschrieben, der das alles vorkocht, sollte man doch annehmen. Ich wundere mich dann immer, wo der oder die das Handwerk gelernt hat. Oder gibt es doch ein Kommunikationsproblem zwischen der Küche und dem Sprecher? Da wird auf einmal aus einer Biskuitmasse ein Teig, aus einem Schopf ein Braten, aus einer Karbonade eine Tranche. Aber den Vogel schoss ein Reiseführer in Belgien ab, der doch ernsthaft behauptet hat, das zu der besagten Speise ein Huhn in Wasser mit Gemüse zugestellt und darauf gewartet wird, bis sich der Bratensaft absetzt. Wie bitte soll das funktionieren?????

Und so zieht sich das durch die meisten Programme. Und die Leute, welche ja nicht so fachlich ausgebildet sind, werden durch diese falsch bezeichneten Ausdrücke nur verwirrt.

Der Superkoch aus Felsenbrunn, seines Zeichens Koch, Unternehmer und Autor diverser Kochbücher, hat sich in einem Falstaff Spezial, in dem es um Champagner geht, mit einem Rezept für ein Maroni-Soufflé mit Champagner-Sabayon verewigt. So weit, noch so gut. Aber er schreibt doch allen Ernstes „Zutaten für den Teig"!!!! Ein Soufflé ist eine Masse (fettschwere Masse), kein Teig. Bei einer Masse wird Butter mit Eidotter schaumig gerührt, Eiklar mit etwas Zucker steif geschlagen, zu der Butter-Dotter-Mischung gegeben und dann mit den restlichen Zutaten vermengt und am Schluss das Mehl einmehliert (sehr langsam). Die Masse wird in Formen gefüllt und gebacken. Bei dem Soufflé wird das alles dann im Wasserbad gegart. Massen sind unter anderem eine Sandmasse, eine leichte oder schwere Biskuitmasse und eine Sachermasse, die auch eine fettschwere Masse ist. Auch eine Ulmermasse, die in einer speziellen Form gebacken wird, gehört dazu.

Ein Teig wird hingegen mit Mehl, Wasser, Salz und etwas Öl auf der Tafel (Tisch in der Konditorei) angewirkt und je nachdem, welcher Teig es ist, entweder mit Butter-Einlage für den Plunderteig, der aus einem Germteig besteht, oder mit Ziehfett vollendet.
Ziehfett ist ein Speisefett, das sehr zäh ist und einen hohen Schmelzpunkt hat, und wird speziell für diesen Blätterteig verwendet. Auch kommt es bei diesen Teigen auf das Tourieren an. Beim Blätterteig sind es zwei einfache und zwei doppelte Touren, beim Plunderteig drei einfache Touren. Wir haben aber auch zum Beispiel den Beugelteig, der ein kalt hergeführter Germteig ist. Auch der Brandteig fällt in diese Sparte.
Also würde ich sagen, dass ein Meisterkoch diese Unterschiede wissen sollte und darob keine Angaben machen sollte, die dem Leser einen Eindruck vermitteln, das geschriebene Wort ist das wahre.

Auch ist daher der Ausdruck Palatschinkenteig nicht richtig. Das ist aber eine Wiener Kuriosität.

Auch sollte erwähnt werden, welch wunderbare Kaffeehauskultur wir in Wien haben. Seit vielen Hunderten von Jahren geht der Wiener in sein Kaffeehaus, um den von ihm so geliebten Kaffee zu trinken, dann eine oder zwei Zeitungen zu lesen und noch mehr Glas Wasser zu trinken. Auf die verschiedenen Zubereitungsarten des Kaffees möchte ich gar nicht eingehen. Nur einige sind erwähnenswert. Das ist die Melange und der kleine Braune oder Schwarze, die die gängigsten Kaffees sind, aber es gibt auch noch den Advokat mit Eierlikör, den Brulot mit Orangenlikör und Orangenschale, den Fiaker, einen Einspänner mit Kirschwasser, den Jubiläumskaffee mit Coruba Rum und Bananenlikör und den Kosakenkaffee, einen kleinen starken Kaffee, der mit einem Glas Rotwein und Wodka gestreckt wird, und zu guter Letzt der Wiener Eiskaffee, einen schwarzen Kaffee mit Vanilleeis und einer Obershaube.

Dass es nun auch Frühstück und kleine Speisen gibt, versteht sich von selbst.
Und nun haben diverse Unsitten um sich gegriffen, wie der Kaffee zum Mitnehmen. Das war nie unsere Kultur, den Kaffee beim Gehen zu trinken, aber da wir ja sehr lernfähig sind, ist es uns gelungen, auch das zu lernen.
Hauptverantwortlich dafür sind Kaffeegeschäfte wie Starbucks und Co. Nur sind die Kaffees total verschieden und die Geschmacksrichtungen sind auch nicht so das Wahre für den richtigen Kaffeehausgenießer.
Herrlich ist ein Caffè Latte, der ja in Italien hauptsächlich am Morgen getrunken wird. Die Basis ist ein Espresso, dazu kommen ca. 210 ml Milch. Espresso ins Glas, die Milch bei ca. 60 bis 65 Grad aufschäumen, wobei der Milchschaum schön fest und sämig sein sollte. Die Milch in das Glas gießen und dabei schwenken, damit sich die zwei Komponenten schön vermischen.

Und hat man sich endlich auf eine Geschmacksrichtung festgelegt, kommt schon die nächste Idee auf uns zu, wie jetzt gerade der Instatrend des Monats # beetrootlatte oder # Rotebeetelatte # Pink Latte, der dem # Matcha Latte folgt.

Das ist nichts anderes als Milchkaffee mit roten Rüben. Aber das geht weiter, jetzt nimmt man noch anstatt unserer Milch diverse Sojaprodukte oder Vegavita Reisdrink, der unter dem Titel weder Muh noch Mäh verkauft wird. Das ist ein wunderbares Getränk für alle Veganer und Sonstige …

Ich möchte kurz das Zeichen # mit dem Wort Hashtag erklären. Das Doppelkreuz mit dem Wort Tag für Markierungen ist ein mit dem Doppelkreuz versehenes Schlagwort, das dazu dient, Nachrichten mit bestimmten Inhalten in sozialen Netzwerken auffindbar zu machen.

Da komme ich auch gleich auf Vegetarier und Veganer zu sprechen. Warum haben diese zwei Gruppen immer den Drang, aus Vegetarischem oder Ersatz Fleischiges zu fabrizieren? Der Begründer des Vereines Vier Pfoten Heli Dungler ist eben ein solcher, der auch den vegetarischen Zwiebelrostbraten auf Seitan-Basis gerne mit seinen Eltern im Waldviertel beim Oswald's verspeist, ebenso wie die veganen Würste oder Schnitzel oder auch ein Seitansteak. (Seitan ist ein Lebensmittel aus Weizeneiweiß-Gluten mit fleischähnlicher Konsistenz.) Ebenso gibt es Spare-Ribs aus Seitan. Steckt da vielleicht doch der Gedanke dahinter, dass halt eine Karotte nicht wie ein Schnitzel oder eine Bratwurst aussieht?
Auch sind viele Leute allergisch auf gewisse Produkte. Laut Statistik ist aber die Hälfte der Personen nur eingebildete Allergiker. Und nach all dem kommt dann ein Haubenkoch in einer dieser obskuren Sendungen, in denen sich alle nur beweihräuchern, und erklärt allen Erstens, dass er jetzt ein Kartoffelrisotto macht. Wie schon der Name sagt, besteht ein Risotto, so weit ich es gelernt habe, aus Reis.

Ein Risotto kann natürlich vegan sein, das kommt halt immer auf den restlichen Inhalt an. Nur kann ich mir nicht vorstellen, dass ich nur mit Gemüsesuppe aufgieße und keinen Obers und keinen Käse dazu verwende.

Fremdsprachen sind eben Glückssache

Auch ist es mir ein Anliegen, über diverse Fachausdrücke aus einer fremden Sprache zu schreiben. Gerade in unserer Zeit haben wir doch alle die Möglichkeit, entweder diverse Übersetzungsprogramme zu nutzen oder einfach in ein Wörterbuch zu schauen. Aber nein, da wird munter darauf los geschrieben und dann kommen eben solche Sachen heraus, wie anstatt Englischen zu schreiben „Porkfilet on a skewer", wird „Porkfilet on a Spit" Geschrieben. Das ist vielleicht doch nicht ganz richtig, denn ein Spit ist ein etwas größerer Spieß mit einem Ochsen drauf, der in den alten Ritterburgen über dem offenen Feuer gedreht wurde. Richtig und doch falsch.
Oder auf einer Karte nur in Englisch steht: Schnitzel from Turkey. Entweder kommt nun der Truthahn von weit weg aus der Türkei oder es ist ein „Turkeyschnitzel", ein Putenschnitzel gemeint. Mit der Nachspeise „Sweet dumplings stuffed with fresh plumbs and breaded butter crumbs" sind wohl Zwetschgenknödel gemeint, aber Pflaumen sind doch plums und nicht, wie ein Blick in ein Wörterbuch zeigt, plumbs, was so viel wie Senkblei oder Lot bedeutet. Mahlzeit.

Das Goldene Reindl

Auch hatte ich die Ehre, von 2003 bis 2011 bei dem Wettbewerb um das Goldene Reindl mitzuwirken, wo es auch darum ging, die österreichische und sehr regionale Küche in den Vordergrund zu stellen. Dabei stellte die Brauerei Schwechat als Vorgabe jedes Jahr ein Produkt wie Gemüse, Fisch, Rindfleisch, Lamm etc. in den Vordergrund und dieses dann mit ihren Bieren zu verkochen und das Bier zum Essen zu reichen. Die Kategorien waren in Lehrlinge und Köche eingeteilt. Man konnte oder sollte 2 bis 3 Speisevorschläge einsenden und mit etwas Glück war man dann einer der 25 bis 30 Kandidaten, die in die Endausscheidung kamen. Ich hatte das Glück, durch Karl Fügert, den Wirt vom alten Heller, immer mit den nötigen Zutaten gesponsert zu werden, und war bei einigen dieser Ausscheidungen auch dabei. Soweit ich mich jetzt noch erinnere, waren da zum Beispiel die Themen Huhn mit Bier, Fisch mit Bier oder Gemüse und Bier, wobei das Bier auf alle Sorten zu beziehen war. Und wie bei der Olympiade war dabei sein alles. Leider habe ich nie gewonnen.

Auch war die Bedingung daran geknüpft, dass die Zutaten dieses Siegesmenü oder der Speise in ganz Österreich sowohl in einem Restaurant als auch in einem Dorfwirtshaus verfügbar sind und nach der Bestellung und einer erlaubten Mise en place binnen 15 Minuten beim Gast zu servieren sind.
Ich habe natürlich während dieses Wettbewerbes einige lustige Erfahrungen gemacht. Zum Beispiel brachte ein junger Kollege vom Intercontinental eine sehr schöne Komposition auf den Teller. Dabei waren aber mindestens sieben verschiedene, sehr komplizierte Arbeitsgänge nötig. Er kam daher bei sage und schreibe drei Tellern ordentlich ins Schwitzen. Auf meine Frage an ihn, was er machen würde, wenn nun gerade eine Gruppe mit 10 Leuten kommen würde und alle den Teller wollten, blickte er kurz auf und seine Antwort war dann: „na, do kan i mi aufhängen".
Auch kam es zu den lustigsten Speisevorschläge, die sehr weit über das Ziel hinausschossen.
Da kamen Zutaten wie Riesengarnelen oder Zitronengras, welche kurzerhand als Spieße Verwendung fanden. Auch gab es sehr viele Meeresfrüchte und Fische in den Rezepten.
Ich möchte jetzt einige Gewinnerrezepte wiedergeben. Jeder kann sich selbst ein Bild der Machbarkeit der Speisen machen.

1. Markus Vogel: Symphonie vom Schwechater Bier und Bodenseefischen, eingemachte Krautspatzen, Bierschaumsüppchen mit glaciertem Fogosch
2. Michael Weber: Gebratenes Eismeersaiblingfilet vom Alpenlachs auf grünem Thaispargel, Biersauce, Erdapfelsalat mit Hopfensprossen.

3. Sebastian Levier: Donauwaller mit Apfel-Kalbskopfkruste, junger Knoblauch und Gewürzbiersauce.
4. Natalie Türtscher: Mit Zipfer Bier marinierter Sattel vom Almochs in der Wollschweinkruste mit Biertrester, Kartoffelknödel und feinem Gemüse aus Omas Garten.
5. Lukas Horak: Mit Bier und Frühlingsblüten sanft gegartes Schweinsfilet an Malzbier-Pumpernickel-Serviettenknödel, Rotkrautlasagne und mit Malzbier confierten Babykarotten.
6. Daniel Sedlack: Bauernschmaus von der Stiftsforelle auf pikantem Gabelkraut mit Kaisersemmel-Krebsauflauf.
7. Stefan Willenshofer: Confierter Saibling mit Flusskrebs im Holzkohleteig auf Karfiolcurry mit Erdäpfel-Erbsen-Blinies, Zuckerschoten und Lauchsauce.
8. Michael Schreiber: Geräuchertes Lachforellenfilet in Kellerbierbeize, Eglirouladen und Eglifilet im Bierbackteig, Dunkelbier-Risottoplätzchen, junger Blattspinat und Rhabarber-Spargelgemüse an Safransabayon und Leichtbiersauce
9. Patrick Welz: Drei Zipferschmankerl in einem Gang
10. Leider ist mir der Name des Kandidaten nicht mehr geläufig, aber wie einer seiner Kollegen kreierte er einen Bauernschmaus von einem Bressehuhn und die blauen Beine waren als Beweis für die Echtheit mit auf dem Teller.

Jetzt stellt sich mir nur die Frage: Bei diesen Rezepten kann ich mir vorstellen, dass ich alle Zutaten in Wien oder in einer größeren Stadt bekomme, aber was macht der Ochsenwirt im Lechtal, der auch das Bier bezieht und so eine Speise zu kochen hat? Die Auswahl der eingereichten Rezepte sollten daher noch besser überdacht sein, um allen dieselbe Perspektive und Chancengleichheit zu geben.
Aber es wird auch aus dieser Veranstaltung ein Fest für die oberen 50 Köche in Österreich, die sich als Juroren zur Verfügung stellen.
Juroren sind Herr Matt mit seiner Zellersuppe im ausgehöhlten Zeller, Herr Buchinger von der alten Schule, Herr Zodl von der GAFA, Berni Rieder, der junge Wilde, Alois Gasser von Wiberg, TV-Koch Andreas Wojta, Thomas Dorfer vom Landhaus

Bacher, Harald Fargel, Lehrer GAFA, Siegfried Dörre, Obmann VKÖ, und Jacqueline Pfeiffer vom Grand Hotel

Aus gegebenem Anlass, da gerade wieder Saison ansteht, möchte ich kurz auf die Arbeitssituation eingehen. Aber vorerst möchte ich einen kurzen Bericht eines Kollegen, der symptomatisch ist für unseren Stand und vor allem die Zeit, wiedergeben.
Es geht um ein Schreiben an den Chefredakteur der HGV-Praxis Herrn Lanzersdorfer in der April-Ausgabe (4/17)

Der Kollege schreibt: Aber sonst geht es uns gut. Sehr geehrter Herr Lanzersdorfer. In Ihrem Editorial der April-Ausgabe zweifeln Sie an der Mobilität der arbeitslosen Wiener. Mag schon sein, dass einige wegen der Familie, der Wohnung oder aus Bequemlichkeit nicht aus Wien weg wollen. Aber wozu gibt es doch in Wien viele offene Stellen? Und wenn mich hier in Wien niemand einstellt, wieso soll es jemand in Tirol machen?
Das Wiener Phänomen ist folgendes: Alle Hotels drei Sterne aufwärts suchen IMMER Personal – auf allen Internetseiten, beim AMS-Service und auf der eigenen Homepage. Ebenso Firmen wie Gerstner, Plachutta, DO&CO, um nur einige zu nennen. Viele kleine Firmen privater Natur haben ebenso Anzeigen in den verschiedensten Medien gestaltet.
Da stelle ich mir die Frage: Weshalb finden diese Betriebe niemanden? Es können doch nicht alle Köche und Kellner so schlecht sein, sodass ich immer und ewig suchen muss.
Selbst großzügige Förderungen von Seiten des Staates bewirken nichts. Sobald man sich auf eine offene Stelle beworben hat, kommt prompt die Absage, dass die Stelle bereits besetzt ist. Seltsam, gibt es die Suchanzeige aber weiterhin und man fühlt sich als Arbeitssuchender verarscht.
Dass viele Betriebe auf eine Bewerbung nicht einmal antworten, scheint zum „guten Ton“ zu gehören. Da geht es gar nicht um die Gehälter, freiwillige Überstunden, unbezahlte Probetage etc. stehen an der Tagesordnung. Natürlich wollen die Betriebe junge, dynamische, erfahrene fesche Mitarbeiter und vor allem Mitarbeiterinnen haben, aber die haben einen Job. Der

echte Arbeitslose ist entweder ganz jung oder über 50. Das so genannte Gleichheitsgesetz ist sowieso für den Hugo, das Restaurant im DC-Tower im 57. Stock nimmt keinen Kellner mit Bart, das Le Loft auch nicht, die Casino Austria haben die Parole, keinen über 30.
Darum komme ich zu meinem Resümee, dass einmal ein Artikel über die Art und Weise, wie diese Hotels und Restaurantketten auf Anfragen betreffend Stellen reagieren, geschrieben werden. Es wird zwar nicht viel nützen, aber es würde doch einige Arbeitssuchende trösten, dass sich jemand doch ihres Problems angenommen hat.

Das Ganze ist gezeichnet von einem Christian Beer aus Wien.

In meiner sehr langen Zeit als Koch kann ich das nur voll unterschreiben, denn was ich nach meiner letzten Stelle als Küchenleiter der Firma Ströck in Wien erlebt habe, würde, wie man in Wien sagt, eine Kuhhaut füllen. Denn nicht die Qualifikation oder das Alter ist in dem Falle ausschlaggebend, sondern schlicht das GELD. Aber anstatt darüber nachzudenken, dass mir doch ein qualifizierter Koch im Endeffekt eine Erfahrung einbringen kann, werden weiterhin junge Leute eingestellt, die sich aber nach kurzer Zeit wieder verflüchtigen. Was aber ganz schwer darunter leidet, ist der Betrieb, denn im Speziellen Stammgäste sind eine Speise gewohnt und wenn sie alle vier Wochen einen anderen Koch haben, schmeckt es dementsprechend anders.
Auch kann ich den Besitzer nicht verstehen, der sich auf dieses Wagnis einlässt.

Ich bin, obwohl ich schon in Rente bin, immer daran interessiert, etwas in kleinen Nebenjobs als Koch von meinem Wissen weiterzugeben, aber was da angeboten wird, ist einfach schrecklich. Meine Erfahrung ist, dass der Arbeitsmarkt von Billigarbeitskräften sehr unterwandert ist, die für wenig Geld Arbeiten verrichten, die ich als gelernter Koch nicht annehmen würde und jetzt nicht, weil ich glaube, dass ich zu gut für diese Arbeit bin, sondern weil der Chef nicht meine Qualifikati-

on sieht, sondern mich einfach als billige Kraft sieht. In einem Kaffeehaus im 4. Bezirk sollte ich das Wochenende abdecken, aber dass ich dann noch, weil es am Wochenende keine Küchenkraft gab, auch den Abwasch tätigen sollte, das war dann doch ein wenig zu viel des Guten.
Es hat sich auch ergeben, dass ich vor einiger Zeit mit einem Hotel in Salzburg in Verbindung war, dem Hotel Kaiserhof in Anif. Die Stellenausschreibung war Küchenchef-Stellvertreter mit Autobenützung und einem guten Gehalt. Nach einigen Mails, in denen ich meine Situation beschrieben hatte, dass ich ca. 3 bis 4 Tage in der Woche arbeiten wollte, mein Alter, meine Bildung etc. wurde mir vom Chef des Hauses erklärt, dass mein Alter überhaupt keine Rolle spielen würde und auch meine Qualifikation vorbildlich wäre. Und es wäre sogar so gewesen, dass ich vier Tage arbeiten und dann wieder nach Hause fahren würde. Denn die Zugverbindung ist sehr gut mit der Westbahn und man benötigt kein Auto. Nach einigen Mails, die zwischen mir und dem Chef des Hauses hin und hergegangen sind, wurde ein Treffen vereinbart. Dieses kam aber nicht zustande, denn der Kontakt ist schlichtweg eingeschlafen. Zuerst himmelhoch Jauchzen und dann zu Tode betrübt sein. Und so verfolge ich seither, dass dieses Hotel regelmäßig die Anzeige schaltet.

Auch ich bin doch etwas schadenfroh, wenn ich bedenke, dass ich meine Arbeitskraft und mein Fachwissen jemanden zur Verfügung stellen möchte, wobei die Prämisse ist, dass ich maximal 2 bis 3 Tage in der Woche zur Verfügung stehe. Eine Bewerbung bei Frau Stöger vom Restaurant Stöger im 5. Wiener Gemeindebezirk war am Anfang sehr vielversprechend. Sie hat sich auch wohlwollend geäußert betreffend mein Alter und meine Erfahrung. Leider wurde mir dann leider doch eine Absage erteilt, womit ich leben kann, aber seit dem Gespräch sind nun doch einige Monate vergangen und diese Dame annonciert noch immer so jedes Monat, dass sie einen Koch zur Verstärkung ihres Teams sucht, sucht und noch immer sucht.
Lieber einen Koch für 3 Tage als jeden Monat einen neuen, der schon 2 Wochen zur Einschulung braucht und sich dann doch

über den Acker schmeißt. Denn was ich auch erfahren konnte, ist, dass einige der jungen Leute heute Punkt eins nicht belastbar sind und Punkt zwei eigentlich gar nicht so interessiert an Arbeit sind, denn sie wissen, dass wir ein soziales Netz haben, das keinen fallen lässt. Und das wird von einigen sehr stark ausgenützt. Sehr zum Leidwesen der wirklich ehrlichen Personen.

Und dann kommt es zu den Anzeigen in der Zeitung, bei denen ich mir dann denke: Wer gibt so etwas in eine Zeitung und was soll man davon halten?

Wenn das Backen von Kuchen und Torten Ihre Passion ist und Sie diese zu Ihrem Job machen wollen, **bedarf es keiner spezifischen Berufsausbildung.** Einsatzbereitschaft, die Freude am Backen und der Wille, sich Neuem zu öffnen, sind für uns die wichtigsten Parameter. Wir bieten € 1.370.00 bei einer Teilzeitbeschäftigung von 32 Stunden. Sie sind bereit für Neues? Wir das Hotel Daniel Wien auch. Wir freuen uns auf Ihre Bewerbung an Hotel Daniel an Herrn Bischoff.

Eine weitere dieser doch etwas obskuren Anzeigen, welche man in diesen kleinformatigen Zeitungen lesen kann, ist mir einfach unverständlich, wie diese hier betreffend einen Frühstückskoch. Diese lautet:
Frühstückskoch (m/w/d) für À la carte-Frühstück. KV Euro 1.800 brutto, Bereitschaft zur Überbezahlung je nach Qualifikation und Erfahrung. Zur Neueröffnung unseres einzigartigen Boutiquehotels mit fließendem Warmwasser, Wählscheibentelefon und Personenaufzug im 6. Bezirk suchen wir Mitarbeiter mit Leidenschaft fürs Frühstück. Wir freuen uns auf motivierte Kollegen, die Spaß am Umgang mit Gästen und Kollegen haben, die gerne das beste Frühstück der Welt kochen. Was ist zu tun? Nichts weniger als unseren Gästen den perfekten Start in den Tag zu ermöglichen und natürlich die Vor- und Nachbereitung des Frühstücks (Bestellungen, Produktion, etc.). Sende deine Bewerbung mit Lebenslauf, Motivationsschreiben und Bild an bonjour@josefine.at z.H. Susanne Hofmann.

Einige Personen wollen den Beruf erlernen, der meines Erachtens sehr viele wunderbare Dinge birgt, aber, wie sich nun herausstellt, dürfen Betriebe mit ausländischer Küche keine Lehrlinge ausbilden. Ein wahrlich schwachsinniger Grund dafür ist die sogenannte Wiener Schnitzel-Verordnung, welche die Aufnahme von Lehrlingen nur in Restaurants erlaubt, in denen auch heimische Küche serviert wird. Dies gilt aber nicht nur für Köche, auch Kellner sind davon betroffen. Um Gottes Willen! Wir leben im 21 Jahrhundert. Wie schwer ist es, ein Schnitzel zu panieren und zu braten? Muss ich wirklich eine Lehre mit Hochschulabschluss haben, um dieses wirklich vertrottelte Gesetz zu befriedigen? Es wäre vielleicht an der Zeit, dieses Gesetz abzuschaffen oder neu zu überdenken.
Was lernen diese jungen Leute denn dann in der Berufsschule? Sind unsere Lehrer damit überfordert, den Lehrlingen ein Schnitzel zu erklären?
Aber dafür wird ja ein Apfelstrudel neu interpretiert!!!! Der sich schichtweise aus gebackenen Strudelblättern mit einer Mischung aus Äpfeln, Bröseln und marinierten Rosinen auf einem Teller drapiert und mit einem Espuma (Schaum aus der ISI-Flasche) noch vollendet. Das können die aber, ein Schnitzel erklären – da scheiden sich bereits die Geister und das in Wien?

In Wien gibt es eine sehr berühmte Konditorei, welche einmal sogar K&K Hofzuckerbäcker war. Da wird der Apfelstrudel halt so richtig ausgezogen und dann wird die abgemischte Apfelmasse am Beginn des Strudels gelegt, der dann wie eine Roulade eingerollt wird. Das ist eigentlich nicht ganz richtig, ich habe es auf jeden Fall als Lehrling anders gelernt. Ich muss die Neuinterpretation irgendwie verschlafen haben. Sorry!!!!!

Darum ist es mir ein Anliegen, einige Zeilen auch darüber zu schreiben, wie sich der Arbeitsmarkt in den letzten Jahren verändert hat und sich noch immer verändert – ob zum Guten oder nur mehr zum Schlechten kann in dem Moment keiner sagen, nur die Ausmaße werden, so weit ich es beurteilen kann, immer schlechter.

Dabei ist natürlich zu einigen Teilen der Mensch selber schuld, auch hat die Regierung ein wenig schuld daran, aber zum größten Teil ist es einfach ein Zeichen der Zeit, dass wir alle im Überfluss leben und einfach die Normalität, die uns einmal beherrscht hat, zur Seite gelegt haben.

Mario Pulker hat in einem Statement geschrieben

„Ich weiß genau, warum manchen Betrieben die Mitarbeiter fehlen. Weil die noch die Unternehmenskultur ihrer Großmutter pflegen."

Das Entscheidende ist die Unternehmerkultur

Zu meiner Zeit in den 70 und 80 Jahre des 20. Jahrhundert galt es noch, schick auf Saison zu gehen, trotz der Konditionen, die zu der Zeit noch herrschten (Wohnen im Keller in Mehrbettzimmern), mit vielen Stunden und fast keinem freien Tag.
Das hat sich natürlich grundlegend geändert. Heute haben die Leute, die auf Saison gehen, eigene Zimmer, freie Kost und sogar manches Mal Zutritt zu den Annehmlichkeiten wie die Gäste wie freie Skipässe, Sauna etc.
Aber trotzdem haben wir einen Facharbeitermangel. In Tirol zum Beispiel sind im August 2018 324 offene Stellen für Köche gemeldet, demgegenüber stehen 120 arbeitslose Köche. Nun aus dem Grund, dass in Ostösterreich viele Köche arbeitslos sind, ist Koch dennoch kein Mangelberuf. Darum will die Regierung nun durchsetzen, dass wir Angehörige von Drittstaaten in unseren Arbeitsmarkt aufnehmen können.
Warum muss es durch die Regionalisierung der Berufsliste so weit gehen, dass sich diese Betriebe in Westösterreich im Nicht EU-Ausland nach Fachkräften Ausschau halten, aber nicht auf den Arbeitsmarkt in Ostösterreich zugreifen?
Es gibt im Moment ca. 9000 offene Stellen im Tourismus, das sind mehr als in der Industrie. Und wieder ist die Regierung gefragt, wenn man über die Lohnnebenkosten redet. Denn wenn ein Großteil der Staatseinnahmen an dem Faktor

Arbeit hängt, benachteiligt das die personalintensive Tourismusbranche.

Aber doch wird oft lieber in teure Designermöbel oder teure Architekten investiert als in Mitarbeiter. Mit diesen streitet man über Sonntagszuschläge, aber die Bar hat 300.000 Euro gekostet.

So sagt die Berend Tusch Gewerkschaft VIDA

Die Arbeitsbedingungen im Tourismus müssen verbessert werden. Und daher darf die Mangelberufsliste nicht erweitert werden. Wir haben keinen Arbeitskräftemangel, sondern einen Mangel an guten Arbeitsplätzen. Ein Beispiel: In Tirol, wo der Bedarf an Tourismus-Kräften besonders hoch ist, bekommt ein Koch mit zweijähriger Erfahrung in Vollzeit bei einer 6 Tage-Woche. € 1.620.00 brutto Obwohl Tourismus-Arbeitsplätze für viele Wunsch und Traumberuf sind, ist es nicht attraktiv, eine schlecht bezahlte Stelle in einem anderen Bundesland anzunehmen.
Und die vielen Falschmeldungen über den 12 Stunden-Tag und die 60 Stunden-Woche werden zur weiteren Verschärfung der Personalsituation führen. Und wenn Betriebe im Inland und am EU-Arbeitsmarkt keine Arbeitskräfte finden, dann werden schon bald auch Fachkräfte aus Drittstaaten einen weiten Bogen um den heimischen Tourismus-Arbeitsmarkt machen.

Was uns aber wirklich fehlt, ist in vielerlei Hinsicht ein modernes Leadership, vor allem im mittleren Management.

Um noch einmal auf den Bedarf von Gastronomie-Fachkräften zu kommen, haben wir, so glaube ich, in den letzten 25 Jahren einen sehr großen Aufschwung an Reisen erlebt und gerade jetzt erleben wir so etwas wieder.
Ich war in den 1980er und 1990er Jahren sehr oft in den USA. Als ich unlängst mit einem Bekannten gesprochen habe, der ebenfalls ein Fan der USA ist, sagte er mir, dass sich in den USA alles zum Schlechten verändert hat. Konnte man vor 25 Jahren

im Oktober Disneyland in einem Tag mit all den Shows und Attraktionen besuchen, braucht man heute aufgrund des hohen Aufkommens an Besuchern 2 bis 3 Tage. Also kann man sagen, dass sich das Gefüge der Reisen und der Menschen, die auf Achse sind, sehr stark geändert hat und wir noch nicht am Ende dieser Zeit sind.
Und so haben Buzzworte des Jahres (was immer ein Buzzwort auch ist) herauskristallisiert wie Overtourism oder Unbalanced Tourism. Das deutet eigentlich darauf hin, dass wir alle sehr beliebt sind und wir quasi schön langsam überlaufen werden. Die Debatte ist jetzt, ob das in Österreich auch droht oder schon Realität ist, wie Hallstatt, Salzburg und Wien ja zeigen. Da haben wir zum Beispiel die unkontrollierten privaten Vermietungen, was die Auswirkungen des Unbalanced Tourism verstärkt. Salzburg leidet daher unter zu vielen Touristen auf zu wenig Raum, die zu wenig Wertschöpfung generieren. Das andere Problem mit dem öffentlichen Raum sind zu viele Ticketverkäufer, zu viele Souvenirshops, zu wenig leere Plätze. Es hat sich ergeben, dass die Leute aus dem 1. Bezirk wegzogen, weil nichts los war, jetzt ziehen sie weg, weil zu viel los ist.

Ich habe es persönlich erlebt, als ich letztes Jahr im Oktober mit meinem Cousin und seiner Frau aus den Vereinigten Staaten in Prag war. Wir hatten eine wunderbare Stadtführerin, die ich schon länger kenne, und nach der Stadttour waren wir alle erschöpft. Der Grund war aber, dass die Stadt so zugepflastert war von Chinesen. Und da ist auch das Problem, dass die Prager Verkäufer in der Zwischenzeit keine Chance haben, etwas zu verkaufen, denn es haben sich chinesische Händler etabliert. Ebenso ist es mit dem Essen und Trinken. Es wird kaum Geld für diese Dinge ausgegeben, daher gibt es auch in dieser Stadt keine allzu große Wertschöpfung.

Und da kommen jetzt die Fachkräfte ins Spiel. Auch der Gast, der nur einige Tage in Wien oder einer anderen Stadt weilt, hat das Recht auf ein gutes Service. Denn trotz allem kommen auch die Individual-Touristen zu uns und nicht nur die Busse

mit Tagestouristen. Wir sind halt ein sehr begehrtes Land und die Fremden erwarten das von uns.
Und nicht nur das, es muss doch auch möglich sein, ein Umdenken in der Gastronomie zu erreichen, dass ich heute junge Leute so motiviere, einen Arbeitsplatz für eine Saison einzunehmen, um aus dem Pool der Arbeitslosen jemanden zu finden, der sich bereit erklärt, dies zu tun.
Die diversen Kammern und Gewerkschaften sollten, anstatt zu streiten und sich das Leben schwer zu machen einfach nachdenken. Auf der einen Seite machen wir uns das Leben in der Arbeit leicht, indem wir Roboter unsere Arbeit erledigen lassen. Auf der anderen Seite beschweren wir uns, dass die Arbeit verloren geht, da der Roboter jederzeit einsatzbereit ist und unter Umständen 24 Stunden durcharbeiten kann. Auch streben wir immer mehr nach Freizeit. Das ist alles recht, aber wer kann sich diese Freizeit leisten? Da wollen wir weniger Arbeitszeit haben, um gleich darauf eine zweite Arbeit annehmen, um uns all die Annehmlichkeiten des Lebens leisten zu können.
Also irgendwo ist da was falsch??? Die Frage ist, was!!!!!!
Wir haben Gott sei Dank in der Gastronomie nicht viel mit Robotern am Hut, dafür ist es durch sogenannte Convenience-Produkte zu einer Erleichterung in den Küchen gekommen. Apropos, wenn schon Convenience-Produkte, dann aber bitte, liebe Firma Ardo, so, wie es sein soll und nicht wie etwa bei Salsa Mexicana eine kräftige Mischung aus fein geschnittenem mediterranen Gemüse. Auch wenn es sich dabei um neue Produkte handelt, wie beschrieben, bleibt doch bei der Originalität – und als obendrauf noch ein Gewürz wie Kümmel. Was bitte hat eine Salsa Mexicana mit mediterranem Gemüse und Kümmel zu tun? Zwiebel, Tomaten, eventuell Paprika, Chilis in unterschiedlichen Schärfegraden und auch Knoblauch, aber das war es dann auch.

Ebenso kommen immer mehr innovative multifunktionale Küchengeräte, welche das Kochen sehr erleichtern, speziell in Großküchen, wo der Koch den Braten am Abend in den Kombidämpfer oder Druckdämpfer schiebt, das Thermometer einsteckt, das

Programm startet und das Ganze bei niederer Temperatur fertigt stellt. Am Morgen wird das Fleisch dann portioniert und zum Zeitpunkt des Services regeneriert. Das bringt Zeitersparnis, Energieersparnis laut einer DIN-Prüfung um bis zu 40%, Personalersparnis etc.

Speziell die Firma Rational vereint in einem multifunktionalen Gerät konventionelle Gargeräte wie Kipper, Kessel, Herd, und Fritteuse als Standgerät auf Rollen, auf einem Sockel oder mit einer Wandhalterung. Es ist egal, ob in einem À la Carte-Restaurant oder in der Gemeinschaftsverpflegung, ob 30 oder mehrere tausend Essen anstehen. Alles unter einem Dach vereint das Gerät auf kleiner Fläche mit minimalem Energieverbrauch. So gelingt nicht nur Kochen und Braten, sondern auch Blanchieren, Druckgaren, Frittieren. Die Zubereitung erfolgt in entweder einem oder zwei unabhängigen Tegeln. Dabei erkennt die im Gerät eingebaute Garintelligenz in sieben Prozessgruppen selbstständig die produktspezifischen Anforderungen, die Größe des Gargutes sowie die Beschickungsmenge.

Da stellt sich doch die Frage, ob wir als Köche wirklich noch notwendig sind.

Auch bei der Abwasch hat sich einiges geändert. So gibt es schon seit langem für großes und kleines Geschirr diverse Geräte, die heute so weit sind, dass alle Anforderungen an das HACCP-System über PC ausgelesen werden. Dasselbe gilt auch für Kühlanlagen, Eiskästen und Tiefkühler. Wir kochen heute mit Induktion, mit sich selbst reinigenden Geräten und sind eigentlich nur mehr der Programmierer und Aufpasser.

Das hat natürlich auch Auswirkungen auf die Arbeitskräfte.

Wer hat heute noch bis auf wenige Top-Restaurants und große Hotels eine Küchenbrigade, wie ich sie als Lehrling im Intercontinental hatte?

Wir hatten einen Executive Chef, 3 Souschefs, einen Chef Gardemanger, einen Chef Saucier, einen Chef Tournant, einen Chef Entremetier, einen Chef Rotisseur, einen Chef Patissier, einen Chef de partie, einen Commis de cuisine, einen Regiemier-Diätkoch, Jungköche und Lehrlinge. Auch hatten wir einen Küchenfleischhauer und vieles mehr. Zudem gab es dann noch die Kaffeeköchin und den Annonceur, der die Bestellungen in die Küche rief. Das hat sich grundlegend geändert. Heute spuckt eine Maschine die Bestellungen aus und der Koch steckt sie auf ein Magnetband.
Aufgrund der Einsparungen, die heute herrschen, gibt es einen Verantwortlichen – ob nun Küchenchef oder nur Koch –, der sich mit mehr oder wenig gelernten Kräften umgibt und – so gut, es geht – die Arbeit verrichtet. Und dann gibt es, wie auf Seite 38 beschrieben, Systemgastronomen, die auf das Läuten der Uhr warten, um die Pommes Frites aus der Fritteuse zu nehmen.

Ich möchte nun auf einen Bericht, der gestern im deutschen Fernsehen lief, kurz eingehen. In erster Linie wurde über einen Koch, der ein Restaurant im Norden von Deutschland besitzt und auch selbst kocht, berichtet. Er hat das – und das ist auch mein Credo – von der Picke auf gelernt und möchte seinen Gasten nur Selbstgekochtes und Selbstproduziertes servieren. Er macht selbst die Pommes Dauphin (nach Kronprinzessinart) und die Pommes Duchesse (Herzoginnenkartoffel). Er hat auch seinen Fleischer des Vertrauens, bei dem er das Lamm und andere Fleischteile kauft.
Der Koch wurde dann vom Fernsehen zu der größten Lebensmittelschau in Norddeutschland geladen, um diverse Produkte der Systemgastronomie zu verkosten. Nach einigen Testversuchen wurde klar, dass sich unser Gewerbe in einem, wie auch schon von mir beschrieben, totalen Umbruch befindet. Aber seine Meinung war nach einigen Versuchen, das eben nur das Selbstgekochte das Wahre und Kundenorientierte wäre, wobei er auch die sogenannten selbst und hausgemachten Speisen verkostetet und den Anbietern ein schlechtes Ergebnis kommentierte.

Weiters hat das Fernsehen dann selbst Versuche gestartet, wobei sich gerade jetzt in der Spargelzeit die so oft propagierte hausgemachte Sauce Hollandaise als Betrug am Gast erwiesen hatte. Es wurde von 10 Proben, die gezogen wurden, 7 als künstlich bewertet, also ohne Butter, und bei 2 Proben wurde ein geringer Anteil von Butter festgestellt. Eine der Probe war überhaupt nicht als solche zu erkennen.
Dabei ist es ja nur ein wenig Arbeit, aber man hat die wahre Sauce und braucht auch nicht dem Gast gegenüber zu lügen.

Und das ist nur ein Bruchteil dessen, wo gemogelt wird, wie zum Beispiel, wenn statt Seezunge einfach Scholle oder ein anderer Plattfisch verkauft wird. Noch gravierender ist es bei Garnelen und Scampi, wobei die Garnele um doch einiges billiger ist als der Scampi.

Der Unterschied ist eigentlich nur zu erkennen, wenn das Tier mit der Schale und den charakteristischen Scheren (Scampi oder Kaisergranate) oder Fühler (Garnele) serviert wird.
Auch wird beim Fleisch gemogelt, zum Beispiel bei einem Lammfilet aus dem Lammschlögel, der zupariert wird, damit es so nach Filet aussieht. Und nach dem Braten ist es schwer, das noch herauszufinden.
Auch wurde in einer Berufsschule diskutiert, denn ein großer Teil der Lehrlinge hat eigentlich nur in der Schule die Möglichkeit, eine braune Grundsauce zuzubereiten oder ein Huhn zu filetieren. Denn in den Lehrbetrieben wird nur mehr die Sauce aus dem Packet gemacht. Da möchte ich etwas zitieren, was ich unlängst lesen konnte und was mir wirklich zu denken gab.

Früher wurde in jedem guten Restaurant einer der erfahrensten Köche als Saucier beschäftigt, der es in der Hand hatte, „das Herz der Küche – die Sauce – zum Höhepunkt für den Gast werden zu lassen. Die Firma W… übernimmt diese verantwortungsvolle Aufgabe liebend gerne und steht seinen Kunden mit Knowhow und Innovation zur Seite“.

Zitat der Woche
„Aber man soll den Koch nicht vor dem Stuhlgang loben."

Verdauungs-Vorbereiter Aufschrift auf einem Wagen einer Wiener Firma für energetische Ernährung und Diätik nach TCM. Die Firma bietet Ernährungsberatung, Gastro Consulting, veganes Catering, Kochkurse und einen Onlineshop an.

Kulinarische Spurensuche von Renate Ortner in einem Magazin vom Oktober 2018

Koch mit Hauben und Zukunftsvisionen
Der Name Andi Lechner ist ganz intensiv mit dem Begriff „Rezeptfabrik", einer Lernplattform, die dem Küchenpersonal als Beschleuniger beim Erlernen und der Ausbildung hilft, verbunden. Damit wurde eine Lösung für viele Betriebe gefunden und ein wesentlicher Beitrag dazu geleistet, Österreich als Tourismus Hochburg zu stärken. Der Fachkräftemangel speziell in der Gastronomie ist in aller Munde und ungelerntes Personal einzuschulen, ist vor allem in der Restaurantküche eine zeitliche Herausforderung. "Rezept Fabrik" ist die praktische und innovative Lösung dafür.

Und dann kommt es zu solchen Rezepten, bei denen ich die Mengenangabe doch sehr übertrieben finde, ja, fast bräuchte der Koch eine Apothekerwaage.

Bitte die Grammangabe beachten

Wie bei der Gebratenen Weidegans mit Rotkraut und Serviettenknödel:
Gansl im Ganzen gebraten
- 3.840 g Weidegans
- 224 g Äpfel, 272 g Orangen
- 96 g Zitronen, 8 g Knoblauch
- Rosmarin, Salz, Pfeffer, Majoran getrocknet

Ganslsauce:

- 5 g Ganslfett
- 103 g Zwiebel geschält
- 31 g Karotten ungeschält
- 31 g Sellerie, 19 g Lauch
- 5 g Knoblauch,29 g Balsamico rosso
- 600 g Ganslfond
- 480 g Karkassen
- 7 g Preiselbeermarmelade

Wacholderbeeren, Lorbeerblätter, Pfeffer schwarz ganz, Orangenabrieb, Zitronenabrieb, Maizena, Salz

Die Serviettenknödel und das Rotkraut will ich mir ersparen, denn es geht munter so weiter.

Jetzt frage ich mich: Wie kommt man auf die Idee, diese Rezepte so zu schreiben?
Es ist doch auch ein wenig Individualität im Kochen drin. Als Zuckerbäcker habe ich für solche Rezepte sehr wohl Verständnis, aber beim Kochen – naja.
Ich könnte es noch verstehen, wenn es sich um ein Schöpfgericht wie Gulyas oder ein Ragout handelt, und selbst da wird sich bei gleichem Rezept das Gericht jedes Mal anders darstellen und anders schmecken.
Und was ist, wenn der Koch jetzt anstatt dieser 4 Portionen 10 oder 20 Portionen machen muss? Wer rechnet das hoch? Denn wie die Situation im Moment ist, sind nicht gerade Mathematiker oder Hochschüler, geschweige denn Professoren, als Köche oder Küchenkräfte im Vormarsch. Also zurück zum alten Salzen und Würzen wie gewohnt.

Da ich nun sehr viel über die Küche und sonstige Dinge geschrieben habe, möchte ich mich nun einem anderen Kapitel der Gastronomie zuwenden, Wein und Bier.

Gleich am Anfang möchte ich diese Gelegenheit beim Schopfe packen und mich etwas über den Beruf des Sommelier austoben. Mein Verständnis war und ist immer noch, dass der Sommelier ein Fachmann ist, der sich im gesamten Spektrum des Weines inklusive der Anbaugebiete auskennt Und daher den Wein für den Gast aussucht und die Vorstellung des Weines übernimmt. Auch ist er dafür verantwortlich, die Weine entsprechend den Speisen auszuwählen.

Im Falter Verlag aus dem Jahr 1993 wird Herbert Schmid als Käsesommelier beschrieben. Der Satz, mit dem die Beschreibung beginnt, ist, dass streng genommen die Bezeichnung seines Berufes natürlich ein Blödsinn ist, denn mit Wein hat Herr Schmid nur am Rande zu tun. Das alles wurde laut Falstaff im Jahr 1987, da das Restaurant, wo er arbeitet (4 Hauben im Gault-Millau) ausgezeichnet wurde, so verbreitet.
In der Zwischenzeit gibt es eigentlich für alles einen Sommelier – egal, ob Brot, Wasser, Bier, Käse und so weiter. Warum werden diese Personen nicht als Fachkraft, die eben ein Spezialgebiet hat, bezeichnet. Für mich ist einzig und alleine der Wein-Sommelier gültig. Der letzte Schrei ist der Milch-Sommelier.

Der Wein und seine Freunde.

Wir haben in Osterreich eine sehr lange Tradition des Weinanbaues und der geht immerhin schon auf die Römerzeit in unserem Lande zurück. Wir haben in der Wachau und in der Thermenregion und auch in der Gegend von Carnuntum den Wein kultiviert und zu einer Reife gebracht, die weltweit Ihresgleichen sucht.
Dann kam das Jahr 1984 und eine Person ließ genau am 21.12.1984 eine Flasche Wein in einer Versuchsanstalt testen.
Noch dazu kam, dass unsere findigen Weinbauern zu der Zeit eine sehr große Menge an Frostschutzmittel der Steuer glaubhaft machten und versuchten zu erklären, dass dieses benötigt wird. Und das bei einem Traktor!!!!!
Das führte dann in der Folge zu unserem großen Weinskandal, aber nicht nur Österreich, sondern auch Deutschland und Ita-

lien waren betroffen, wobei es in Italien sogar Todesopfer gab. Eine der höchsten gemessenen Menge an Diethylenglykol waren 48 g pro Liter in einer Flasche aus dem Jahr 1981. In der Folge kam der Export des Weines fast zum Erliegen. Und es wurden dann über die Jahre ca. 5 Millionen Liter Wein beschlagnahmt. Im Jahr 1985 nahm ich mit meiner lieben Frau im Nappa Valley bei der Firma Mondavi an einer Führung teil, die sehr interessant und nach unseren damaligen Standards sehr groß und gut aufgezogen war. So haben die zum Beispiel in dem Tal oft Nebel aufgrund der Lage sehr nahe am Ozean. So haben sie große Ventilatoren angebracht, um den Nebel aus dem Tal zu befördern. Und bei der Führung wurde uns dann noch erklärt, dass die Temperatur in den großen Stahltanks, in denen der Wein zur Gärung gelagert wird, mit um den Tank herumlaufenden Kühlschläuchen geregelt wird. Ich musste natürlich meinen Senf dazu geben und erklärte, dass es eine einfachere Art gebe, ich wurde gefragt und meine Antwort war dann: Einfach hineinschütten. Der Führer sagte dann auch sofort: Sie müssen aus Österreich sein, was ich bejahte und allgemeines Gelächter brach aus. Die Folge dieses Skandals war aber sehr nützlich für unseren Weinbau, denn es gab auf einmal sehr strenge Kontrollen. Jede Flasche Wein bekam eine Banderole mit Nummern und es gab kein Aufzuckern der Weine mehr. Es wurde länger gereift, um nach der Gärung einen besseren Restzucker zu haben.

Und so kam es, dass ich mir heuer bei einem bekannten Heurigenwirt die Frage erlaubte, wer denn eigentlich den ganzen Wein trinkt, den wir ernten. Die Antwort war sehr lapidar, dass wir nicht genug Wein haben und daher welchen importieren müssen. Und das ist nicht das erste Mal, das ich diesen Ausspruch höre. Auch habe ich diese Meldung schon in Gumpoldskirchen gehört. Da ging es um den Rotgipfler, eine autochthone Weißweinsorte, die nur in der Gegend um Gumpoldskirchen zu finden ist. Da werden Reben dazu gekauft und aufgrund der Verarbeitung als solche qualifiziert.
Selbst das Weingut vom Stift Klosterneuburg, dem ältesten in Österreich seit 1114, hat Lagen in Gumpoldskirchen. Der Name

allerdings hat mit der Farbe des Weines nichts zu tun, denn er leitet sich von den roten, fast bronzierten Spitzen der Triebe ab.

Auch hat sich in den letzten Wochen über eine Weinsorte, den Zweigelt, eine Diskussion entwickelt, die eigentlich jeder Grundlage entbehrt. Es geht da um eine Rebe, die sich entweder Blauer Zweigelt, Rotburger oder Zweigeltrebe nennt. Sie wurde von dem Botaniker und Lehrer an der Bundeslehranstalt für Wein und Obstbau in Klosterneuburg Friedrich Zweigelt im Jahr 1922 gezüchtet und ist eine Kreuzung aus St. Laurent und Blaufränkisch. Im Jahr 1975 wurde im Rahmen der Qualitätsweinreben-Verordnung die zuvor als Rotburger bezeichnete Rebsorte in Zweigelt umbenannt. Da war aber Friedrich Zweigelt bereits 10 Jahre tot.
50 Jahre später macht sich aufgrund der Vergangenheit von Friedrich Zweigelt (er war Mitglied der NSDAP) eine Initiative stark, den Wein, den es so lange schon gibt, in Blauer Montag umzubenennen.

Auch kommen immer wieder alte fast vergessene Weine auf den Markt.

Wie der Orange Wein

Das sind Weißweintrauben, die auf Schale gegärt werden, die aber nicht immer Naturweine sind. Die meisten sind aber nach dem Kachetschen Style oder Maischegärung (einige Wochen bis Monate) in Quevri, Fässern oder Tanks oder auch wie in Georgien in Tongefäßen in der Erde, die zwischen 4500 und 5000 Jahre alt sind, bio. Sie sind aber meistens naturbelassen.
Das aber alles nahm wieder seinen Neubeginn in Frankreich im Jahr 1980 unter Jules Chauvet und Jaques Neauport. Es wurden handverlesene Trauben verwendet, ohne Einsatz von Zu-

sätzen wie Laborhefe. Es wird auch der Wein nicht geschönt, es erfolgt eventuell eine minimale bis gar keine Schwefelzugabe. Die Farbe reicht von Gelb bis Braun und der Wein ist weitgehend gewöhnungsbedürftig im Geschmack.
Es hat sich aber über die Jahre erwiesen, dass sich die Orangenweine immer mehr an Beliebtheit erfreuen.

Warum müssen sich daher diverse Fachleute über Wein so äußern. Leichtfüßig, filigran und doch vibrierend mit rassiger Säure und frivoler Restsüße – so stellen wir uns einen idealen Kabinett vor. Warum nicht einfach: Der Wein schmeckt oder nicht?

Auch dass der Wein schokoladige, bittere oder Vollmilch-Einflüsse hat und nach Orangen, Minze, Zedern, Nüssen, Zitrusfrüchten und sonstigem Blödsinn schmeckt, haben wir nur Leuten zu verdanken, die wiederum an leichten Geschmacksverwirrungen leiden.
Und was wird noch alles in den armen Wein hineininterpretiert? Wie gesagt, er schmeckt oder nicht – das ist die einzige Prämisse.

Der Weg zum Bier

So haben wahrscheinlich Archäologen in Israel die vermutlich älteste Brauerei entdeckt. In einer Höhle südlich von Haifa fanden sie Hinweise auf eine rund 13 000 Jahre alte Produktionsstätte für Alkohol. Dort wurde eine Flüssigkeit hergestellt, die an Suppe erinnerte, tatsächlich aber ein alkoholisches Getränk war. Das Forscherteam geht davon aus, dass das bierähnliche Getränk bei Festen gereicht wurde. Der große Aufwand bei der Alkoholherstellung zeigt zudem die Bedeutung des Getränkes. Dieses hätte deutlich weniger Alkohol enthalten als modernes Bier, wäre aber vergoren gewesen.

Aber nicht nur der Wein war für Wien speziell, denn schon zu Zeiten, als Wien noch ein Teil von Noricum war, gab es bereits ein bierähnliches Getränk für die Legionäre.
Der erste Bierdienst wurde 796 erstmals urkundlich erwähnt und 1384 gab es das erste Brauhaus in Wien, wo dann in der Reihenfolge Brauhäuser entstanden sind, wie folgt. Es gab auch das sogenannte Bierglöckerl im Stephansdom, welches die Sperrstunde einläutete.

1. Kaiserebersdorfer Brauhaus	in 1470
2. Hütteldorfer Brauhaus	in 1599
3. Simmeringer Brauhaus	in 1605
4. St. Marxer Brauhaus	in 1617
5. Lichtentaler Brauhaus	in 1698
6. Asperner Brauhaus	in 1760
7. Rustendorfer Brauhaus	in 1786
8. Fünfhauser Brauhaus	in 1787
9. Gaudenzdorfer Brauhaus	in 1818
10. Liesinger Brauhaus	in 1838
11. Penzinger Brauhaus	in 1840
12. Brauhaus Puntigam Graz	in 1478

Anton Dreher gründete die Schwechater Brauerei und entwickelte das Lagerbier, ein untergäriges Lagerbier. Auch sein Sohn entwickelte Bier und Kühltechnologien beständig weiter, der neue Bierstil erlangte Weltgeltung und die Brauerei vor den Toren Wiens feierte unerhörte Erfolge. Schon 1870 war sie die größte Brauerei der Monarchie. Um 1900 war das bernsteinfarbene Wiener fast vergessen, die Lager freilich blieben.
Während es um die Jahrhundertwende ca. 1000 Brauereien in der Monarchie gab, erfolgte nach den zwei Weltkriegen ein sehr großer Wandel in der Geschichte der Brauereien und ihre Zahl nahm stetig ab. Heute gibt es in Wien eine einzige Brauerei, die Ottakringer Brauerei in Wien 16 am Johann Nepomuk-Berger-Platz. Hier wird heute noch beim Dosenbier über das „Sechzehner Blech“ gesprochen.

Es gibt aber Gott sei Dank wieder einen Aufschwung bei privaten Bierbrauereien. Einer der Ersten war ein Herr Mädl, der ein Bediensteter der Gemeinde Wien war und das Glück hatte, einen Lottogewinn zu machen. Damit legte er sich dann die Brauerei zu. Es folgten dann das Fischerbräu in Wien 18, eine Gasthausbrauerei. Auch zu erwähnen ist das Salmbräu am Rennweg, das jetzt gerade das Belvedere Stöckl umbaut. Auch gab es das Nussdorfer Brauhaus, das aber leider seit Jahren geschlossen ist. Schade. Darum haben wir im Moment 273 Brauereien in Österreich mit weit über 1000 Sorten von Bieren, was dazu führt, dass wir österreichweit ca. 2642 sogenannte Biersommelièrs haben. Ich persönlich bin gegen diese Bezeichnung, ich würde Bierfachmann oder Spezialist in Sachen Bier vorschlagen. Aber es wird ja heute jeder, der sich für die eine oder andere Sache in der Gastronomie interessiert, als Sommelier bezeichnet, wie absurderweise bei Brot, Käse, Milch etc.
Als Einzigen würde ich den Weinsommelière als richtigen Fachmann bezeichnen, den es ja schon sehr lange gibt. Alles andere ist nur eine Modeerscheinung.

Und so nahm dieser Zweig der Gastronomie einen Aufschwung, der bis heute anhält.
Der Weg wird durch die im Moment sehr erfolgreichen Pubs – egal, ob Englisch oder Irisch – noch verstärkt. So gibt es einige Original-Pubs, die sich seit vielen Jahren in Wien etabliert haben, und es kommen sehr viele neue dazu. So hat zum Beispiel das Kraftbier sehr an Bedeutung gewonnen. Das Spezialsegment umfasst Pale Ale, Stout, Porter, Imperial Stout und India Pale Ale.

Auch in der Küche kommt Bier immer mehr zum Einsatz, wie als Reduktion, die zur Basis von Saucen dient, und als Beize für Fisch und Fleisch. Als süße Variation sei Bier-Zabaione erwähnt. Bier kann auch als Aufguss für Teige, Brote und andere Backwaren verwendet werden.

Auch alkoholfreie Biersorten und Biermischgetränke sind im Vormarsch.

Von den Biermischgetränken wird insbesondere der Radler nahezu von jeder Brauerei hergestellt. Bei 8,8 Millionen Einwohner haben wir in Österreich 6 Millionen Fahrräder, was wiederum zu einem Anstieg des Konsums des Radlergetränks führte. Der Ausstoß der Brauereien ist mit 673 000 Hektoliter immerhin 7,2% höher als im Jahr 2017.
Alkoholfreie Biere sind aber nach wie vor ein Nischenprodukt.

Es heißt, dass drei Biere ein Essen sind. Aber was soll man dazu trinken?

Bierrisotto
für 4 zum Sattessen. Ca. 45 Minuten – so viel Zeit muss sein

- 350 g Risottoreis (Arborio)
- 2 El Olivenöl
- 300 ml Bier (dunkel)
- ca.1 Lt. Gemüsesuppe
- 1 kleine Zwiebel
- 50 g Parmesan
- 1 El. Butter
- Salz und frisch gemahlener Pfeffer

Jetzt wurde ein weiteres Kapitel geöffnet, da sich ja unsere Köche und sonstige noch mehr profilieren müssen. Und zwar was macht das Bier, wenn es Schokolade trifft? Wie ein alter jüdischer Spruch lautet, die einen sagen so und die anderen sagen so. Und das, obwohl Bier und Schokolade eine sehr spannende Kombination sein und eben neue Geschmackswelten eröffnen können.
Es stellt sich natürlich nun die Frage, welche Schokolade zu welchem Bier. Kommt es nun auf die Bitterkeit der Schokolade an oder doch auf den Alkoholgehalt des Bieres? Darauf, ob es nun ein Hopfen, ein Bitteres oder doch ein Feinherbes ist? Darum sollte man beim Zusammenspiel der Komponenten darauf achten, das Bier und Schokolade in etwa dieselbe kräftige Note

haben. So würde etwa zu Weißbier eine Schokolade mit einem Bananengeschmack gut harmonieren. Einem Pils verleiht die weiße Schokolade durch die durch die Kakaobutter vorhandene Geschmacksnote eine leicht butterige Note. Exotisch verleiht einem Indian Pale Ale eine Schokolade mit einem etwas höheren Kakaoanteil einen leicht cremigen Hintergrund.
Wenn man aber dann in die nächste höhere Stufe der Fortgeschrittenen hinaufsteigt, geht es zum Experimentieren, wo man auch mit diversen gefüllten Schokoladen einen Versuch wagen sollte. Abschließend sei gesagt, dass eben Bier und Schokolade immer eine sehr spannende Kombination sind.

Einen Standpunkt eines Kollegen möchte ich noch kurz anführen.

„Wenn wir nicht gegensteuern, stirbt nicht die Gastronomie aus, aber das gute Essen!"

Ein Zitat von Alain Hostert, Continental Director Worldchefs European Central:

Gastronomie – der Geheimtipp bei der Ausbildung. Der Gastronom zeichnet sich durch die Fähigkeit zur Vielfalt aus.
Doch leider fehlt dem Handwerk sowie der Kochkunst das Personal. Wenn es so weiter geht, wird es nur mehr Systemgastronomie geben, die von Wirtschaftswissenschaftlern gesteuert und geführt werden. Da geht es aber nicht um Leidenschaft, sondern um das schnelle Geld. Wenn es so weiter geht, wird sich die Gastronomie teilen: das Essen für das normale Volk und die Elite-Gastronomie für eine kleine Handvoll an elitären Kunden.

Darum ist es vonnöten, dem Koch und dem Gastronomen den Stellenwert und Respekt zu zollen, den sie verdienen.

Damit sind wir halt wieder bei der Ausbildung und Lehre.

Das Resultat ist dann aber, dass auch gelernte Köche nicht wissen, was sie so gelernt haben oder auch nicht. Wenn ein Koch aussagt, dass man das Fleisch bei einer gewissen Garmethode nicht salzen soll, denn sonst tritt **Wasser** aus, hat er noch nie etwas von Zellflüssigkeit gehört. Wenn er dann im selben Atemzug weiters behauptet, dass Polenta zuerst, wie man sagt, „Linden" muss, okay, aber dass sich durch diesen Vorgang die Poren schließen, dafür habe ich kein Verständnis.

Das wird auch in einer im kleinen Format erscheinenden Zeitung unter Gourmet News kolportiert.

In einem Gasthof, dem „Steinfeldhof" in Weikersdorf, kommen alle Braten-Fans auf ihre Kosten. Das Lokal ist mit zwei Falstaff-Gabeln geadelt – wieso, weiß ich nicht, denn wenn sie ihren Gästen jetzt sonntags einen Braten im Ganzen anbieten, was laut Zeitung ein köstliches Erlebnis ist, fehlt mir das Verständnis, denn bei Gott wie anders soll ich einen Schweinsbraten, Rinderbraten oder vielleicht einen gerollten Kalbsbraten sowie eine gefüllte Kalbsbrust denn braten als im Ganzen? Eine Möglichkeit gibt es allerdings. Ich schneide den Braten in Scheiben, brate diese und setze das alles wieder zu einem Braten im Ganzen zusammen. Das ist allerdings mehr als nur ein Schildbürgerstreich.
Denken diese Köche nicht nach, bevor sie den Reportern einen Satz zuflüstern, wobei es sich ja bei diesen Leuten um totale Fachidioten handelt, die nicht denken, sondern nur das zu Papier bringen, was ihnen eben gesagt wird. So kommt es dann auch, dass viele unserer Köche die einfachsten Fachausdrücke nicht mehr beherrschen, und dann wird aus einem klaren Süppchen, das eigentlich nur zum Abseihen bestimmt ist, plötzlich eine Sache, die passiert werden muss.

Hauptsache, alles ist nachhaltig. Das ist für mich das UNWORT des Jahres.
Ebenso wird in der letzten Ausgabe einer Gourmet Zeitung über eine Speise geschrieben, die sich geschmorte Ochsenschulter mit glasierten Zwiebeln, Karotten und Kartoffelschaum nennt, der sich dann bei genauerem Lesen als hundsordinäres Kartof-

felpüree entpuppt. Es wird zwar unter „Zubereitung des Kartoffelpürees“ beschrieben, man schält und kocht die Kartoffel, schüttet sie ab, presst sie durch eine Presse und dämpft sie dann trocken, aber dann werden Butterwürfel mit einem Kochlöffel langsam unter die Kartoffelmasse montiert und dann mit der Milch ein sämiges PÜREE hergestellt.

Warum kann der Verfasser dieses Artikels oder des Rezeptes es nicht einfach so darstellen, wie es gerade ist? Denn wenn ich das lese, stelle ich mir als gelernter Koch etwas ganz anderes vor als eine Person, die nicht diese fachlichen Qualifikationen hat. Ich stelle mir halt bei Kartoffelschaum etwas vor, das aus einer ISI-Flasche oder ähnlichen kommt und durch Kohlensäure-Kapseln sehr leicht und flaumig wird. Der Koch Ferran Adrià Acosta, der das alles in seinem Restaurant „El Bulli“ in der Stadt Roses an der Costa Brava zur absoluten Perfektion gebracht hat, ist der Ideengeber dieser Richtung. Auch hat er seine Küche immer als Avantgarde Küche bezeichnet, wobei die Molekularküche einen kleinen Teil einnimmt. Ich hatte die Ehre, ihn bei einer Veranstaltung im Rahmen einer Messe in Salzburg kennenzulernen, und bekam von ihm nach einigen Fragen zu seiner Küche diverse Typs betreffend einige Zubereitungsarten und die Handhabung der Siphonflaschen im Speziellen zur sorgfältigen Zubereitung des zu verwendenden Grundlebensmittel. Er sagte, dass gerade Beerenfrüchte sorgfältig eventuell sogar durch ein Etermin geseiht werden müssen, um der Gefahr der kleinen Kernen zu entgehen, die eventuell den Siphon verstopfen können. Ebenso ist darauf zu achten, dass, wenn man die Schäume warm serviert, die Bain Marie wohl temperiert ist, damit der Inhalt der Flasche nicht zu sehr eindickt.
Von vielen Köchen wird seither alles zu Schäumen und Cremes gemacht, auch wenn es nicht immer zum Besten des Grundnahrungsmittel ist. Man kann da natürlich sehr übertreiben und das alles artet aus, wenn dann ein als Kartoffelschaum annonciertes Gericht eigentlich nur ein Kartoffelpüree ist.

Die sich daraus ergebende Leidensgeschichte eines Wirten zum allgemeinen Verständnis

Erst, wenn das letzte Glas ausgeschenkt, der letzte Schweinsbraten serviert und der letzte Wirt gegangen ist, werdet Ihr feststellen, dass Fast-Food-Ketten und Konzeptgastronomie dem Dorf zwar Essen und Trinken geben, aber niemals Gemeinschaft und Seele.

Wenn die Dorfwirtshäuser verschwinden, verschwindet auch eine Institution, die seit Jahrhunderten neben Pfarrer und Bürgermeister eine zentrale Rolle in der Dorfgemeinschaft spielt: der Wirt. Ich weiß, die Zeiten ändern sich und auch den Hufschmied, den Köhler und den Schriftsetzer gibt's nicht mehr. Sie wurden von der technischen und gesellschaftlichen Entwicklung hinweggespült.

Aber: Braucht es das Wirtshaus und den Wirt wirklich nicht mehr? Schnell auf ein Plauscherl zum Wirt. Die Sorgen loswerden. Die Tageszeitung durchblättern. Die oft hitzigen Diskussion am Stammtisch. Das kleine Gulyas mit Handsemmel. Die Vereinssitzung mit Open End. Das Zwitschern der Vögel im Gastgarten. Gemeinsam mit der Gastwirtsfamilie alt werden und feiern, von der Taufe über die Firmung und Hochzeit bis zum Begräbnis. Das alles brauchen wir nicht mehr? WIRKLICH?

Die noble Küche oder wie verblöde ich meine Gäste

Und dann kommt im nächsten Augenblick ein Artikel in der Zeitung, der das alles in den Schatten stellt.
Es ist natürlich nicht meine Art, die Kochkunst von Kollegen in irgendeiner Weise zu verunglimpfen oder gar in den sogenannten Dreck zu ziehen, aber diese Art, bei der sich alle Gourmets förmlich verbiegen und den Koch in den Hintern kriechen, verstehe ich nicht ganz. Noch dazu fühle ich, dass die Leute von der Gastronomie einfach keine Ahnung haben oder sie haben

einfach den guten Geschmack verloren, denn wenn ich heute wirkliche Klassiker der Wiener Küche und der internationalen Küche so interpretiere, dass Speisen herauskommen, die so verdreht sind, habe ich einfach keinerlei Verständnis dafür und lehne daher diese Art der Kocherei grundlegend ab.

Zum Beispiel wird beschrieben, dass die feinen Produkte und raffinierte Gewürze und Aromen alle Stückeln spielen. Und das wird dann zu einem exquisiten, kreativen Menü.
Beispiele sind die geräucherte Wild-Consommé mit Grießknödel, Marille und Pilzen oder der Schweinebauch und gegrillte Austern mit Schwarzbeeren, Zwiebel und Wiesenkräuter-Salat. Und das Tatar, das für sich selber spricht, wenn es so mariniert wird, wie es vor langer Zeit kreiert wurde. Das ist nicht der Fall bei diesem Rindertatar, welches mit Sellerie, Zitrone und Paradeiser zubereitet wird.
Des Weiteren gibt es Kalbsbries und Eierschwammerl, Pfirsich und Buttermilch, marinierte rote Wildgarnele mit Schnittlauch. Und das alles wird von einer Person zu Papier gebracht, bei der ich mich erdreiste zu sagen, dass sie nicht einmal ein Butterbrot streichen kann und der das Nudelwasser anbrennt.

Diese Geschmacksverwirrung ist kaum noch zu erdulden. Wie soll sich ein Gast konzentrieren können, wenn sich eine so große Vielfalt an Zutaten auf dem Teller entfaltet? Wir kommen in eine Art von Küchenphilosophie, die nur mehr solche Personen verstehen, die dieser für mich verrückten Welt der Pseudo-Küchen-Anhänger angehören. Oder wie ich in meinem Buchtitel sage: Ein Koch, der diese Welt einfach nicht mehr versteht.

Daraus ergibt sich gleich das nächste Problem. Denn nun wird es immer mehr üblich, dass Hinz und Kunz in diversen Journalen immer mehr Rezepte abdrucken lassen. An und für sich ist das kein Problem, aber wenn man dann bei der Ausführung auf die Hälfte vergisst, wird es dann für den, der das nachkocht, leider problematisch, wie in dem Fall, in dem eine Gemüse-Fideuà mit Safran und Allioli gekocht wird. Der Kochvorgang ist in etwa wie bei einer Paella, nur werden an Stelle von Reis feine Nudeln, sogenannte Fideos-Nudeln, verwendet. Es wird also genau beschrieben, wie das Gemüse geschnitten sein soll und wie die Bohnen nur kurz blanchiert werden, um sie dann, wenn sie kalt sind, von der Haut zu befreien. Es wird dann in einem flachen Topf Öl mit den Zwiebel angeschwitzt, bis sie zart und hellgold sind. Dann werden Paprika und Tomaten beigefügt und es wird gelegentlich umgerührt. Das Gemüse soll zart sein. Dann den Fenchel untermischen, 5 Minuten dünsten, dann das Paprikapulver unterrühren, 2 Minuten erhitzen. Safran und Brühe zufügen und zum Kochen bringen, sodass der Safran die Brühe aromatisiert. Mit Salz und Pfeffer abschmecken. Man hat aber leider vergessen, zu erwähnen, wann man dem Gericht die Nudeln und die Artischocken zufügt, so dass natürlich für den nicht gewandten Koch ein Problem entsteht. Und das ist nicht das einzige Mal, wo ich beim aufmerksamen Lesen immer wieder den Kopf schütteln muss. Wird etwas, was in den Druck kommt, nicht, wie es früher war, noch einmal gelesen, um eben diese Fehler zu korrigieren? Daher mein Fazit: Nicht nur, dass manches Mal die irrwitzigsten Rezepte in die Zeitungen kommen, vielmehr sind es Rezepte für Ratefüchse, denn es ist ja manches Mal wirklich nur zum Raten und zum Kopfschütteln.

Was nicht ganz zum Kochen gehört, aber auch einmal geschrieben werden soll

Dass die nächsten Zeilen nicht ganz zum Kochen gehören, sei dahingestellt, aber es sollte doch einmal gesagt werden und darum möchte nun einige Zeilen jenen widmen, die durch Automatisierung ihren Arbeitsplatz verloren haben. Auch habe ich bereits erwähnt, dass dieses Phänomen in den Küchen Einzug gehalten hat. In den meisten Fällen nennt es sich Convenience. Gott sei Dank haben die Roboter noch nicht Einzug in die Küchen gehalten, außer in der Gestalt von hilfreichen Maschinen wie Rührwerke, Mixer, Kühlanlagen zum Eiserzeugen, spezielle Backschränke und so anderes modernes Zeugs.

Was mich aber doch sehr nachdenklich stimmt, sind diverse andere Branchen, wie zum Beispiel die Automobil-Industrie. Waren vor 50 Jahren noch Personen damit beschäftigt, Autos am Fließband händisch zu bauen, sind es heute Roboter, welche schweißen, biegen und Punkt genau ein Auto zusammensetzen können und vor allem nicht krank werden und auch keine Pause brauchen. Sie brauchen nur manches Mal ein Service und etwas Öl zum Schmieren. Das ist natürlich nicht die einzige Branche, sondern quer durch die Industrie und auch durch das Gewerbe zieht sich das Band der Perfektion. Die Produkte werden immer schneller fertig und dadurch auch früher auf den Markt gebracht und gerade deshalb werden sie besser und teilweise effizienter. Darum geht man her und baut sogar Sollbruchstellen in manche Produkte ein. Oder wo es früher ein Zahnrad gab, ist heute ein Plastikrad, welches meist so verbaut ist, dass eine Reparatur nicht möglich ist (meist kurz nach Garantieende) und dann den Geist aufgibt.
Ein besonderes Anliegen ist zum Beispiel die endlose Geschichte der E-Mobilität, sprich Elektroauto. Es werden daher weltweit seltene Erden Weltweit gesucht, um daraus Akkus oder Batterien zu bauen. Wir werden genötigt mit Fahrverboten, dem Dieselskandal und der Erklärung, dass wir etwas für die Umwelt tun müssen. Dass aber durch das Schürfen der Elemente der Erde mehr Schaden zugefügt wird, darüber wird nicht gesprochen. Man weiß ja nicht erst seit gestern, dass der fossile Brennstoff irgendwann zu Ende geht. Man hat aber nicht wirklich nachgedacht, so glaube ich zumindest, wie es weitergehen soll. Wir sind heute in der Lage, unsere Welt mit einem Schlag zu vernichten, nur glaubt es bis dato keiner.

Aber wollen wir das wirklich? Muss alles so perfekt sein? Wo bleibt die Individualität des Produktes und vor allem der Menschen? Wir Menschen sind doch auch nicht von einer Maschine oder Roboter gebaut und haben alle unsere Ecken und Kanten, die uns so voneinander unterscheiden.
Des Weiteren wird, sobald die Produktion oder der Vertrieb irgendwie einbricht, auf Neudeutsch „outgesourct." Das heißt,

wir lassen unsere Waren teilweise im Ausland produzieren, zum Teil in Billigstlohnländern. Auf der anderen Seite geht bei uns alles den Bach hinunter. Es gibt fast kein Produkt mehr, welches in Europa erzeugt wird, speziell in der Bekleidungsindustrie. Dennoch haben wir einen Überfluss im Sektor der Lebensmittel und wenn die Karotte oder Gurke nicht der Norm entspricht, wird das Gemüse nicht verwendet, sondern eingeackert. Warum? Die Natur ist nun mal nicht gerade, sondern krumm, aber macht eine krumme Gurke nicht auch einen Salat, ODER?
Es wird auch so viel mit den Lebensmittel manipuliert. Das sieht man am besten bei den Erdäpfeln. Die Qualität der Erdäpfel ist derzeit schlecht, ebenso die Auswahl. Es gab früher sehr viel mehr Auswahl, aber durch Züchtung wird es meiner Meinung immer schlechter.

Aber eines sei auch gesagt: Man sollte auch noch einen Aspekt ins Kalkül ziehen und das ist immer noch der Mensch und vor allem seine Fähigkeiten, die sich doch über Jahrtausende entwickelt haben, und seine Sinne. Was wären wir zum Beispiel, wenn wir keinen Geruchssinn hätten? Da könnte das Essen noch so gut und sensationell gekocht sein, wenn wir es nicht riechen können, verlieren wir doch einiges an dem Erlebnis des guten Geschmackes. Daher sei doch einmal gesagt: „Ohne Gerüche wird die Welt langweiliger und leerer." Dann muss man auch noch in Betracht zieht, was es alles braucht, um auf den Geschmack zu kommen, wie es das Zusammenspiel der Nase und der Zunge eben die verschiedenen Aromen ermöglicht.

Und da sind wir nun wieder beim Kochen und der Gastlichkeit

Ich finde, dass wir uns sehr stark in die Abhängigkeit einiger Großfirmen begeben haben. Ich habe erst vor kurzem einen Bericht über Paradeiser gesehen. Die besten Paradeiser oder Paradeiser-Produkte kommen nicht, wie man glaubt, aus Italien, dem Land der Pomodori. Nein, weltweit größter Anbauer ist China!!!!!! Da werden die Paradeiser in Form von Paradeismark in Verpackun-

gen zu 500 kg nach Italien gebracht und dort weiterverarbeitet. Ein Gedanke, der erschreckt. Ein weiterer Produzent ist Spanien, im Speziellen Almera. Auf Feldern, die so groß wie ein Bundesland sind, werden Paradeiser angebaut. Ein Kilo dieser Frucht benötigt 180 Liter Wasser, um zu reifen. Es ist noch anzumerken, dass die Arbeiter in dieser Region wie Sklaven gehalten werden und in einem Slum neben den Feldern wohnen und das in Europa. Diese Zustände sind einfach unvorstellbar.
Nichts gegen China und Paradeiser, aber der Gedanke geht nicht so in unseren Kopf, denn China ist in unserer Vorstellung mit Reis verbunden, aber definitiv nicht mit Paradeiser.
Aber der Konsument ist leider so weit in diesen Prozess eingebunden mit der Gier nach all den Früchten und Gemüsen – vom Fleisch ganz abgesehen –, dass er die alten Regeln, wie sie früher herrschten, einfach vergessen hat. Da gab es halt zu Weihnachten keine Erdbeeren und keinen Spargel, sondern Maroni und Rüben und wir waren zufrieden. Wer kocht heute noch saisonal, speziell in den Top-Lokalen, welche ja immer das Beste vom Besten servieren müssen? Man hat verlernt, aus einfachen Produkten, die vorhanden sind, Gutes zu produzieren.

Es gab doch vor 50 Jahren auch Top-Lokale wie die „Zu den drei Husaren“ von Fodermaier mit dem Hors d ‚oeuvre-Wagen oder in Sievering den „Eckel“ und dort gab es hervorragendes Essen und alles wurde noch in der Küche gekocht und gebacken, ohne den Firlefanz von Convenience-Produkten.

Des Weiteren wird dem Konsumenten vorgegaukelt, dass er im Supermarkt, speziell in denen, die einer bestimmten Gruppe angehören, alles fast umsonst bekommt. Darum frage ich mich, wenn auf einem Flugblatt steht, das Bauchfleisch der Firma Hofstädter ist jetzt um € 3,99 zu bekommen, wo es doch eigentlich € 7,99 gekostet hat, was verdient der Markt noch und zugleich warum verkauft er das Fleisch nicht gleich zu dem billigen Preis? Das Gleiche gilt für Butter. Da werden 250 Gramm Sommerbutter um € 2,59 angeboten, aber ab 4 Stück ändert sich der Preis auf € 1,69. Das ergibt summa summarum eine Ersparnis von € 3,60.

Warum aber ist die Butter nicht gleich für € 1,69 verfügbar? Das gilt auch für 1 Kilo Zucker, das auf € 0,89 kommt. Beim Kauf von 3 Kilo kostet mich der Zucker nur mehr € 0,59 ergibt. Wenn ich also drei kaufe, habe ich den dritten gratis. Das ist reinster Betrug und Bauernfängerei. Und das setzt sich so mit sehr vielen Produkten fort, bei denen alles ab zwei billiger ist. Jetzt stelle man sich vor, es handelt sich jetzt um einen Ein Personen-Haushalt, der ja nicht so viel einkauft, oder eine Person, die in Rente ist und halt nicht so viel braucht und auch gar nicht den Raum zur Verfügung hat, um all diese Produkte zu verstauen.

Der Abfall

Diese Person muss automatisch den teuren Betrag zahlen und wird von den Rabatten ausgeschlossen. Aber die andere Seite ist, dass Lebensmittel bereits vor dem eigentlichen Verbrauchsdatum entsorgt werden und einfach in den Müll wandern, anstatt sie für wohltätige Zwecke zu geben. Der Handel entsorgt ca. 110 000 Tonnen im Jahr, davon sind 74 000 Tonnen Lebensmittelabfälle, der Rest ist Retourware und Brot und Gebäck.
Bei der Außer-Haus-Verpflegung fallen 280 000 Tonnen Lebensmittelabfälle pro Jahr an, etwa 175 000 Tonnen wären vermeidbar. Und schließlich landen 276 000 Tonnen im Restmüll, von denen 157 000 Tonnen als vermeidbar gelten. Selbst die Hälfte der Lebensmittel in der Biotonne (90.700 Tonnen) wäre eigentlich genießbar.
Viele Personen nehmen an, dass die empfohlene Aufbrauchfrist gleich dem Verfallsdatum ist. Daher wird alles gleich, sobald das Datum erreicht wird, entsorgt und dem Müll zugeführt.
Es sich nun die Frage, ob Teller oder Tonne betreffend die Küchenabfälle eine Begriffsdefinition ist. Denn in gewerblichen Küchen muss streng differenziert werden. Es gibt Rüstabfälle, welche beim Schälen und auch koch-bedingt anfallen, wie Kno-

chen und Gemüse von Suppenansätzen. Das sind unvermeidbare Küchenabfälle. Vermeidbar sind hingegen Essensreste, die auf den Tellern bleiben und durch Überproduktion entstehen. So wurde im Jahr 2018 durch gezieltes Management eine Einsparung von 18% erzielt, durch die Sensibilisierung auf die Ausgabe und die Anrichteweise wurden in konkreten Zahlen ausgedrückt 177 Tonnen weniger Lebensmittelabfälle produziert. Darum reichen auch die freiwilligen Aktionen nicht aus, es wandern noch immer ca. 90% der unverkauften Lebensmittel aus dem Supermarkt in die Tonne. Das haben Experten von Foodsharing und der Umwelthilfe berechnet. Die weggeworfene Menge entspricht mindestens 11,5 Millionen Mahlzeiten pro Tag. Es wird daher ein gesetzlicher Wegwurfstopp für genießbare Lebensmittel gefordert. Die Gremien aber verweisen auf freiwillige Maßnahmen wie die Tafeln etc. Doch das ist leider nur ein Tropfen auf den heißen Stein, denn der Handel entsorgt das Zehnfache an Lebensmittel.

Wir schreiben jetzt das Jahr 2020 und nichts hat sich geändert. Der Lebensmittelabfall in Österreichs Krankenhäuser ist im Vergleich zur ausgegebenen Lebensmittelmenge auf 31% gestiegen, noch schlimmer ist es beim Catering, wo 52% als Abfall deklariert werden, da das Essen gar nicht serviert wird. 13% entstehen durch Nichtverzehrtes am Buffet.
Dagegen ist die Anzahl der österreichischen Restaurants und Gasthäuser mit 79 Mitgliedern der Green Chefs eher sehr gering, zieht man die Unzahl der Etablissements in Betracht. Diese Vereinigung setzt sich für ein nachhaltiges Wirtschaften in der Branche ein.

Eine neue Studie hat ergeben, dass ein Drittel der weltweit produzierten Lebensmittel unverbraucht weggeworfen wird. Alleine in der EU werden jährlich 88 Millionen Tonnen an Lebensmittel verschwendet. Das ergibt ca. 173 Kilogramm pro Person. Rund 8% der weltweit anfallenden Treibhausgasemissionen sind auf diese Verschwendung zurückzuführen. Alleine für die Produktion später nicht verzehrter Nahrung wird jährlich eine

Menge von Wasser verbraucht, die in etwa dem Siebzigfachen des Attersees entspricht. Private Haushalte sind für 53% der weggeworfenen Lebensmittel verantwortlich, 30% gehen auf das Konto von Landwirtschaft und Produktion, 12% verschuldet die Gastronomie und 5% werden vom Handel verschuldet. Dadurch hat die Weltwirtschaft einen Schaden von 850 Milliarden Euro, in Europa sind es 143 Milliarden Euro.
Studien zeigen, dass wir, wenn wir so weiter machen, uns selbst das Wasser und die Lebensmittel abgraben. Und das kann ja nicht der Sinn des Ganzen sein.
Es wäre vielleicht einmal zu überdenken, wie es um unsere Zukunft steht und im Allgemeinen nicht mehr darüber reden, sondern einfach zu handeln. Was nützen all die Konferenzen, wenn dann in Enddefekt doch alles beim Alten bleibt und eigentlich schlechter wird? Es fehlt eigentlich an der gerechten Verteilung der Güter. Die gewollte Überproduktion wirkt sich hingegen negativ aus. Ein Beispiel sind die Turbo-Kühe, die wegen eines zu großen Euters nur mehr mit Schmerzen gehen können.

Darum geht es weiter mit der Organisation Greenpeace. Sie wollten wissen, wie die Gelder wirken, die Bauern aus Brüssel als Subventionen bekommen. Auf mehr als 70% der subventionierten landwirtschaftlichen Flächen wachsen Futtermittel für Schwein, Huhn und Rind. Somit subventioniert die EU massiv die Produktion von Fleisch und damit indirekt auch die negative Auswirkung der Massentierhaltung auf Umwelt und Klima. Wenn man nun die für die Ernährung nicht direkt verwertbaren Weidefläche abzieht, liegt der Anteil für die Produktion von Tierfutter noch immer bei 63%. Es zeigt sich auch, dass die Produktion von Fleisch und Milch in immer weniger, aber daher größeren Betrieben erfolgt.
Es fließen jährlich rund 30 Milliarden Euro Agrarsubventionen an Betriebe, die Futter für Tiere produzieren oder Tiere halten. Damit wird aber jeder fünfte Euro des Gesamtbudgets für die Subvention des Futteranbaues ausgegeben, unabhängig davon, ob der Anbau umwelt- und klimafreundlich ist. Daher wird ge-

fordert, in Zukunft eine klimaschonende, naturnahe Landwirtschaft zu unterstützen.

Zitat:
„Wie die Schätzungen der Welternährungsorganisation, kurz FAO, zeigen, wird schon jetzt weltweit ein Drittel aller Lebensmittel weggeworfen. Das sind rund 1,3 Milliarden Tonnen. In Österreich landen laut Lebensministerium pro Jahr ca. 96.000 Tonnen genießbare Lebensmittel auf dem Müll. Das beginnt aber bereits am Acker und setzt sich fort über die Produktion und den Handel bis hin zu Restaurants und den Privathaushalten. Wir haben die Wahl, ethische Verantwortung an den Tag zu legen, faire Produkte zu einem fairen Preis in einer Menge, die wohlüberlegt ist, zu kaufen oder die Vogel-Strauß-Politik zu betreiben und blindwütig in den Einkaufskorb zu legen, was wir vielleicht nicht einmal brauchen können, gleichgültig, woher es kommt. Der nachhaltige Umgang beginnt nämlich beim Einkauf, setzt sich bei der richtigen Lagerung fort und endet beim Verzehr statt im Restmüll.
Auch haben viele keine Ahnung, was sie zu Hause lagern, egal, ob in der Vorratskammer, im Eiskasten oder in der Tiefkühltruhe. Es wird auch mit dem Partner zu wenig kommuniziert. Daher kaufen beide oft das Gleiche. Es ist notwendig, die Einkäufe zu koordinieren.
Daher Wegwerfgesellschaft oder weltbürgerliche Verantwortung?“
Zitat Ende.

Die Situation beim Palmöl ist ähnlich. Wir können in fast jedes Produkt hineinsehen und werden feststellen, dass Palmöl drinnen ist. Es ist erschreckend, welche Dinge in Lebensmittel vorkommen, im Speziellen bei den haltbar gemachten Lebensmittel. Andere Produkte gaukeln etwas vor, was sie eigentlich nicht sind. Speziell Sojamilch, Mandelmilch und Reisgetränke geben uns etwas vor, was es eigentlich nicht ist. Man sollte sich einmal die Mühe machen, die Zutatenliste zu lesen. Und so ist es leider in allen Bereichen – egal, ob beim Kochen oder beim Schneidern eines T-Shirt.

Die Welt, in der wir leider jetzt leben, ist nur mehr auf Konsum ausgerichtet. Daraus resultieren die Krankheiten unserer Zivilisation, die es vor 70 Jahren nicht gab. Nun werden einige Leute sagen, das war kurz nach Ende des Zweiten Weltkrieges und wir hatten nichts. Das ist korrekt, aber es gab weniger Diabetes, Krankheiten der Wirbelsäule und vor allem keine Adipositas in all ihren Formen, die schon bei Schulkindern beginnt und sich dann natürlich bis ins hohe Alter fortsetzt. Natürlich gab es auch damals dicke Menschen, aber nicht so viele wie heute.
Darum kann ich nicht verstehen, dass Gemüse, das nicht der Norm entspricht, vernichtet wird. Die Zahlen, was täglich in einem Haushalt weggeschmissen wird, sind sehr unterschiedlich und schwanken zwischen 100 und 150 Gramm pro Person. Das bedeutet, dass im Jahr mindestens 40 Kilogramm im Müll landen. Im Endeffekt sind es aber 760 000 Tonnen im Jahr 2017 in ganz Österreich im Wert von € 400.00. EU-weit sind es bereits 100 Millionen Tonnen, die anfallen.

Neueste Erkenntnisse zeigen, welche und wie viele Lebensmittel im Haushalt pro Kopf und Jahr entsorgt werden. Der Spitzenreiter ist Australien mit 102 Kilogramm, es folgt Deutschland mit 75 Kilogramm, China – man staune – mit 64 Kilogramm und weit in den untersten Reihen Österreich mit 39 Kilogramm.

Es kann doch nicht sein, dass Lebensmittel, obwohl sie in einem guten Zustand sind, trotz der mühevollen Arbeit des Bauern so minderwertig behandelt werden. Müssen wir uns wirklich den Doktrinen übergeordneter Stellen beugen?

Da es sich so ergibt, ist gerade heute in FS2 eine Dokumentation über den Wahn des Wegwerfens.
BIOMÜLL der KLASSE 1
Daher einige Fakten,
Karotten sind, wenn sie in der Erde gelagert werden, bis zu einem halben Jahr haltbar. Bei der Aufbereitung für den Verkauf reduziert sich, wenn sie gewaschen werden, die Haltbarkeit auf

eine Woche, da bei der intensiven Säuberung die Schale so sehr verletzt wird, dass sich auf der Karotte sofort Keime bilden können. Würde die Karotte hingegen mit Erde, also unbehandelt, in den Verkauf kommen, was aber aus Gründen der Hygiene nicht machbar ist, würde sich die Haltbarkeit auf mindestens drei Wochen verlängern.

Da ist aber der Verlust, der bei der Ernte entsteht, gar nicht mitgerechnet, sprich, alles, was nicht der Norm entspricht, wird sofort ausgesondert.

Das gleiche Schicksal gebührt den Zwiebel, sollte die Schale nicht braun genug sein und wegen der Sonne der weiße Anteil der Schale überwiegen, wird aus einer absolut perfekten Ware ca. 25 Tonnen Bio-Gas. Denn der Kunde will halt nur Zwiebel mit brauner Schale.

Das ergibt in Summe einen Anteil am gesamten Anbau von zwei Drittel von Gemüse, das eigentlich nur für den Bio-Müll produziert wird.

Chinakohl wird zum Beispiel in der Steiermark in einem Bio-Betrieb erzeugt. Entsprechend der Gewichtsvorgabe des Handels sollte der Chinakohl ein Gewicht von ca. 1,5 Kilogramm haben, was aber nicht immer der Fall ist. So ist der Bauer gezwungen, den Chinakohl so zu beschneiden, dass ungefähr ein Drittel weggeschnitten wird. Auch wird durch die Lagerung von der Ernte bis zum Verkauf das äußere Blatt teilweise gelb und verliert sofort an Qualität. Darauf, dass die Vorzüge des Chinakohls erhalten bleiben, wird absolut keine Rücksicht genommen. Der Bauer war daher gezwungen, 75 Tonnen der Bio-Gasanlage zuzuführen, obwohl der Chinakohl keinerlei Schäden aufwies.

So hat jedes Land der EU bezüglich Lagerung, Anbau und Inverkehrbringung andere Steuern. In Polen zum Beispiel ist der Bauer anders besteuert als in Österreich. Darum ist auch der Chinakohl in Österreich etwas teurer.

Auch haben wir das Problem mit den Erdäpfeln. Wir haben in unserem Land momentan wegen der Trockenheit und wegen eines Parasiten Absatzschwierigkeiten, denn ein Erdapfel, der befallen ist, darf laut Lebensmittelgesetz nicht mehr in den Verkehr gebracht werden, obwohl nach Entfernung der betroffenen Stellen der Erdapfel absolut einwandfrei ist. Daher sollten nach wie vor doch noch Pestizide eingesetzt werden, um dieses Problem zu beseitigen, aber mit Maß und Ziel, da auch Pestizide kilometerweit fliegen können und dadurch andere Gemüse- und Obstsorten schädigen können.

Daher bekommen wir Früherdäpfel der Sorte Dita aus Ägypten, wo auf einer Fläche von 1000 Hektar von der Firma Agro Food Erdäpfel angebaut werden. 70% davon gehen in die EU, 20% bleiben im Land und der Rest von 10% ist Abfall.
Genau so ist es mit den Paradeisern, die das klimaschädlichste Gemüse sind, denn sie brauchen ca. 12 Stunden Licht. Wieder in der Steiermark werden 500 Tonnen in sehr großen Glashäusern für den österreichischen Markt produziert. Dafür gibt es von den großen Lebensmittelkonzernen eine garantierte Abnahmemenge, was den kleinen Bauern total wegrationalisiert.

Die Firma Rewe hat in ihren Märkten das System, dass von Gemüse, sollte es nicht mehr der Norm entsprechen, ca.1,5% für Soziale Vereine gegeben wird. Der Rest ist wie gehabt Müll.

Österreich war einmal autark. Wir konnten vor nicht all zu langer Zeit unsere Bevölkerung noch selbst ernähren. Aber da die Bevölkerung durch Zuwanderung stark gewachsen ist, ist das fast nicht mehr möglich. Auch haben wir einen immensen und europaweit den höchsten Bodenverbrauch. Es wird sehr viel gebaut und fruchtbares Ackerland einfach versiegelt und zubetoniert. Auch wirkt sich der Klimawandel mit langen Dürreperioden negativ auf Ernteerträge aus, was bereits zu ersten Engpässen führt. Das wiederum führt zu mehr Importen von Lebensmittel. Auch wird Wasser sehr knapp.

Dann haben wir aber noch ein anderes Problem, die Gier einiger unserer Gemüsebauern. Es wurde jetzt gerade wieder ein Skandal aufgedeckt, der diese Branche weiter in den Verruf bringt. Dieses Mal ging es um die Bezahlung der Arbeiter bei der Ernte, die bis zu 100 Stunden bei einem Lohn von € 4,20 für Frauen und € 4,40 für Männer arbeiten mussten. Noch dazu wurden sie entweder gar nicht oder erst sehr spät bei der Krankenkasse angemeldet. Da frage ich mich natürlich, wie es dem Bauern geht, und ich sehe auch, dass dieser Bauer bei Gemüse, bei dem er vertraglich an diverse Supermärkte gebunden ist und den Rest nicht verkaufen kann, den Verlust daher verschmerzen kann und daraus Biogas gemacht wird. Denn aufgrund des nicht angemessenen Lohn für die Arbeiter kann er sich das Leisten. Und ich bin mir sicher, das ist kein Einzelfall.

Genau so hatten wir das Problem mit einem Spargelbauern, ebenfalls aus dem Marchfeld. Die Spargelstecher waren in Quartieren untergebracht, die jeder Grundlage entbehren. Sie sind voller Schmutz und Schimmel und sind eines Quartiers nicht würdig. Wenn ein Arbeiter 10 bis 12 Stunden am Tag anstrengende Arbeit verrichtet, sollte er dementsprechend leben können. Darum ist es an der Zeit, diesen Verbrechern das Handwerk zu legen und mehr zu kontrollieren. Auch mit Ausländern kann man nicht machen, was man will. So soll es nicht sein.

In der Krise war kaum ein Österreicher bereit, diese Arbeit zu machen. Wir brauchen diese Saisonarbeiter, aber nicht als Sklaven, sondern als fair bezahlte Mitarbeiter.

Das brachte mich zu der Überlegung, dass man ja eigentlich aus den ungewollten Lebensmittel ein Menü zusammenstellen kann, um dem Gast zu beweisen, dass nicht alles in der Norm sein muss, denn auch aus Lebensmittel, die dem Konsumenten vorenthalten werden, kann gutes Essen in hervorragender Qualität zubereitet werden.

Daher wird aus ungewolltem, nicht schön anzusehenden Gemüse eine einmalige und wunderbare Speise.

1. Die nicht in das Schema passende Karotte wird zu einer sämigen Suppe, der nur ein wenig Ingwer und Obers zugefügt werden.
2. Aus der Zwiebel, die fast keine braune Schale hat und daher nicht mehr verkäuflich ist, obwohl sie einwandfrei ist, entsteht die bekannte französische Zwiebelsuppe mit einem Hauch von Cognac, Weißwein und Käse-Croutons.
3. Aus dem zu klein geratenen Paprika in all den Farben wird ein Letscho hergestellt. Dazu wird der Erdapfel, der nicht in den Rahmen passt, als Rösti-Beilage und gegrilltes Schweinefilet gereicht. Somit haben wir eine Speise, die Ihresgleichen sucht.
4. Das gerettete Wurzelgemüse wird zur Rahmsauce und arrangiert sich um einen köstlichen Rindsbraten, der mit Erdäpfel-Schupfnudeln brilliert.
5. Als unvergessene Delikatesse aus alter Zeit wird gekochtes Rindfleisch mit den für den Handel zu kleinen Paradeisern, die zu einer Alt Wiener Paradeissauce gekocht werden, und mit Salzerdäpfeln serviert, alternativ würde es Dillsauce geben.
6. Aus der nicht der Norm entsprechenden Zucchini wird eine Mischung aus Zweierlei (Bierbackteig &Brösel) Gebackenem mit Knoblauchsauce und Gebratenem mit Tomaten-Concassé-Speise zubereitet.
7. Um den so wertvollen Chinakohl Respekt zu zollen, wird er gebraten und mit in Streifen geschnittener Hühnerbrust und Nudeln vermengt und etwas exotisch gewürzt.
8. Aus krummen Gurken entsteht ebenfalls ein herrlicher Gurkensalat oder die Dill-Rahm-Gurke.

Gemüse & Vegetarisch

Das hat jetzt aber nicht mit dem Essen zu tun, aber es muss geschrieben werden

Sexy Spielzeug, nachhaltig und vegan wie zum Beispiel der BH, also Dessous, nachhaltig für Spaß. Der Leder-Look ist nämlich vegan und aus Produktionsresten gemacht. Oder der Kristalldildo ist frei von Weichmachern. Bitte, wie sollen Weichmacher in einen Stein kommen? Es gibt auch Kondome aus Naturkautschuklatex, also vegan und biologisch abbaubar. Auch ist die vegane Gleitcreme auf Wasserbasis gemacht, um den pH-Wert der weiblichen Vagina nicht aus dem Gleichgewicht zu bringen. **Es ist zu bedauern, wofür das arme Wort Vegan herhalten muss. Wie man sehen kann, nicht nur für das Essen, sondern eigentlich für jeden Scheiß, mit dem der Mensch Geld machen kann. Die verblödeten Leute kaufen alles, was angepriesen wird.**

Auch ist es mir ein Anliegen über Gemüse im Generellen zu schreiben und die Vor- und Nachzüge dieses zu behandeln. Wie in einem früheren Abschnitt, in dem ich bereits über die Verschwendung unserer Ressourcen geschrieben habe, möchte ich dies nun noch ein wenig näher beschreiben.

Wie ich in vielen Rezepten speziell aus diversen Wochen- und Tagesblättern ersehen kann, wird sehr viel mit Tiefkühlware gekocht (für einen Koch leicht zu erkennen). Und darum möchte ich gleich zu dem für mich entscheidenden Punkt kommen. Wir sollten wieder zu dem Teil unserer Ausbildung kommen, wo wir gelernt haben, Gemüse zu rüsten und auch selber in die vom Rezept gewünschte Form zu bringen. Ich erwähne einfach das Brunoise Gemüse für Suppeneinlage oder Bâtonnets, ca. 5 cm lange und 5 mm dicke Gemüsesticks. Weiters haben wir das Julienne geschnittenen Gemüse, Eminece (Geschnetzeltes in feine Streifen schneiden wie Züricher Geschnetzeltes), Auch

das Mirepoix ist ein Bestandteil der Küche. Das Macédoine ist ebenfalls kleinwürfeliges Gemüse. Für Karotten und andere Gemüse, welche für Eintöpfe verwendet werden, ist das Paysanne, fein blättrig geschnittenes Gemüse, sehr beliebt. Für spezielle Gemüsen wie Lattich, Bärlauch oder Sauerampfer gibt es Chiffonade, hauchdünne Streifen. Jardinières sind ebenfalls kleine Würfel. Eine sehr attraktive Art, speziell bei Karotten und gelben Rüben, ist, das Gemüse in die Hälfte zu schneiden, je nach Größe noch mal zu halbieren und dann in Dreiecke zu schneiden. Das kann als Einlage für Wildragout Verwendung finden. Auch haben wir gelernt, diverse Gemüsesorten, speziell Erdäpfel, zu tournieren, wobei die Abschnitte zum Bereiten von Püree sehr gut geeignet sind. Ebenso kommt der Pont-Neuf-Schnitt bei Erdäpfeln zur Geltung, die Stücke sind ca. 2 cm x 7 cm für grob geschnittene Pommes Frites. Das Chartreuse Messer, auch Buntschneidemesser genannt, wird speziell für gekochtes Gemüse als Beilage zu gekochtem Rindfleisch verwendet, durch den Wellenschnitt wird es sehr dekorativ.
Es ist natürlich vor allem eine Zeit- und Personalfrage. Aber auf der anderen Seite will keiner mehr wirklich arbeiten und dadurch ergeben sich eben Probleme, da nurmehr schnell und billig gearbeitet wird und die Industrie Ihres dazu beiträgt.
Darum muss wieder zu den alten Werten zurückgegangen werden, erstens um das wunderbare Gemüse, welches nicht den Normen entspricht, durch eben diese Verarbeitungsschritte wieder in den Kreislauf zu bringen und zweitens um den Lehrlingen zu zeigen, wie vielfältig Gemüse sein kann und dieses vor der Vernichtung gerettet werden kann. Es bedarf natürlich einer gewissen Logistik, aber das ist alles machbar, wenn der Wille da ist. Und der Gemüsebauer ist zufrieden, wenn sein Gemüse nicht auf den Müll kommt und seine Arbeit wertgeschätzt wird. Und das sollte bereits in der Schule begonnen werden.

Darum möchte ich gleich zu einem Thema kommen, das auch mir sehr am Herzen liegt. Ich habe in einem Absatz vorher schon über die maßlose Verschwendung der Lebensmittel speziell im Gemüsebereich geschrieben. Wie ich hat sich der Kollege Christian Domschitz Gedanken gemacht, was man als Koch mit zu viel geliefertem Gemüse machen kann. Und er hat auf eine alte Konservierungsart zurückgegriffen, das Fermentieren. Und wie er sagt, hat er dadurch das ganze Jahr Sommer und damit hat er einen guten Beitrag zur Wertschöpfung der Waren geleistet. Das war ja alles schon vor sehr langer Zeit üblich, denn es gab ja nicht die Möglichkeiten wie heute, also haben die Leute ihr Gemüse und sonstiges eingelegt. Es gab da natürlich die unterschiedlichsten Möglichkeiten der Konservierung, entweder in einer süß-sauren Marinade (Gurkerl, Gemüse etc.) oder in Schmalz (diverse Leberprodukte, Gänseklein etc.) und das nicht nur bei uns, sondern weltweit, wobei eines der bekanntesten Gemüse Kimchi, vergorener Kohl in Korea, ist.

Fermentieren ist sehr einfach

Salzwasser aufkochen und 25 bis 30 Gramm Salz pro Liter Wasser hinzufügen, wenn möglich Steinsalz, da es bei Meersalz in letzter Zeit zu größeren Verschmutzungen kam. Abkühlen lassen. Wenn dann die Gläser mit den diversen Gemüsen und mit den Geschmacksträgern versetzt sind, mit dem Salzwasser übergießen und verschließen. Das Gemüse ca. eine Woche bei Zimmertemperatur (ca. 20°) fermentieren. Von Zeit zu Zeit vorsichtig öffnen, um die Gase. die während der Fermentierung entstehen. entweichen zu lassen. Das Ganze ist dann für einige Wochen, wenn nicht für Monate haltbar gemacht.

Eines der Lieblings-Nachtschattengewächse ist der Paradeiser (Solanum Lycopersicum) bei den Köchen

Es soll weit über 10 000 verschiedene Sorten von sehr kleinen wie den Cocktailtomaten bis zu sehr großen wie den Ochsenherz-Tomaten, die bis zu 1,5 KG schwer werden können, geben.
Hellfrucht/Hilmar: ist eine samenfeste, mittelgroße rote Frucht mit angenehmem fruchtigen Geschmack.
Harzfeuer F1: ist die erste deutsche Hybride mit dunkelroten, runden Früchte mit aromatischem süßen Geschmack.

Red Zebra: eine mittelgroße rot-gelb gestreifte Tomate. Sie ist ein absoluter Blickfang und hat einen würzigen Geschmack.
Wintertomate: ist eine herzförmige, in wunderbarem Rot leuchtende Frucht.
Green Bell Pepper: besticht durch ihre grüne flammenähnliche Färbung der gerippten platt runden Tomate, die innen fast hohl ist.
Philona F1 Hybrid: eine sehr rot leuchtende, bei Hobbygärtnern beliebte Tomate.
Goldstreif: Die 50 bis 200 Gramm schwere rote Tomate wird von goldenen Streifen geziert und hat einen guten Geschmack.
Sacher (Schokoladetomate): Der Name kommt von der dunklen Schalenfarbe und ihrem fruchtig-süßlichen Aroma. Ebenso ist das Fruchtfleisch dunkel gefärbt.
Goldene Königin: eine leuchtende goldgelbe Tomate mit sehr mildem, aber ausgezeichnetem Aroma.
De Berao: Eine Traditionsorte aus Russland. Sie ist mit bis zu drei Metern eine der größten Tomatensorten und wird speziell für die Verarbeitung zu Saucen verwendet.
Ochsenherz: eine alte ungarische Tomatensorte, die um ca. 1900 nach Amerika kam. Sie ist wohl die bekannteste Fleischtomate, die arm an Kernen ist.
Weiße Schönheit: sehr ungewöhnliche Sorte einer flach runden Tomate, die durch ihre weiße Schale besonders auffallt.
Da ist zum Beispiel der Strunk, den wir in unserer Lehrzeit immer aus der Tomate geschnitten haben. Denn dieser enthält giftiges Alkaloid, Solanin genannt. Es müssen natürlich Unmengen verdrückt werden, damit die toxische Wirkung eintritt. Aber es ist auch unappetitlich, den Strunk zu lassen.

Auch ist es mir unverständlich, kleine ganze Rispentomaten in Öl zu blanchieren und mit dem Stängel und den grünen Teilen (Strunk) der Frucht zu servieren. Dies ist eine neumodische Art des Servierens.

Für eine Tomaten-Concassè habe ich gelernt, dass die Tomate gehäutet wird, das Fruchtfleisch herauskommt und dann zu

Brunoises geschnitten wird. Dies wird als Mise en Place in der Küche verwendet, aber definitiv ohne Haut.

Aber nicht nur die Paradegemüsen sollen verwendet werden, sondern es soll einfach zu den Wurzeln zurückgekehrt werden, wie unsere Vorfahren es schon getan haben. Die Gemüse saisonal verwenden und sich nicht von den wahnsinnigen Bedürfnissen des Gastes beeinflussen zu lassen. Es hat doch vor Jahren respektive Jahrzehnten funktioniert. Als ich Lehrling war, haben wir alles noch selber gemacht.

Jedes Gemüse nach Saison und die diversen Erdäpfel-Produkte, ebenfalls ein Nachtschattengewächs, außer die Süßkartoffel, wie Pommes Frites, Kroketten, Pommes Dauphine, Pommes Parisienne, Pommes Duchesse, Pommes Boulangère oder selbst das Erdäpfel-Püree wurden hausgemacht.
Aber sehr viele Gemüsesorten gehören dieser Familie an, wie die Aubergine, der Paprika, Chilis und natürlich sämtliche Pfeffer außer der schwarze. Und auch die erst in den letzten Jahren mehr bekannte Goji-Beere. Auch der Tabak ist eine Pflanze der Gattung Nachtschattengewächse.
Es gibt natürlich einige dieser Pflanzen, welche halluzinogene Eigenschaften besitzen wie die Tollkirsche, der Stechapfel oder die Engelstrompete. Sie sorgen beim Verzehr für Verwirrungszustände und einen lang andauernden Rausch. Der Stechapfel gilt als stark halluzinogen und all seine Pflanzenteile sind hochgiftig. Das wird durch den Stoff Scopolamin hervorgerufen, der sogar zum Tod führen kann. Ebenso ist es mit der Tollkirsche, bei der jede Frucht eine eigene Konzentration des Giftes hat. Dadurch ist eine Dosierung unmöglich und sehr gefährlich. Dasselbe gilt für die sehr beliebte Zierpflanze der Engelstrompete, die zwar sehr schön in einem Garten ist, aber durch ihr Gift birgt sie eine oft verheerende Wirkung. Es ist daher dringend davon abzuraten, diese zu pflanzen, wenn Kinder oder Tiere den Garten benützen.

Da wir auch den Posten des Gemüsekochs im Hotel hatten, war es immer so, dass alles frisch gemacht und auf Abruf serviert wurde.

Und ich weiß aus meiner Zeit, wie vielfältig Gemüse sein kann. Und es gab auch keinerlei Verschwendung, denn alles wurde wieder verwertet. Der heute so strapazierte Begriff „von der Nase bis zum Schwanz“ war bei uns selbstverständlich. Alle glauben jetzt natürlich, das ist eine neue Erfindung der modernen Küche, aber wenn man darüber richtig nachdenkt, geht das ja schon auf das Altertum zurück. Man braucht nur alte Kochbücher zu studieren und wen wundert es, was da alles verkocht wurde, was zum heutigen Tage alles verboten ist. Hat es damals jemanden geschadet? Ist jemand an einem gebackenen Kuheuter verstorben? Oder an den berühmten Stierhoden? Wir müssen anscheinend froh sein, dass wir Leber, Nieren, Herz und Lunge nebst Zunge verkochen dürfen. Sicher waren manche dieser Teile des Tieres billig und für einen großen Teil der Bevölkerung leistbar. Aber gerade hier in Wien, wo die hohe Kunst der Innereien geradezu perfektioniert wurde und nach dem Schlachttag eben eine geröstete Leber oder das bekannte Bruckfleisch (der Name kommt von der Schlagbruckn, wo die lebenswarmen Rindfleischreste um billiges Geld verkauft wurden) oder Rindsleber, Milz, Rindsbries, Herz samt Lichteln, (Aorta) Kronfleisch und eventuell Beuschel und Blut serviert wurde.
Das beliebte Gabelfrühstück erwähnte schon Marie von Rokitansky in ihrem Kochbuch von 1897 als echtes Wiener Gericht und hat es als schwierig beschrieben, weil gewisse Vorbereitungen gegeben sein müssen. Es mussten nämlich einzelne Bestandteile noch lebenswarm verarbeitet werden. Da war es natürlich von Vorteil, wenn man sein Restaurant in der Nähe des Schlachthofes hatte.
So war das Gasthaus Barbanek demnach nicht umsonst berühmt für sein Bruckfleisch, denn das in Wien Simmering gelegene Gasthaus lag unmittelbar beim Schlachthof St. Marx. Leider gibt es das Gasthaus nicht mehr. Das Blut, vorzugsweise Ochsenblut, zum Binden der Sauce ohne Mehl eventuell mit einer Schwarzbrotrinde oder mit Rotwein, um die Sauce zu verfeinern, zu verwenden ist auch mehr originell als original, aber durchaus erlaubt.

Und so kommt es gleich zu der nächsten, für mich allerdings unverständlichen Verblödung des Volkes mit sogenannten „Megetables“, also Gemüse aus Fleisch.
Das ist der US-Fast-Food-Kette Arby's gelungen, indem sie aus Fleisch Gemüse formen. Das erste Produkt in ihrer Linie ist die Putenbrust-Karotte. Auf Anfrage, ob dies wirklich ernst gemeint ist, kommt von der Firma ein eindeutiges Ja. Haben die wirklich noch alle Tassen im Schrank oder sind eben Amerikaner so blöd, das zu glauben? Ich für meine Person kann eigentlich nur den Kopf schütteln. Warum muss ein Vegetarier anstatt einer Karotte, die er einfach abbeißen kann, alles in der Form von Fleisch produziert bekommen wie vegane Wurst oder ein veganes Schnitzel etc. Dabei kann man doch aus den vielen Arten von Gemüsen die herrlichsten Gerichte kochen oder diese auch als Rohkost verspeisen. Steckt da vielleicht doch im Hinterkopf der Wunsch nach Fleisch?

Und wenn dann im Jahr 2050 ca. 10 Milliarden Leute die Welt bevölkern, werden wir uns doch andere Essgewohnheiten überlegen müssen. Denn die immer stärker wachsende Weltbevölkerung und die aktuellen Ess- und Ernährungsgewohnheiten bringen unsere Welt an den Rand des ökologischen Vertretbaren, wenn nicht an den Rand des nicht mehr Machbaren. Um das Wachstum z. B. der verschiedenen Gemüse- und Getreidesorten zu fördern, muss vehement gedüngt und mit teilweise verbotenen Pflanzenschutzmittel gearbeitet werden, was nur zu einer weiteren Destabilisierung des Ackerbodens führt.

Und da möchte ich nun ein paar Worte über unsere Bauern schreiben.

Ich habe vor ein paar Tagen einen Bericht im Fernsehen über das Ernten gesehen. Und wie es so üblich ist, beginnt ja das Ernten mit dem Aussähen.
Wenn man diesen Bericht, der aus Deutschland stammt, genau betrachtet, muss man feststellen, dass der Bauer sehr viel mit der Hand pflanzt, obwohl er dazu diverse Maschinen nimmt,

aber der Großteil wird mit der Hand in den Boden gebracht, im Speziellen bei Pflanzen, die sehr zart und verletzbar sind. So werden die Erdbeeren mittels einer Pflanzmaschine von Hand in den Boden gebracht, aber die Handarbeit ist so essentiell und durch nichts zu ersetzen. Genau so ist es auch bei der Ernte, es ist noch keine Maschine erfunden, die Erdbeeren pflücken kann. So ist es mit sehr vielen anderen Gemüse und Früchten, wie z. B. bei Broccoli. Der Bauer muss bei einem Feld ca. 4- bis 5-mal darüber gehen, denn nicht jeder Broccoli wächst gleich und da es ein Mindestgewicht von 500 Gramm gibt, wird eben ein Feld mehrmals beerntet – und alles mit der Hand. Ebenso ist es beim Eisbergsalat. Er muss mit der Hand geschnitten werden, um ihn dann auf einem Förderband zu einem Verpackungslaster zu bringen, wo der Salat dann gleich in Folie verpackt und in Transportkisten geschlichtet wird. Das Gleiche geschieht mit der Gurke, der Tomate etc.

Wenn man also das alles betrachtet, stellt sich nun die Frage ist, ob unser Gemüse nicht eigentlich zu billig ist. Denn wenn man den riesigen Arbeitsaufwand in Betracht zieht, ist es unverständlich, dass diese Früchte oder Gemüse am Ende des Tages in der Mülltonne landen, weil da vielleicht ein kleiner dunkler Fleck am Apfel ist, den man ohne Weiteres wegschneiden könnte. Man schneidet ja auch nicht gleich bei einer Person etwas weg, wenn etwas nicht ganz so ist, wie es die Gesellschaft verlangt. Darum ist es vielleicht vonnöten, manche Personen einmal bei einer Pflanzung oder bei der Ernte mitmachen zu lassen.

Die Arbeit des Bauern ist, so weit ich es sehe, eine sehr schwere und noch dazu vom Wetter abhängig.

Daher bietet sich eine andere Art der Ernährung in der reinsten Form, mit Proteinen, an. In Österreich wurden die ersten Versuche bereits von experimentierfreudigen Konsumenten mittels eines Start-Ups vollzogen. Heuschrecken und Mehlwürmer kommen in gebratener Form, aber auch getrocknet in den Handel.

Insekten

Der Verzehr von Insekten ist in Asien, Afrika und Südamerika schon seit langem üblich, seit 2018 auch in der EU.
Insekten haben mehr Protein und ungesättigte Fettsäuren als Fleischprodukte. Es gibt ungefähr 2000 essbare Insektenarten, die hauptsächlich in Zuchtanlagen produziert werden. Ein Land ist weltweit führend auf diesem Gebiet und das ist Holland. Dort wird vor allem der Mehlwurm als essbares Insekt produziert.
Auch können Insekten mit Milch und Rindfleisch mithalten, da sie hochwertiges Protein und Vitamine wie B2 und B12 beinhalten und mehr Nährwert haben als Vollkornbrot.
Pro 100 Gramm hat die Grille an Energie 153 Kcal, das Rindfleisch 169 Kcal. An Fett hat die Grille 5,06 Gramm, Rindfleisch 9,3 Gramm. Der Proteingehalt liegt bei der Grille bei 20,1 Gramm, beim Rindfleisch bei 20,6 Gramm.
Insekten können Nahrung weit besser verwerten und in wertvolle Nährstoffe umsetzen.
Ein Satz aus einer Fachzeitung ist mir in Erinnerung: „Habt Ihr ne Meise? Insekten gehören nicht in den Kochtopf. Am Ende fressen wir alle womöglich noch Hunde und Katzen.“ Das war alles schon da und in Teilen der Welt werden Tiere gegessen, vor denen wir uns Ekeln. In Thailand werden etwa Ratten gegessen, nicht so weit weg in Frankreich Frösche

Der Vergleich von Insekt mit Rind ist wie folgt.

Wie das Futter	1:4
An Emission	1:100
Platz	1:12,5
Wasser	1:15 500
Essbarer Anteil	80% zu 40%

Ich erinnere mich daran, als ich 1981in Sydney, Australien als Koch im Löwenbräu Keller beschäftigt war und es sich ergeben hat, dass in dem zweiten Lokal, das zu dem Keller gehör-

te, der Argyle Taverne, ein Tag der australischen Nativen, der Aborigines, stattfand, an dem Kultur, Handwerk und natürlich das Essen gezeigt wurden und auch gekocht wurde. Ich kam dann mit einem dieser Nativen ins Gespräch und er zeigte mir, wie ihre Spezialität gebraten wird. Es sind dies die sogenannten Witchetty-Maden, die Raupen des Bogong-Falters, die roh verzehrt oder nur auf einer Platte über Feuer gegrillt werden. Im Busch wird nur Asche vom Feuer, in dem auch das Brot und sämtliche Tiere gebraten werden, verwendet. Die Maden werden aber nur sehr rare gebraten, damit noch Blut im Körper ist. Da es ja wenig oder fast kein Wasser gibt, ist diese Art der Ernährung als Wasserersatz gedacht. Für diese Leute sind die Maden bis heute eine Delikatesse. Also musste ich auch probieren und ich gestehe, nachdem ich die Augen geschlossen hatte, konnte ich im Geschmack keinen Unterschied zu einer Garnele feststellen. Der Grundgeschmack war sehr nussig, aber wie gesagt, der Biss wie eine Garnele, da ja dieses Tier aus fast nur aus Eiweiß besteht.
Auch ist die Ernährung dieser Leute aus den Busch auf ihr Leben abgestimmt. Es wird alles gesammelt und auf die eine oder andere Weise gegessen. Wenn man die Überlebensrate dieser Leute betrachtet, liegt der Beweis auf der Hand.
Früher oder später werden wir uns überlegen müssen, wie sich die Welt ernähren wird. Das ist bedingt durch all die Katastrophen, die unsere Nahrung zerstören, im Speziellen in den Entwicklungsländern, wo heute schon das Problem des Hungers herrscht.

Es hat zwar nicht mit Gastronomie zu tun, aber eine weitere Branche, die mit Essen zu tun hat, ist die der Tiernahrung. Zu meiner Zeit, als mein Großvater einen Haushund hatte, der, so weit ich mich erinnere, sehr gut genährt war, war kein Dosenfutter im Spiel.

Unser Konsumverhalten hat sich stark geändert. Wir kaufen zum größten Teil Fertiggerichte und zum Teil vorgefertigte Gerichte, welche uns das Leben so angenehm als möglich machen.

Daher wundert es nicht, dass das auch auf unsere Haustiere abfärbt. Früher ging man zum Fleischer, um sich ein paar Kutteln oder Knochen zu kaufen und fürs Katzerl eben eine Leber.

Wenn man heute die Werbung betrachtet, ist man wahrlich erstaunt, in welcher Vielfalt es die Tiernahrung in der Zwischenzeit gibt.
Und bei genauerer Betrachtung wird uns suggeriert, dass eben gerade dieses Produkt für unseren Liebling das absolute Nonplusultra ist. Da wird die Terrine schon mal mit französischer Petersilie garniert oder eben das Doserl kunstvoll geöffnet.
Und jetzt kommt das Allerbeste von einem Kollegen, der in seiner Glanzzeit, die allerdings schon eine Weile her ist, 4 Sterne in einem Lokal nahe des Rings als Küchenchef hatte. Nach einigen Versuchen in der Selbstständigkeit ist er dann von der Bildfläche verschwunden. Manchmal wurde er beim Urbanek am Naschmarkt gesehen oder auch beim alten Heller, wo er sich immer Beef Tartar mit Pommes frites einverleibte.

Jetzt in Pension will er natürlich das Gelbe vom Ei neu erfinden und versucht sich als Tiernahrungs-Produzent. Er stellt die Rezepte bereit und die Exklusivität ist nicht von der Hand zu weisen, denn die Nahrung wird dem Liebling in Gläsern kredenzt. Denn seine Lieblingsspeisen sind eben Kuttelfleck und ein Beuschel. Möge diese Übung auch gelingen, wenn aber nicht, kann er ja eventuell auf ein Gläschen seiner Produktion zurückgreifen. Ich wünsche ihm auf jeden Fall viel Erfolg und Wohl bekomm's.

Das nächste Kapitel möchte ich dem Tourismus widmen Stellen Sie sich hinten an!

Ein nicht unwesentlicher Teil unserer Gastronomie ist dem reisenden Gast zu verdanken. Wir stehen aber schön langsam vor dem „Obertourismus“. Wie lange werden wir das noch verkraften können, dass uns die Menschenmassen überlaufen? In Venedig haben etwa in der Zwischenzeit die Einwohner längst das Weite gesucht und die Stadt ist fast nur mehr eine Hülle.

Die etwa 55.000 verbliebenen Einwohner werden an Spitzentagen von 130.000 Besuchern überrannt. Das wäre in etwa, als fiele ganz Amsterdam in die neun Bezirke innerhalb des Wiener Gürtels ein. Es kommen jährlich ca. 22 Millionen Touristen nach Venedig und wer sich dann noch auf der Rialto-Brücke Rucksack an Rucksack drängt, hat weder Zeit noch Sinn für den Zauber Venedigs.
Das hängt natürlich mit der ungebremsten Reiselust und dem steigenden Wohlstand der Personen zu tun. Die UNWTO, eine Tourismusorganisation, hat zuletzt den Rekordwert von 1,4 Milliarden Gästeankünften gemeldet und bis zum Jahr 2030 wird sich die Zahl auf 1,8 Milliarden steigern. Das alles steigert die Reiselust der Personen immens, die Zahl der Nächtigungen steigt jedes Jahr (obwohl jedes Jahr zuvor noch geunkt wird über den Ausgang der Saison). Das kommt wieder von den boomenden Städtereisen und den neuen Flugverbindungen, vor allem aber von dem rigorosen Preiskampf, der aber auch sehr hinterhältig sein kann, da bei Billigairlines fast alles extra verrechnet wird.

Das wiederum führt zu den sogenannten Rudel-Reisen.
Hat zum Beispiel im Jahr 1990 nicht einmal jeder zweite, ca. 45%, eine Reise unternommen, waren es im Vorjahr 2018 bereits 60%. Da stört es auch nicht, dass sich die Touristen bereits im Kleinen anstellen – das beginnt beim Würstelstand und reicht zum Großen wie dem stundenlangen Anstellen in der Wartereihe vor dem Vatikan.

Das bringt natürlich neue Limits und Regeln. Die Zahl der Kreuzfahrtschiffe in Venedig wird reduziert, in New York werden bei 65 Millionen Touristen jetzt die Besucherströme aus Manhattan nach Queens oder Brooklyn umgeleitet. In Barcelona wurden Hotelprojekte zurückgestuft und die Kontrolle des Lärmschutzes wird verschärft. Und in Island mit 2 Millionen Touristen soll Werbung Touristen auch im Winter anlocken.
In Österreich wird besonders Hallstatt über Limits für ankommende Reisebusse diskutiert. Auch Amsterdam mit 18 Millionen Touristen will kein Themenpark mehr sein. Doch die Welt

ist um einiges größer und voll mit Außergewöhnlichem, daher sollte ein jeder nicht nur dem anderen nachlaufen, sondern zumindest einmal im Jahr einen Ort besuchen, an dem noch nie war, am besten an einem Ort, an dem viele noch nie waren.

Auch ist es immer wieder verwunderlich, diverse Anzeigen in diversen Zeitungen zu lesen, in denen Restaurants oder einfach Personen eine Arbeit zu vergeben haben.
Und so kommen darob wunderbare Fauxpas zustande wie dieser.

Das SOS Kinderdorf in Hinterbrühl

sucht Koch oder Köchin für 15 Stunden für die Einkäufe und die Zubereitung von Mahlzeiten. Voraussetzung: **Kochkenntnisse** und Freude an der Arbeit in der Küche.
Ich wundere mich nur über den Passus der Kochkenntnisse. Was bitte noch soll ein Koch können außer kochen? Eventuell noch Wäschewaschen und den Haushalt führen?

Ich möchte nun nochmals ein paar Zeilen den vielen Kochsendungen im TV widmen

Vorausschicken möchte ich, dass bereits in meiner Jugend die Kochsendungen im TV eine besondere Anziehung auf mich ausübten und mich dadurch in meinem Wunsch, Koch zu werden, nur bestätigten. Bereits 1956 waren es Köche wie Franz Rum, Helmuth Misak, Hans Hofer, Willi Hallmann und nicht zuletzt Ernst Faseth, und dann noch Franz Zodl, der Entertainer unter den Köchen. Das alles ging bis zum Jahr 1977. Alleine Faseth war mit 150 Sendungen der Spitzenreiter der Riege, er hatte noch bei Robert Dorre gelernt, der wieder der Leibkoch des Thronfolgers Erzherzog Franz Ferdinand war.

Aber das ist lange vorbei und eine komplett andere Seite wurde aufgezogen und so kam es dann zu diesen Fernsehsendungen, die den alten nicht das Wasser reichen können, wie als Patron der Hangar 7 mit Eckart Witzigman und Roland Trettl, Der

Häferlgucker, Kochen mit Oliver Hoffinger, Frisch gekocht mit Andi & Alex, Schmeckt perfekt, um weiter nach Deutschland zu gehen, mit Alfred Biolek, The Taste, Tim Mälzer und seine Kitchen Impossible, Kochen mit Martina und Moritz, Der Vorkoster, Lafer, Lichter, Lecker!, weiter geht es international mit Jamie at Home, Master Chef USA, Kochtipp Madame Lea Linster. Aber das ist ja nur die Spitze des Eisberges, denn die Sendungen gehen den Erfindern nicht aus, wenn sie auch noch so blödsinnig sind wie zum Beispiel Grill den Henssler oder Die Küchenschlacht, Frank Rosin, der Retter der Kleingastronomie, ebenso wie Christian Rach, der Restauranttester, die Lokale vor dem Sterben retten und zu deren Gesundung begleiten. Am wenigsten möchte ich Jamie Oliver erwähnen, denn für mich persönlich ist er erstens Engländer, zweitens ein kleines Ferkel und drittens ist er Engländer!!!!!!!!!!!!
Die klassische Kochsendung, in der der Koch seine neueste Kreation vorkocht, hat sich im Laufe der Jahre so weit verändert, dass auf Teufel komm raus irgendwas gekocht wird, nur um das Ego des Kochs zu befriedigen. Ich habe in einem vorgehenden Abschnitt teilweise darauf hingewiesen, was sich so in der Kochlandschaft abspielt und inwieweit das Publikum durch Fachausdrücke verwirrt wird.

Es fehlt nun noch Sarah Wiener, die Sendungen wie Die kulinarischen Abenteuer der Sarah Wiener gemacht hat und das nicht schlecht. Sie hat zumindest das, was ihr vorgegeben wurde, sehr professionell nachgekocht. Aber aufgrund ihrer doch sehr häufigen Abwesenheit in Wien hat sie jetzt im Jahr 2020 die Rechnung präsentiert bekommen.
Auch Nelson Müller hat ganz gute Erfolge mit einer Sendung, in der er verschiedene Artikel gegenüberstellt und Personen zum Nachdenken anregt.
Mein spezieller Freund, der Gulyaskönig (siehe seine Kochbücher) aus Bayern, Alfons Schuhbeck ist auf BR in Schuhbecks zu sehen.

Auch ein Spezieller, der sich nur selbstherrlich findet, ist Alexander Herrmann.

Auch ist Herr Lafer einer von diesen mit seinem Jawohl und der dementsprechenden Handbewegung. Von einem Koch, der noch dazu gut bezahlt wird, erwarte ich eigentlich nichts anders, als dass seine Endprodukt eben Sterneniveau hat. Aber das ist nicht so, denn in fast allen seiner Sendungen, wo er auftritt, bietet sich immer das gleiche Bild. Sobald er eine Speise anrichtet, muss sein Jawohl kommen.

Um den Ganzen noch eines drauf zu setzen, gibt es das Prominenten Backen, wo in einer relativ kurzen Zeit wahre Kunststücke gebacken und dekoriert werden. Meines Erachtens wird hier dem Publikum sehr viel vorgegaukelt. Denn ich als gelernter Konditor sehe hier einfach keine Möglichkeit, dass Schauspieler, Moderatoren und sonstige Prominente in so kurzer Zeit mit all den Komponenten eine Tortenmasse herstellen, als Dekormaterial wird Fondant verwendet, wobei für mich Fondant ganz etwas anderes ist (Fondant ist eine aus Zucker gekochte und nach dem Abkühlen tablierte Masse, welche zum Überziehen von Kleingebäck verwendet wird, wie bei Punschkrapferl) und dann kommt noch das Ausdekorieren der Torten. Nicht einmal ein Profi ist dazu imstande, was diese Personen in der kurzen Zeit vollbringen. Darum sage ich, dass es nicht mit rechten Dingen zugeht, und das sage ich als Konditor, der weiß, wie lange es dauert, eine Torte zu dekorieren.

In den meisten dieser Sendungen treten entweder Köche gegeneinander an oder ganz normale Personen stellen ihre Kochkünste unter Beweis, um sich dabei in Höhen zu katapultieren, die manches Mal ein geradezu erschreckendes gastronomisches Ergebnis bringen. Das gilt auch für die professionellen Köche. Da wird geschnitten, gebraten und gekocht, um den Gegner zu überzeugen, dass man der Bessere ist. Dabei kommen Dinge heraus, bei denen sich ein normal denkender Koch den Kopf kratzen muss, denn zu verstehen ist manches sicher nicht.
Dabei ist es doch so einfach, in einem Wettbewerb zu kochen. Aber es muss ja immer der Aspekt der Unterhaltung dabei sein. Da komme ich wieder auf die alten Kochsendungen zurück. Da

wurde gekocht, um den Leuten zu zeigen, wie diverse Gerichte zubereitet werden, damit diese dann zu Hause oder für Gäste nachgekocht werden können. Und das ist nicht das, was uns diese Köche vorzelebrieren.
Aber nun zu der für mich seltsamsten Sendung zurzeit in einer Wiederholung im TV: Stadt, Land, Lecker. In dieser Sendung tritt ein Haubenkoch gegen einen Koch einer Region in Deutschland, Österreich und Südtirol an und kocht die vorgegebene Speise, so gut es eben geht, nach.
Das Handicap ist, dass der Gastkoch in einem sogenannten Foodtruck vor dem Lokal, der aber wie eine moderne Küche ausgestattet ist, kochen muss. Nur ist das Problem natürlich, dass die Speisen regional angehaucht sind und den Koch im Truck sehr fordern, nur gehen dann doch manches Mal den Haubenköchen die Pferde durch und das Original wird halt nur im Vorbeigehen gestreift, um sich dann doch mehr in den Vordergrund zu stellen.
Des Weiteren ist es mir unverständlich, dass es bei teilweisen einfachen Zubereitungen zu doch sehr großen Unterschieden in der Auffassung kommt, wie zum Beispiel bei der Zubereitung eines Germteiges, in Deutschland Hefeteig. Es fängt schon bei der Zubereitung des sogenannten Dampfl oder Vorteiges an. Ein Haubenkoch hat dabei Probleme!!!!!!!!!!!!!!!!!!!! Ebenso ist es mir unverständlich, dass man doch, wie ich zumindest annehme, weiß, in welche Richtung ich fahre und mich dann nicht etwas einlese über die Region. Und dann sind im Speziellen zwei Köche, die vor lauter Selbstbeweihräucherung den Truck fast sprengen. Lafer und Herrmann haben zu viele Fernsehauftritte. Oder ist es einfach nur wieder die Verblödung der Zuseher? Denn wenn man als Fachmann diese Sendung sieht, wundert man sich über die Köche. Und wieder sind wir bei der Volksverdummung, denn sehr viele Personen haben ja eigentlich keine Ahnung, was Kochen bedeutet. Und durch diese Sendungen werden noch mehr junge Leute irregeführt, denn das Leitbild des Kochs ist dann in der Realität ein komplett anderes. Aber es soll jetzt nicht eine Schmälerung der Köche sein, die da mitmachen, aber wenn man sich in der Szene etwas auskennt

und sich damit befasst, muss man feststellen, dass die wirklichen Hauben und Sterne gar nicht dabei sind, denn die haben wahrscheinlich keine Zeit dafür. Ich nehme Heinz Winkler, Hans Haas, Harald Wohlfahrt nur als Beispiele dafür, dass es auch anders geht. Der Einzige, von dem ich glaube, dass er in die Öffentlichkeit geht, ist Harald Wohlfahrt. Er kocht auf einem Schiff, aber sehr sporadisch.
Heute war wieder der Herrmann dran mit einer gefüllten Kalbsbrust. Ich hatte eine als Lehrlingsprüfungsaufgabe und ich muss sagen, dass ich mit Stolz sagen kann, dass meine schöner und besser war als das, was Herrmann fabrizierte.
Es gibt in der Kocherei eben einige Schritte, welche penibel einzuhalten sind. Man kann die Dinge nicht anders angehen, denn dann wird es nichts. Das ist auch bei einer Kalbsbrust so. Wenn sie nicht vom Fleischer schon vorbereitet ist, sollte man sie mit einer Tasche versehen, also entweder untergreifen oder eine Tasche hineinschneiden und dann kommt eben die Fülle. Wir in Österreich sowie in Bayern verwenden eine Semmelfülle. Es ist aber durchaus möglich, die Kalbsbrust mit einer anderen Fülle zu versehen.
Das alles wird nun auf ein Bett aus gehackten Knochen, eventuell mit etwas Gemüse gelegt und in einem vorgeheizten Rohr bei 200° angebraten, mit Kalbsjus übergossen, dann wird auf 160° reduziert und ca. 1/2 bis 2 Stunden weiter gebraten. Rasten lassen. Danach mit Salat servieren. Das ist Lehrstoff der ersten oder zweiten Klasse.

Da er sich nun eine Woche durch die Pfalz durchgekocht hat und am Schluss nach 5 Tagen zu einem Ergebnis von 3 zu 3 gekommen ist, einem etwas seltsamen Ergebnis, hat er doch in dieser Woche einen Meister gefunden in der Gestalt eines Kochs, der auch gleichzeitig Fleischer ist. Es ging um den berühmten Pfälzer Saumagen, ein Gericht, das es schon bei Kanzler Helmut Kohl, wenn er Gäste hatte, zum Speisen gab. Auch ich muss sagen, als ich mit meiner Frau einmal in Speyer war, habe ich dieses bodenständige Gericht probiert und es war sehr gut. Diese Speise besteht aus Schweinefleisch, teilweise faschiert, dann in Würfel

geschnitten, ebenso Erdäpfeln in Würfel. Das herausstechende Gewürz ist Majoran, neben Salz und Pfeffer. Das alles wird gut gemischt und dann in einen Saumagen, der umgedreht wurde, gefüllt. Dieser wird zugebunden und in leicht wallendem Wasser bei 80° für etwa 3 Stunden gegart. Bei Herrmann kamen auch noch Karotten und andere Gemüse in das Kochwasser.
Der Koch war natürlich im Vorteil, aber als Haubenkoch sollte man doch über seine Landesspezialitäten ebenso Bescheid wissen, wie z. B. über Langusten und Hummer.
Der ansässige Koch hat einen kleinen Teil auch noch durch einen kleinen Cutter gedreht, um dem Ganzen noch eine bessere Bindung zu geben.
Herrmann hatte dieses Wissen nicht und daher war seine Füllung etwas bröselig und nicht homogen, aber der Saumagen war okay. Da aber beim Anrichten nun der Magen aufgeschnitten wird und kurz angebraten war, war es doch der feine Unterschied, der alles ausmachte. Denn da die Fülle vom Magen umgeben ist, war es notwendig, die Magenhaut einzuschneiden, damit sich diese nicht aufdrehen kann. Das alles wurde mit Rieslingkraut und Stampfkartoffeln serviert. Herrmann vollendete seinen Stampf wieder mit Milch und Obers. Und es war dann auch ein Püree. Beim Anrichten rollte sich der Magen, da Herrmann ihn nicht eingeschnitten hat, auf und die Magenhaut ging von der Fülle ab.
Drei Juroren bewerten Geschmack und Aussehen und es sind in einem Fall 5 Punkte und beim anderen 10 Punkte zu vergeben. Lange Rede, kurzer Sinn. Herrmann hatte alles in allem 36 Punkte und der Koch aus der Pfalz hatte die Höchstzahl, nämlich 45. Er hat also seinen Meister gefunden.
Auch finde ich es sehr interessant, wenn Köche immer wieder darauf hinweisen, wie wichtig die Röstaromen sind (auch beim Kaiserschmarrn, der am Schluss mit Zucker karamellisiert wird und dadurch Röstaromen entwickelt) und besonders wichtig ist immer die ausgewogene Säure, welche sich permanent durch ihre Speisen zieht. Und eigentlich ist es doch egal, was sie kochen, nur schon alleine, wenn Sie etwas Wein beifügen, ist schon wieder von der Säure die Rede. Das gilt auch für diverse Fachaus-

drücke, die meistens in der Küche aus der französischen Sprache kommen. Das Mirepoix sollte aus Karotten, gelber Rübe, Sellerie, Zwiebel und Petersilienwurzel bestehen, welche, wie ich gelernt habe, gewaschen und dann in ca. 2x2 cm große Stücke geschnitten wird. Wo ist da der Sinn, dieses Gemüse zu schälen, wo doch bei einigen die beste Kraft in der Schale steckt? Auch sehe ich keinen Sinn, die Stücke sehr groß zu schneiden, denn dadurch erschwere ich ja den Garprozess beim Dünsten oder beim Kochen des Saftes oder der Sauce.

Auch nicht unerwähnt sei die Arbeit der jeweiligen Juroren, die dann im Endeffekt die von den zwei Köchen produzierten Gerichte bewerten müssen.
Diese Juroren sind teilweise vom Fach, aber hauptsächlich sind sie Personen, die entweder Foodblogger, Influencer, aber auch Journalisten sind oder sich in der jeweiligen Region als Kenner profiliert haben, wie eine Spargelexpertin oder halt jemand der ZB etwas über den Saumagen sagen kann.
Bei einem Eintopf aus Mallorca (Schmutziger Reis), der aus Wachteln und Hühnern besteht, dem dann noch Reis zugefügt wird und am Schluss Gemüse wie grüne Bohnen, Erbsen und Artischocken und angebratene Hühnerleber dazugegeben wird, um den typischen Geschmack und das typische Aussehen zu verleihen. Der Eintopf ist auf der Basis einer Paella, einfach ausgedrückt.
Die eine Jurorin erklärte dann in voller Inbrunst, dass sie im Speziellen bei den Wachteln, welche mit dem Knochen aus dem Töpfchen ragen, die so krosse Haut liebt und der Geschmack hervorragend ist. Wie bitte soll die Haut der Wachtel kross sein, wenn sie im Reis geschmort wird und mit Flüssigkeit bedeckt ist? Auch sind die Kommentare der Personen, welche diese Gerichte erklären, so weit von der Realität entfernt, dass es einem Fachmann wirklich den Magen umdreht, und die Verblödung der Personen, die das sehen, weiter fortschreitet. Dass Saft durch ein feines Sieb geschüttet wird, wird als Passieren bezeichnet. Dabei sagt schon der Namen, dass da ein Unterschied sein muss. Beim Passieren werden ja auch die im Saft befindlichen Gemü-

sen durch eine flotte Lotte passiert, um dem Saft die nötige Bindung zu geben, wie bei einem Saftfleisch, bei dem vorher das Fleisch ausgestochen wird und dann der Saft eben passiert wird. Da stellt sich die Frage, ob die Person, welche den Kommentar abgibt, bereits vom Koch falsch informiert wird oder ob der Kommentar frei gesprochen wird, wie es dem Kommentator beliebt, denn manches Mal ist dieser weit von der Realität entfernt. Oder ist es einfach die neue Art, zu kommentieren???????

Eine weitere Geschichte in diesem Zusammenhang ist die einfache Zubereitung eines pochierten Ei. Das ist eine Lehrlingsarbeit im zweiten Lehrjahr, aber Herr Müller hatte, so wie es aussah, vom Pochieren eines Ei anscheinend keine Ahnung. Er hat ein Ei in Klarsichtfolie gewickelt, welches er in ein Glas stellte, dann an der oberen Seite zusammengedreht und das Ei dann pochiert. Nach einer Zeit hob er es heraus und stellte dann fest, dass das Ei in der Folie eine Verbindung eingegangen ist und sich nicht löste. Auf zum zweiten Versuch. Er ölte die Folie etwas ein und es folgte ein neuer Anlauf, welcher genau so kläglich scheiterte.
Geradezu vorbildhaft hat das die Köchin, gegen die Müller antrat, gemacht. Sie hat Wasser zugestellt, knapp vor dem Kochen etwas Essig zugefügt, das Wasser dann etwas von der Hitze genommen und ein Ei in eine Schale aufgeschlagen. Mit einem Kochlöffel hat sie dann das Wasser in eine leichte Bewegung im Uhrzeigersinn gebracht und das Ei dann in das Wasser gleiten lassen, worauf sich das Eiweiß durch die drehende Bewegung um den Dotter legte. Nach ca. 3 bis 4 Minuten wurde das Ei mit einem Lochschöpfer aus dem Wasser gehoben und in klares Wasser gegeben, damit sich der Essiggeschmack verflüchtigt. Diese Köchin führt ihr Restaurant mit Liebe und etwas Hausverstand und ist nur in der Gegend Bekannt und tritt nicht wie Müller in diversen TV-Sendungen auf. Trotzdem stellt sie ihre Gäste voll zufrieden. Da es so abartig ist, kommt diese Geschichte gleich zweimal vor. Denn es ist eine Schande, nicht zu wissen, wie man ein Ei pochiert. Das ist Lehrlingsausbildung erstes Jahr.

Wir leben in einer Zeit, in der es sehr viele Sendungen übers Kochen gibt. Zudem stehen wir vor Ostern und sind aufgrund der Virusepidemie verdammt, viel fernzusehen.
Da sind mir heute zwei Urgesteine der Kochsendungen über den Fernsehkanal gelaufen: Martina Meuth, Zeitschriften-Journalistin, und Bernd Neuner-Duttenhofer, der eigentlich Kunsthistoriker und Soziologe ist. Seit 1983 sind sie verheiratet. Seit sage und schreibe 1988 sind sie in über 400 Episoden, am Anfang als ARD Ratgeber Essen und Trinken, jetzt unter Kochen mit Martina und Moritz zu sehen. Warum, weiß keiner. Aber sie sind sozusagen die dienstältesten Köche, pardon, sie sind ja gar keine Köche, sondern Journalisten, die sich auf kulinarische Themen und eben aufs Kochen spezialisiert haben.
Darum sei ihnen auch der Fehler in meinem Spezialgebiet, dem Herstellen von Zitronensaft, zu verzeihen.
Ich prangere jederzeit die Köche an, die nicht imstande sind, wenn sie Zitronensaft brauchen, wie üblich die Zitrone in die Hälfte zu schneiden, sondern frei nach dem Engländer die Zitrone einfach mit der Hand zu drücken, wobei die zweite Hand darunter gehalten wird, um eventuelle Kerne aufzufangen.
Aber das heute Gesehene stellt alles in den Schatten. Moritz hat die eine Hälfte der Zitrone mit einem Holz, welches die Form einer oberen Hälfte eines Zitronen-Entsafters hatte, genommen, um damit den Rhabarber, den er vorher geschnitten hatte, zu säuern. Aber um zu vermeiden, dass eventuell Kerne auf den Rhabarber kommen, lag auf dem Rhabarber ein kleines feinmaschiges Sieb und dadurch wurde der Zitronensaft gepresst. Geht es eigentlich noch blöder????? Aber was kann man schon von einem Journalisten erwarten, der gerne Koch sein möchte und den Deutschen zeigt, was wahres Kochen ist? Wie verrückt ist doch diese so wunderbare Welt des Kochens.

Da ja die Welt des Fernsehens ein unerschöpfliches Sammelsurium an Kochsendungen aller Art ist, wird es einem nicht schwer gemacht, alleine schon beim Durchzappen durch die diversen Kanälen bei einer von diesen hängen zu bleiben, um wieder eine kurze Episode über die Unverfrorenheit diverser

Personen, die sich einfach so weit überschätzen, dass es bereits ins Lächerliche geht, zu berichten.

Die Sendung nennt sich Das perfekte Dinner. 4 bis 5 Personen laden sich jeweils über eine Woche gegenseitig ein, um etwas sehr Spezielles zu kochen. Dieses Mal war die Vorgabe zu grillen. Ich habe leider – oder soll ich sagen Gott sei Dank – nur den Letzten gesehen, wobei ich aus dem Staunen nicht herausgekommen bin. Seine Speisekarte war die eines 5 Sterne-Lokals mit einer Verbindung zu einem 4 Hauben-Lokal. Für mich als gelerntem Koch und Konditor ist die Aufgabe, dieses Menü im Alleingang vorzubereiten nahezu unmöglich. Der gute Mann hat dann am Ende fürchterlich Lehrgeld bezahlt.
Er begann mit der Fülle für den gerollten Schweinerücken bestehend aus Frühlingszwiebel, Champignons etc. Den Schweinerücken hat er dann der Länge nach aufgeschnitten, um ihn dann nochmals zu schneiden, sodass er ein fast quadratisches Stück Fleisch hatte. Dieses hat er dann mit der Fülle belegt und zusammengerollt und mit Küchengarn gebunden. In der Zwischenzeit hat er den Smoker angeheizt und all die anderen Grill ebenso. Auch hat er zum Beispiel Brot selber gebacken in einem sogenannten Dutch Oven. Das ist eine ziemlich dicke Kasserolle, in die das zu backende Gut hineinkommt und dann mit einem Deckel versehen wird. Darauf kommt dann heiße Kohle, wobei der Topf ebenfalls in die Glut gegeben wird. Denn als Vorspeise hatte er drei verschiedene Bratwürste selbst fabriziert. Es wäre besser gewesen, wenn er die Portionen eher klein gehalten hätte, aber bei der Menge war es eigentlich schon ein vollwertiges Essen. Er hat sich auch nicht gescheut, das Ketchup selber zu produzieren.
Dann kam es zum Hauptgang, der auf Heu gebettet und mit einer Salzkruste versehen wurde, bevor er in den Smoker kam. Mittels eines Kernthermometers sollte dann die Garstufe kontrolliert werden, was aber gründlichst in die Hose ging. Die Gäste kamen bei Tageslicht und es war bereits nach 23 Uhr, als es daran ging, den Hauptgang zu servieren. ABER als dieser aus dem Smoker kam, war die Bescherung vollkommen. Nach Ab-

nahme der Salzkruste und des Heu musste er feststellen, dass der gerollte Braten nur halb durch war. Um das Ganze nun doch vielleicht noch auf die Reihe zu kriegen, wurde das Fleisch nun in Scheiben geschnitten und wieder auf den Grill verfrachtet. Durch diese nicht gewollte Zeitverschiebung wurden auch die Beilagen etwas durcheinandergebracht. Die Süßkartoffel-Muffins waren aufgrund der Verzögerung etwas zu dunkel geraten, also verbrannt. Wider Erwarten hat das Gemüse, welches in einem Glas gegart wurde, diese Tortur halbwegs überstanden. Als dann fast schon um Mitternacht die Hauptspeise endlich serviert wurde, war der Endpunkt diese Essens fast erreicht. Nun sollte das Dessert eventuell die Stimmung noch retten. Also rein in die Küche, Eischnee geschlagen und als Baisermasse auf das Dessert dressiert und dann für 10 Sekunden in den Kugelgrill. Die Leute von 10 herunterzählen lassen und mit viel Schwung den Deckel öffnen. Leicht flambiert ist ein Ausdruck, der hier fehl am Platz gewesen wäre. Also schnell auf ein Teller. Bei einigen war das Baiser sehr dunkel, aber das Schlimme war, dass die Waffelmasse eindeutig zu dick war. Das Essen des Desserts war ein Kampf mit diversen Esswerkzeugen.

Mein Resümee:
Wenn man etwas Wasser zum Kochen bringt und es dabei nicht anbrennen lässt, ist man darob noch lange kein qualifizierter Koch, nicht einmal ein guter Hobbykoch, sondern einfach ein Idiot, der sich einfach nur zum Narren macht. Er hat eigentlich alles falsch gemacht. Es war weder die Garzeit abgestimmt, noch wurde die genaue Reihenfolge des Zubereitens eingehalten. Auch hat sich der Mann so was von überschätzt und hat deswegen auch meines Erachtens noch zu viele Punkte bekommen, was ihm aber trotzdem auf den letzten Platz gebracht hat – mit Recht. Ich möchte nur wissen, was in solchen Personen vorgeht. Sind die wirklich so von sich überzeugt oder sind sie einfach nur IDIOTEN?

Ein weiteres Kapitel möchte ich diversen Wiener Mehlspeisen widmen

Und so kommt mir gleich der gute alte Wiener Apfelstrudel in den Sinn. Die lustigste Variante habe ich von einem Fachlehrer der GAFA in Wien gesehen. Wenn ich bei einem Catering für 500 bis 1000 Personen dieses Dessert auf dem Plan habe, okay, aber für den normalen Bedarf im Restaurant, leider nein. Er nimmt vorgebackene Teigblätter, sticht sie dann rund aus und beginnt dann in Schichtweise das Glas mit Teig und einer Apfelfülle und Obers zu füllen. Das ist nicht das Wahre.

Denn als ich gelernt habe, wurde der Strudel ausgezogen, mit Butter bestrichen, dann mit den gerösteten Brösel über die ganze Fläche bestreut. Ebenso werden die Äpfel, die blättrig geschnitten sind, mit etwas Zimt, Rosinen und Zucker vermengt. Dann kommt noch ein Spritzer Rum dazu. Danach wird der Strudel eingerollt und mit dem Verschluss nach unten auf ein Backblech gesetzt, mit Butter bestrichen und gebacken. So bekommt man eine Schicht Äpfel und eine Schicht Teig beim Rollen.
Das wurde mir jetzt in einer Zeitung auch bestätigt, wo eine Hausfrau ein Rezept eingeschickt hat und den Apfelstrudel genau so beschrieben hat. Sie hat das alles wahrscheinlich von ihrer Mutter oder Großmutter gelernt und war definitiv nicht am Judenplatz in der GAFA.

In einer Beilage einer Tageszeitung steht unter „I am from Austria“: Österreichische Dessertklassiker, der Apfelstrudel. Anfangs ist alles, wie es sein soll, aber schon bei den Äpfeln folgt der erste für mich gravierende Fehler: Die Äpfel werden in Würfel geschnitten und mit Zucker, Rosinen, Zitronensaft auf den Herd gestellt und für einige Minuten leicht köcheln gelassen. Der Teig wird dann ausgerollt und gezogen und mit den Äpfeln auf einer Seite belegt und zusammengerollt. Da gibt es keine Brösel, also wenn der Strudel fertig gebacken ist, wird aufgrund der Feuchtigkeit nicht viel vom Strudelteig über sein. So soll es nicht sein.

Das klingt eher nach einer Apfeltasche vom McDonald's. Die schmecken wahrscheinlich genau so, wie sich das Rezept anhört.

Daher möchte ich nun mit einer kleine Abbitte von meiner Seite die nächsten Zeilen beginnen.

Ich bin wieder einmal auf eine interessante Sache in einem Tagesblatt aufmerksam geworden und nachdem ich es gelesen hatte, wollte ich natürlich vorweg stürmen und meine Meinung sofort kundtun, denn wie kreiert man einen warmen Ananas-Nuss-Strudel, bei dem kein Strudelteig vorkommt. Ich bereitete mich gedanklich darauf vor, wie ich diese Kreation so ins rechte Licht rücken kann, um eigentlich wieder eine Salve gegen den Verfasser zu richten.

Aber dann kam meine Erleuchtung, ich sollte mal wieder zum Augenarzt gehen. Denn es war klipp und klar nicht die Rede von einem Strudel, sondern nur von einem warmer Ananas-Nuss-Streusel und auf einmal ergab das Rezept Sinn. Und ich bin um eine Erfahrung reicher geworden.

Wie es schon in einem alten Werbespruch vom ARBÖ lautet: Augen auf – was ich mir nun definitiv zur Angewohnheit machen werde.

Ich glaube nun nach ca. 150 Seiten meinen Standpunkt ausreichend dargelegt zu haben. Es ist mir ein Bedürfnis, dies auch zu Papier zu bringen, um der Jugend und auch diversen Kollegen einen Spiegel vorzuhalten, denn manches, was ich so aufgeschnappt und eben auch geschrieben habe, ist einfach als Koch nicht nachvollziehbar und bei näheren Betrachtungen auch nicht logisch – alleine schon, was die Abläufe betrifft.

Leider weit gefehlt:
Das muss ich noch loswerden. Eines dieser verrückten Hausfrauenrezepte, welche hie und da von diversen Journaillen in die Medien gebracht werden.

Es geht um eine Spaghetti Torte.

Man nehme Spaghetti, koche diese etwas weniger als laut der Packungsanleitung, nehme sie dann aus dem Wasser und lasse etwas Butter oder Margarine in einem Topf flüssig werden. Man vermenge die Spaghetti mit der Butter und fülle damit eine Springform, wobei die Spaghetti etwas über den Rand stehen sollen. Das Ganze in das Backrohr und ca. 15 bis 20 Minuten backen. Nebenbei mache man das Sugo oder die Sauce Bolognese. Wenn diese fertig ist, fülle man das in die Springform etwas unter dem Rand, damit die überstehenden Spaghetti knusprig werden können, belege das alles noch mit Mozzarella und backe das, bis eben der Rand knusprig ist.

Wie bitte serviere ich das, ohne ein Chaos bei Tisch zu veranstalten?

Einen Satz möchte ich einfach in den Raum stellen oder nur zu Papier bringen

„The Vegetarian Butcher“ sprich der Vegetarische Fleischer.
!!!
Bitte über diese Worte ernsthaft nachdenken.

Auch gibt es für mich nur ein Produkt, welches sich Milch nennen darf. Milch von Kuh, Ziege, Schaf, Pferd, Kamel etc.

Aber definitiv nicht Milch aus Getreide, welches durch geschickte Manipulation derart verfälscht wird, dass es dann am Schluss eben wie Milch aussieht, aber wirklich und wahrlich nichts mit der Milch zu tun hat, die wir von Kindheit an kennen und mit der wir alle aufgezogen wurden.

„Ich habe fertig“

Langsam komme ich zu der Überzeugung, dass ich etwas angefangen habe, bei dem es eigentlich kein Ende gibt.

Denn dass es so viele Experten gibt, die in Sachen Kochen, Rezepten und sonstigem Blödsinn verzapfen, kann immer wieder aufgezeigt werden. Und das würde bis in die Unendlichkeit weiter gehen.
Der Grund, warum ich das nun als letzte Möglichkeit sehe, war ein Artikel in einer Zeitung betreffend Estragon.

Da wurde dann gleich ein Quantensprung eben dieser Fachexpertin getätigt und sofort die Sauce Bearnaise, eine warm aufgeschlagene Buttersauce daraus produziert.

Also wurde eine Sauce Hollandaise gefertigt, in die dann eben klein geschnittener Estragon gegeben wird. Wahrscheinlich hat diese sogenannte Fachexpertin nie etwas von einer Reduktion gehört, welche zuerst gemacht werden muss.

Diese Reduktion soll aus Essig, vorzugsweise Estragonessig, Kerbel, Schalotten und Pfefferkörner bestehen. Auch kann man etwas Weißwein dazu geben. Diesen Ansatz stark einkochen und dann abseihen. Etwas überkühlen lassen und dann mit dem Eidotter warm über Dampf aufschlagen und die zerlassene Butter einfließen lassen, um eine dickliche Sauce zu bereiten. Die aufgeschlagene Sauce mit Salz und Cayennepfeffer abschmecken und mit gehacktem Estragon und Kerbel vollenden.

Warum sehen diese Fachexperten nicht in ein Kochbuch oder auch in Google nach, bevor sie diesen Scheiß verzapfen und die Leute verarschen? Aber anscheinend ist das Ego so weit fortgeschritten, dass nur mehr das zählt, was sie so aus purer Lust zu Papier bringen und eigentlich nicht wissen, was die Wahrheit ist.

Dann gab es auch noch einen Artikel über die Spezialität des Hauses, eine Sachertorte, wobei vorausgeschickt wird, dass man ja nicht das Original-Rezept, welches ja geheim ist, preisgeben kann, aber man beschreibt dann allerdings den Teig einer Sachertorte, obwohl eigentlich jeder wissen sollte, dass man hier von einer Sachermasse spricht, die wiederum zu den Spezialmassen in der Konditorei zählt.

Diese Massen sind aufgeteilt in:

Gruppe 1) leichte (warm und kalt) wie Biskuit, leichte Sandmasse oder Wiener Masse, Biskotten, Indianer, Bischofsbrot, Nuss, Haselnuss, Mandel, Grillage, Schokomassen.

Zur Gruppe 2) gehören die schweren Massen, welche meist Butter-gerührt sind, wie schwere Sandmasse, Baumkuchenmasse, Sachermasse, Gesundheitskuchen.

Zur Gruppe 3) gehören die Spezialmassen wie Schaummassen, Makronenmassen, Teegebäck diverser Art.

Die Massen unterscheiden sich von den Teigen hauptsächlich durch die Art der Herstellung und die Zusammensetzung der Rezepte.

Das Rezept für eine Sachertorte ist daher eine fettschwere Schokolademasse, in der weder geriebene Haselnüsse noch Kakaopulver etwas verloren haben.

Und das könnte man jeden Tag in jeder Zeitung unter irgendeinem Titel zu lesen bekommen. Eben von diesen Fachidioten, sorry, Fachexperten.

Und merkt Euch endlich auch, Ihr Haubenköche, Fleisch hat keine Poren.

Es wird sicher ein Teil davon sein, um vorher Geschriebenes ins rechte Licht zu bringen und gleichzeitig davor zu warnen, wie gewisse Dinge sehr schnell aus dem Ruder laufen können. Das soll aber nicht bedeuten, dass ich generell gegen alles Neues bin, sondern eher vielen Dingen positiv gegenüberstehe.

Nur wenn bei diversen neuartigen schrägen Auswüchsen – sei es nun in der Gastronomie oder im Leben generell – muss ich meinen Senf dazu geben.

Und das beginnt damit, dass wir es verabsäumt haben, den Nachwuchs und nicht nur in der Gastronomie, sondern im Generellen nicht zu beachten. Wir haben uns zu sehr auf Dinge konzentriert, welche eigentlich keinerlei Beachtung würdig sind. Ich möchte nur auf den Systemgastronomen hinweisen. Was ist das? Zum Beispiel lernt einer bei McDonald's. Was hat das mit Gastronomie zu tun? Er lernt zwar die einzelnen Klingeltöne zu unterscheiden, hat aber von den essenziellen Dingen, die eben in einer Küche verlangt werden, keine Idee. Und dann kommen solche Anzeigen in die Zeitung, wie dass ein Betrieb in Salzburg Personal für Küche und Service auch generell sucht. Und dann kommt die wahre Aussage, es muss kein gelerntes Personal sein, nur die wirkliche überschwängliche Liebe zu der Arbeit wird bedingungslos verlangt. Alles andere wird dem Bewerber auf irgendeine Weise beigebracht.

Ich möchte kurz eine kleine Geschichte zum Besten geben. Im Jahr 2001 war ich bei der Firma Ströck Küchenleiter für die Snackproduktion und machte mir Gedanken, etwas anderes zu machen, da mir der Nachtdienst zu schaffen machte. Ich dachte, dass ich als gelernter Konditor, gelernter Koch mit der Gastgewerbe-Konzession einen adäquaten Job bekommen würde. Weit gefehlt!!!!
Ich musste die leidliche Erfahrung machen, dass auf 10 Bewerbungen 7 überhaupt nicht reagierten, 2 schrieben zurück, es täte ihnen sehr leid, aber die Stelle wäre vergeben, und einer schrieb zurück, es täte ihm sehr leid, aber ich wäre überqualifiziert. Was kann einem Chef Besseres widerfahren, als eine qualifizierte Person zu bekommen? Aber nein, da stellt man einen Fachidioten ein, der den Ansprüchen keinesfalls entspricht. Nach zwei Wochen kommt das Aus und es wird wieder annonciert und das Spiel beginnt von vorne. Es lag aber generell an der Bezahlung, aber ich als Chef könnte mir doch vorstellen, dass eine

Person, die all die Qualifikationen aufweist, 100-mal besser ist als ein Fachidiot und mit all den Sparten der Küche vertraut ist. Ich habe dann natürlich wieder einen Job bekommen, aber sehr mühsam allemal.
Auch habe ich damals daran gedacht, dem Kochen ade zu sagen und war beim Waff, wo gerade wieder einmal Leute im Pflegedienst gesucht wurden. Mit 50 Jahren hat man keine Chance, obwohl noch 15 Jahre zu arbeiten sind. Und wie heute ersichtlich, ist es aber leider um 30 Jahre zu spät, denn dieses Problem besteht ja nicht erst seit 14 Tagen, sondern eben seit 30 Jahren. Aber man lernt ja nicht dazu.

Genauso ist es mit den Lehrberufen. Es ist sich ja jeder zu schade, ein Gewerbe zu lernen, und die Kinder müssen eben auch, wenn sie weder können noch wollen, studieren, um das Ego der Eltern, die es nicht geschafft haben, aufzupolieren. Ist es wirklich so anrüchig, etwas zu lernen?

Ich habe so ziemlich am Ende des Buches erwähnt, dass es den veganen Fleischer gibt.

Einige Wochen später erschien ein Artikel in einer Zeitung in der Wochenend-Ausgabe über sozusagen die erste vegane Fleischerei. Es stellt sich heraus, dass diese Dame einmal als Fotografin ihren Lebensunterhalt verdiente und jetzt auf einmal der vegane Fleischer wird.

Es gibt Blutwürste ohne Blut, dafür mit schwarzen Bohnen, der Leberkäse wird zum „Lebenskäs" aus Tofu und Weizeneiweiß, die Weißwurst besteht aus weißen Bohnen. Wie kann ich jetzt eine Blutwurst so benennen, wenn kein Blut in der Masse ist? Das ist erstens eine Verfälschung des Produktes und zweitens ein Beschiss am Kunden, der sich wahrscheinlich fragt, wo das vegane Blut in der Wurst ist.

Warum kann diese Person, die übrigens anstrebt, dass eben diese Berufssparte zu einem Lehrberuf wird, also veganer Fleischer, nicht einfach die Dinge so benennen, wie sie sind? Warum müssen die Veganer oder auch Vegetarier alles, was sie zu sich nehmen, t wie Fleisch aussehen lassen. Ist es doch im Hintergrund immer noch in den Personen, dass kein Fleisch sein muss, aber so ausschauen soll, damit es schmeckt.

So kommen dann eben Dinge heraus wie in einem bekannten Wiener Schnitzelhaus in der Inneren Stadt, wo die normalen Schnitzel so groß und so dünn sind, dass kein Wiener dieses als gut befinden kann.

Jetzt macht er aus Erbsen eine Art Paste, bringt diese in Form eines Schnitzel und nennt es auch noch Wiener Schnitzel für Vegetarier. Er hat wahrscheinlich in der Schule nicht aufgepasst, was sich ein Wiener Schnitzel nennen darf!!!!!!!!!!!!!!!!!!!

Das hat mich nun dazu bewogen, dass es doch endlich an der Zeit ist, dieses verrücke Getue rund um die veganen und vegetarischen Zustände durch eine Einschaltung in einer Zeitung in einer Weise vorzubringen, dass endlich ein Unterschied gemacht wird zwischen normal essenden Personen und den Gemüse und Körner in sich hineinstopfenden sichtlich anderen Personen.

Daher habe ich mich mit dem Herrn Grübling von der ÖGZ in Verbindung gesetzt und ihm den Artikel über die vegane Fleischerei zum Lesen übergeben. Seine Reaktion gebe ich nun schwarz auf weiß wieder.

„Vielen Dank für Ihren Hinweis! Ja, mir kommt das manchmal auch etwas sonderbar vor. Vegane Fleischerei ist nicht nur widersprüchlich, es ist schlichtweg Unsinn.
Daher werden wir in einer der nächsten Ausgaben dazu etwas schreiben“
Besten Grüße Alexander Grübling

Es kann doch nicht sein, dass wir uns tagtäglich so einen Schwachsinn in der Zeitung bieten lassen müssen. Es soll doch so sein, dass diese Personen sehr wohl ihre Gerichte kochen und Rezepte einstellen, aber nicht, dass alles wie eine Sehnsucht nach Fleisch dargestellt wird.

Es gibt eine Unzahl von Gerichten mit Gemüse und Körnern wie z. B.: Karotten mit Erbsen, Fisolen mit Dill, ein gutes Erdäpfelgulyas ohne die in Wien beliebte, doppelt geräucherte Dürre Wurst oder Haferflocken-Laibchen. Auch enthält eines der besten Kräuter überhaupt, der Giersch, viermal so viel Eisen wie Rindfleisch, fünfmal so viel Vitamin C wie Zitronen und viel Kalzium und Magnesium.
Das ist eine gute Alternative, um Pesto daraus zu machen. Das ist durchaus gesund und es ist nichts dagegen einzuwenden. Das Wissen um die Heilkraft heimischer Kräuter war früher in jedem Haushalt bekannt. Leider ist aber sehr viel davon verloren gegangen. Wie vieles in unserer Kultur.

Aber diese so herrlichen Gerichte durch das Aussehen einer Wurst zu beleidigen.

Ich habe vor kurzer Zeit eine Fernsehsendung verfolgt, in der es eben um Vegetarier und Veganer ging. Eine Köchin (gekleidet wie eine sommerliche Spaziergängerin) hat diese Gerichte präsentiert und bei der Verkostung derselbigen war doch ein leichtes Verzweifeln in einigen Gesichtern präsent und trotzdem hat jede dieser Damen der Köchin ihr Lob ausgesprochen und garantiert, man würde das natürlich zu Hause nach kochen. Ich hoffe, dass es dabei keinerlei Mord und Totschlag innerhalb der Familien gibt.

Dass es schon immer Vegetarier gab, ist unumstritten. Aber haben die sich so gehen lassen, wie es jetzt der Fall ist? Ich möchte auf eine geschichtsträchtige Person hinweisen; unsere Kaiserin Elisabeth „Sissi“, deren Lieblingsblume das Veilchen war. Sie liebte daher Veilcheneis, und das wurde ihr auch nicht in Form eines Würstchens kredenzt, sondern in einem schönen Glasschüsserl. Außerdem wird das Veilchen als Dekoration verwen-

det, indem man es dickzieht. Das bedeutet, dass die Veilchen in einer Zuckerlösung, die mehrmals nacheinander aufgekocht wird, um den Zuckersaft einzudicken, eingetaucht werden, um die charakteristischen Kristalle auf das Veilchen zu bekommen.
Und darum habe ich heute das Über-Drüber in Sachen Vegetarier in einem Artikel gelesen. Es gibt ein Lokal in Wien, welches in einem Hotel etabliert ist, das sich Meißel & Schaden nennt. In der ersten Hälfte des 20. Jahrhunderts war es in einem Hotel am neuen Markt untergebracht. Es hat sich eine spezielle Rindfleischküche etabliert. Das alles wurde 2019 in der Nähe des Schwarzenberg Platzes wieder aktiviert. Dieses Restaurant war sehr bekannt in Wien.
Nun hat man in Salzburg eine Dependenz in der Getreidegasse errichtet.

Und darum kommt es zu dem Fauxpas, um nochmals auf Vegetarier zu kommen, wie einen vegetarischen Tafelspitz. Man nimmt ein Ei, bäckt es heraus und dann wird es mit den bekannten Beilagen wie Cremespinat, Schnittlauchsauce, Apfelkren, Rösterdäpfel und Semmelkren serviert.
Mit aller Liebe zu all den verrückten Dinge ist das bis jetzt das Schlimmste, was sich im Laufe der Zeit bei mir in meinem Kopf eingebrannt hat und nicht so schnell herauskommt.

Darum ist es mir ein Anliegen, solche fast schon Perversitäten an den Pranger zu stellen. Es kann doch nicht sein, dass wir alles, was wir konsumieren, nun auf vegan oder vegetarisch ummünzen.
Gerade sehe ich beim Frühstücksfernsehen ein Paar, das sich auf die Fahnen geschrieben haben, nun Halbe/Halbe zu machen, also in ein Würstel 50% Fleisch. Es beschreibt mit einem Code genau, woher das Fleisch kommt, wann das Tier geboren ist, also im Großen und Ganzen der Stammbaum. Aber jetzt wird es schwierig, da die andere Hälfte zum Beispiel aus Karotten besteht. Was steht da auf dem Code, das Feld, welche Scheiße vom Schwein zum Gülle Aufbringen verwendet wurde und wie die Großmutter der Karotte hieß?

Es gäbe da natürlich auch einen anderen Weg, der das alles nicht so ad absurdum stellt. Wenn ich grille, dann gibt es natürlich einen Salat, bei dem ich die Vitamine beeinflussen kann. Weiters gibt es so viele Gemüsearten, die es lieben, auf dem Grill zu einer vollkommenen Speise gefertigt zu werden. Das beginnt schon bei den Erdäpfeln, in 1000 Arten, welche vielleicht zu viel des Guten sind, aber die Variationen dieser Art sind sicher eine Herausforderung für den Koch oder Grillmeister. Und ich meine jetzt nicht nur den obligatorischen Folienerdapfel oder Braterdapfel. Was ist einmal ein Soufflee oder Pommes Boulanger, einfache Bäckererdäpfel, wo der Fantasie einfach keine Grenzen gesetzt werden.
Da selbe gilt für das Gemüse: gegrillte Auberginen oder Zucchini mit den entsprechenden Gewürzen, entweder auf Italienisch oder je nach Geschmack. Fenchel bietet sich ebenfalls an wie in Honigglasur gebadete Karotten. Der Zuckermais mit Butter ist ebenfalls ein Renner beim Grillen.
Also mit etwas Nachdenken kann ich den Vitamin- und Gemüse-Haushalt der Grillparty so gestalten, dass jeder Gast eben auf seine faire Menge kommt und nicht den Scheiß, welcher im Moment so IN ist, konsumieren muss. Es obliegt doch dem Gastgeber, das Beste für seine Gäste zu machen. Gerade da kann auch der Vegetarier sein Wünsche einbringen und muss nicht hungrig von dannen ziehen. Das Ganze ist mit diversen Saucen so abzurunden, dass es jeden Geschmack trifft und alle sehr zufrieden sind.
Natürlich sind auch bei den Salaten absolut keine Grenzen gesetzt. Ob ein gemischter Blattsalat oder diverse Variationen eines Erdäpfelsalates wie mit Mayonnaise, mit Vogerlsalat und Kernöl oder die deutsche Variante mit Speck und Essiggurkerl. Der Gurkensalat ist auch zu erwähnen, mit Dill oder mit Sauerrahm. Die wunderbaren Paradeiser, die wir speziell aus dem Seewinkel beziehen können, sind immer ein bunter Genuss auf jedem Salatbuffet beim Grillen.

Gerade wenn es um Gemüse geht, bieten sich natürlich die verschiedensten kalten Suppen als Vorspeise oder einfach zwischen-

durch zum Genuss an. Ich denke da an eine Gazpacho, eine spanische Tomatensuppe mit Gurken, Zwiebel, Weißbrot und Paprika rot und gelb, etwas Knoblauch und Olivenöl.
Ebenso denke ich an eine Vichyssoise, eine kalte gebundene Gemüsesuppe aus Lauch, Erdäpfel und Obers.
Auch eine kalte Gurkensuppe mit Dill und Sauerrahm ist möglich, und natürlich eine kalte Wassermelonen-Suppe mit einer kernfreien Wassermelone, etwas Paradeiser, Knoblauch, Limettensaft und Apfelessig.
Um es aber sehr exotisch zu machen, probiert man einfach eine Saltibarsciai, eine Rote Rübensuppe aus Litauen mit Kefir oder Buttermilch, Gurke, Dill, Schalotten und hart gekochten Eiern.

Das sind nur einige Vorschläge, um eine Grillfeier so zu gestalten, dass ich für alle daran Beteiligten das Beste herausholen kann und die Gäste mit einem Wohlwollen nach Hause gehen.

Ich möchte nun einen Artikel von Mike P. Pansi, dem Präsidenten des VKÖ zitieren.

„Köche helfen Köchen"

Ein gewisser Dominik Flammer schreibt.

Das Angebot steht immer noch.

Einzigartige Jobbeute für einen hochmotivierten Küchenchef oder eine leidenschaftliche Küchenchefin (würde mich ungemein freuen, endlich mal eine Bewerbung einer Köchin zu erhalten, ist mir bisher noch nie gelungen), der oder die

a.) mit mir zusammenarbeiten und ein neues Konzept mitplanen möchte
b.) Freude an regionaler, auch etwas überregionaler Seelennahrung hat, bei der es nicht um Tüpfchen, Streifchen und Blümchengestecke auf dem Teller geht

c.) weiß, wie man einen Betrieb mit ca. 20 Leuten in der Küche führt und etwas organisatorisch auf der Platte hat
d.) mitten in der Stadt Zürich an einem der großartigsten Plätze der Stadt arbeiten möchte
e.) Lust hat, auch wirklich spannende vegetarische Gerichte zu kreieren, aber dennoch keine Berührungsängste vor heißgegrillten Würsten, würzigem Fleischkäse oder einem gebratenen Schweinsbäckchen hat.
f.) daran mitarbeiten wird, regionale Produzenten auf Innovation zu trimmen
g.) nicht nur Hugo und Gaga kennt
h.) dabei sein will, einen der spannendsten Plätze Zürichs auf Vordermann zu bringen

PN an mich

Das Problem des Nachwuchses besteht aber nicht nur in Zürich. Wir haben aufgrund des doch nicht so guten Nachwuchses allgemein Probleme damit. Das beginnt bereits in der Schule und geht dann weiter in den Lehrberuf, sofern jemand noch bereit ist, etwas zu lernen, und nicht nur zum Fachidioten getrimmt wird wie in der Systemgastronomie.

Daraus ergibt sich etwas, was zwei Freunde erleben mussten.

Eigentlich wollten sie nach dem doch lange währenden Lockdown einige Tage in einer Therme verbringen. Das Angebot war sehr verlockend und so wurde inklusive Essengebucht. Da ich sehr auf Menükarten Wert lege, haben sie mir eine mitgebracht und das, was ich da lesen musste, bestärkt mich in der Annahme, dass es sich bei diesen sogenannten Küchenchefs um Blender handeln muss.
Denn das, was ich gelernt hatte, wurde bei ihm aber so was außer Acht gelassen, dass es mir fast schlecht wird, das zu lesen.
Das fängt schon bei der Vorspeise an. Nicht nur, dass er das Wort Carpaccio falsch schreibt, ist er sich dessen gar nicht bewusst, was ein Carpaccio ist, denn etwas, das von einer Wurzel dünn

geschnitten wurde, ist noch lange kein Carpaccio. Was haben Pinienkerne darauf zu suchen? Die Freiheit beim Kochen sei wohl gegeben, aber wenn ich eine Speise benenne, soll sie dem Original doch sehr nahekommen und sonst ist es das ja nicht. Auch bei den Suppen ist der Fehler gravierend, man gibt nicht zwei gebundene Suppen, sondern immer eine klare und eine gebundene Suppe. Auch verlangt eine Wiener Erdäpfelsuppe Steinpilze, entweder getrocknet oder frisch, aber keine Champignons. Und wenn ich schon eine Speise aus der Region anbiete wie den Kümmelbraten mit Holunderkraut und Serviettenknödel, würde ein warmer Krautsalat oder ein Champagnerkraut besser passen. Würde sich im Waldviertel nicht ein Waldviertlerknödel besser anbieten als der Serviettenknödel?

Das bringt mich wieder einmal auf unser Wiener Schnitzel.

In einem Artikel geht es um die Wettbewerbsfähigkeit im hart umkämpften Gastromarkt. Denn die auf fast allen Speisenkarten zu findenden Gerichte in absoluter Perfektion zu servieren, ist nicht so einfach, wie es scheint.
Sie versuchen, gerade wenn es um die Klassiker der Wiener Küche geht, dass heimische Topqualität – sei es ein Wiener Schnitzel oder ein flaumig weicher Kaiserschmarrn oder die göttlichsten Grammelknödel – auf den Tisch kommt.
Und dann lassen sich eben unsere Haubenköche zu Aussagen wie „Haus-mannskost für Feinschmecker“ hinreißen, um über die Grenzen hinaus bekannt zu werden. Und sagen über den Teigballon beim Schnitzel: „die Panade ist beim Schnitzel entscheidend.“ Bei ihm gelingt das Souffl ieren so gut, dass das fertige Gericht fast an einen goldbraunen Ballon erinnert.
Was macht er nach dem Plattieren? Er benetzt das Fleisch entweder mit einem Pinsel oder einer Sprühflasche. Dabei entsteht beim Ausbacken Dampf, der sich ausdehnt. Das lässt die Panier wie einen Polster aufgehen und sie trennt sich vom Fleisch.
Wenn ich so ein Schnitzel bekomme, schließe ich aber daraus, dass der Gastronom für die Panier die Eier einfach, um auf seine Kosten zu kommen, mit entweder Wasser, Milch oder Sodawasser ge-

streckt hat. Das ist eine übliche Methode, um Eier zu sparen. Bei einem guten Schnitzel wird sich die Panier nicht vom Fleisch lösen. Denn was gibt es Schlimmeres, als wenn man in ein Schnitzel hineinschneidet und die so besagte goldene Hülle sich vom Fleisch löst und am Teller ihre Runden dreht?

Auch habe ich gelernt, dass nur Ei und nichts als Ei in die Panierstraße kommt. Über das Mehl lässt sich diskutieren. Ob griffig oder glatt, ist meines Erachtens Geschmackssache. Auch lässt sich über das Bad, in welches das Schnitzel kommt, diskutieren. Ob jetzt Schmalz, Öl oder Butterschmalz zur Anwendung kommt, ist für mich reine Geschmackssache. Auch kann man die Öle einfach mischen. Wichtig ist nur, dass das Schnitzel schwimmt (2 cm) und die Temperatur nicht über 180° hinaus geht. Ebenso, wie ich schon beschrieben habe, soll das Schnitzel immer in Bewegung gehalten werden, das heißt, die Pfanne immer schwenken und das Öl auch über das Schnitzel zu schwappen.

Wenn das alles vollbracht ist, das Schnitzel auf Küchenkrepp vom überschüssigen Fett abtropfen lassen und fettfrei auf dem Teller mit Zitrone servieren.

Ich finde die klassische Garnitur (Zitronenscheibe mit Sardellenringerl) nicht so gut, sondern schlicht eine größere Spalte einer Zitrone und nicht die Unart eine Zitronenscheibe. In der alten Zeit gab es sogar die Zitronenspalte in einer für Tee zu benutzenden Zitronenpresse aus Metall. Das wird leider nicht mehr gemacht. Aber die Älteren kennen das Gerät sicher noch.

Jetzt stellt sich aber die Frage, was ein gutes Kalbfleisch ist!!!!!

Wie in diversen Medien kolportiert wird, ist der größte Anteil von Kalbfleisch, der nach Österreich geliefert wird, aus Holland. Wir hatten Kalbfleisch, welches in der Farbe ein zartes Rosa hatte. Sollte sich die Farbe des Kalbfleischs in Rot oder in eine rötliche Farbe ändern, sprach man in Österreich von einem sogenannten Heubeisser, also ein Kalb, welches nicht nur Muttermilch trank, sondern bereits Grünfutter zu sich nahm.

Das bringt mich nun zur eigentlichen Farbe des sich nun am Markt befindlichen Kalbfleisch, das weiß ist. Das weist jedenfalls darauf hin, dass dem Tier mit einer kälbergerechten Ernährung zu wenig Eisen zugeführt wurde, denn Eisen ist eine wichtige Substanz, um das Immunsystem zu optimieren. Dann können Kälber selbst gegen Krankheiten kämpfen und müssen nicht mit mehreren Medikamenten behandelt werden.

Die Milch, die in der Milchmast verfüttert wird, ist im Übrigen (meist) keine echte Kuhmilch, sondern ein sogenannter Milchaustauscher, der möglichst wenig Eisen enthält. Die Hauptkomponenten sind Palmölfett, Eiweiß und Magermilch- oder Molkepulver angerührt mit Wasser. So weit nun zu unserer Kälbermast!!!!!!!

Das führt zu Magengeschwüren bei Mastkälbern. Bei Untersuchungen in Österreich bei solcher EU-Weißmast 80 % der Kälber befallen.

Ich kann daher aus der Praxis sagen, dass Kalbfleisch aus Holland, sobald es in der Pfanne lag, sehr viel an Substanz verlor und sehr viel kleiner wurde.

Nachdem ich gestern einen Bericht über die Machenschaften der Industrie im Fernsehen gesehen habe, ist mir eigentlich bewusst geworden, wie wir eigentlich durch den Kakao gezogen werden oder – auf Wienerisch gesagt – verarscht werden.
Es gibt in Deutschland einen Menschen, den Sebastian Lege, der sich mit dem verfälschten Essen beschäftigt.
Ich vermute, dass er das Handwerk gelernt hat und sich auch auf Lebensmittel und im Speziellen auf Produktentwicklung eingeschossen hat und darum genau weiß, wovon er spricht.
Es geht darum, dass sich die Industrie Methoden einsetzt, die mit der Gastronomie einfach nichts zu tun haben.

Er hat die wahre Machenschaft des Döners aufgedeckt. Wir sind alle begeistert von diesem türkischen, in ein Fladenbrot gelegten Fleisch und Gemüse. In Wirklichkeit bekommen wir in den allermeisten Fällen etwas serviert, das mit dem Original absolut nichts zu tun hat.

Das Fleisch wird in Polen in der größten Dönerproduktion der Welt auf einen Spieß gesteckt und mittels einer breiigen Masse (Brät) auf die gewünschte Norm gebracht.

Das ist also von Beginn ein Beschiss. Das Brät wird zwischen Lagen von Rindfleisch gelegt. Beim einzigen Hühner-Döner wird das Fleisch ohne das Brät aufgelegt.
Man hat diverse Döner in Deutschland kontrolliert und musste feststellen, dass sich zum Beispiel im Lamm-Döner gar kein Lamm befindet.

In einigen Fällen war sogar in das Brät Paniermehl zugefügt und es waren keinerlei Fleischstücke auf dem Spieß.
Dabei sollte ein Döner, wenn er auf den Spieß kommt, nur aus Fleischstücken bestehen, die in einer Schichtweise auf den Spieß gesteckt werden, und nichts anderes.

Ebenso war es bei den Sandwichs, welche auf der Verpackung eine Haltbarkeit von 14 Tagen garantieren. Wie kann das sein? Es wird schon beim Brot angefangen, das durch Enzyme und diverse Zusatzstoffe haltbar gemacht wird, um es am Schimmeln zu hindern.
Es schmeckt vielleicht nicht jedem, aber ein schneller Snack ist ganz einfach zum Beispiel der Aufstrich, der wie Mayonnaise aussieht, aber nichts damit zu tun hat, sondern nur aus Öl und Bindemittel produziert wird, denn ein Ei würde den Gesetzlichen Bestimmungen nicht genüge tun. Auch werden Gurkerln verwendet, um den Säuregehalt in Einklang zu bringen. Zudem wird das Huhn zwecks der Haltbarkeit mittels Klebestoffen zu einer Art Schinken wie Kochschinken verarbeitet, damit das Haltbarkeitsdatum in Einklang steht.

Auch wurde über Pesto gesprochen. Pesto vom Italienischen „zerstampfen“ ist eine ungekochte pastöse Sauce, welche in der italienischen Küche meist mit Nudeln vermischt gereicht wird. Man nimmt eine Knoblauchzehe, Salz, Basilikum, Parmesan sowie Pinienkerne und zerreibe alles, bis ein Brei entsteht. Diesen vermischt man anschließend mit reichlich Olivenöl. Diese Methode geht vermutlich auf das römische Moretum zurück, eine kräuterhaltige Käsesauce.

Jetzt stellt sich aber die Frage, wie man es günstiger machen kann. Das ist kein Problem für die Industrie, anstatt des Basilikum wird Petersilie genommen, aber mit einem kleinen Anteil von Basilikum um dem Gesetz genüge zu tun. Als Verstärker werden eventuell Misopaste oder Hefe-Flocken verwendet. Auch kommt Rucola zur Verwendung. Als Ersatz für die teuren Pinienkerne werden billige Nüsse verwendet.
Das alles wird unter den Deckmantel des Pestos und des Gewinns gemacht.

Auch hat man festgestellt, dass aus einer Mischung bestehend aus Gelatine, etwas rotem frischen Paprika, diversen Gewürzen und einer Spur Paprikapulver eine Masse entsteht, welche dann zu einem Brei gemixt und auf ein Blech gestrichen wird. Nach einer Weile in der Kühlung, wo die Masse steif wird, werden daraus kleine Streifen geschnitten, um Oliven zu füllen. Nach einem Testkauf hat sich in 10 der gekauften gefüllten Oliven diverser Firmen in keinem einzigen echter roter Paprika, welcher in Streifen geschnitten war, befunden. Das wiederum verringert den Wareneinsatz erheblich und treibt den Profit wahrlich in die Höhe.

Auch hat Herr Lege panierte Zwiebelringe unter die Lupe genommen. Er hat für sich selbst eine Zwiebel in dicke Scheiben geschnitten, um daraus Ringe zu fertigen. In Mehl, Ei, und Brösel wälzen und Frittieren. Und genießen. Aber nachdem Herr Lege die fertigen Zwiebelringe aus der Packung genommen hat, war augenscheinlich, das es wider die Natur war, denn alle diese Ringe hatten dieselbe Größe, was unwahrscheinlich ist. Nach einer genaueren Untersuchung stellte sich heraus, dass aus Zwiebelgranulat und etwas frischen Zwiebel eine Masse hergestellt wird, welche dann in ein Bett von entweder Mais- oder Erdäpfelstärke gespritzt wird. Nach dem Abtrocknen werden dann die Ringe, welche immer die gleiche Form haben, durch eine stärkehaltige Panade gezogen und in Brösel gewälzt, tiefgefroren und verpackt.

Herr Lege, der eine Fernsehsendung im deutschen Fernsehen hat, in der er eben bestimmte Dinge aufzeigt, hat es sich eigentlich auf die Fahne geheftet, gerade diese Dinge, bei denen es um teilweise Verfälschung von Lebensmittel geht, anzuprangern.
Er hat ein Labor in einem alten Bahnhofsgelände, wo er diese Lebensmittel entweder auf die eine oder andere Art nachkocht und diese wie die Industrie fertigt.
Er stellt Versuche mit Verpackungen von zum Beispiel Chili con Carne an. Der Versuch war wie folgt. Das Chili wird auf zwei Arten verpackt, ein Mal in einer Dose und das zweite Mal in einer handelsüblichen Schale, die mit Folie verschlossen wird und als Fertiggericht zum Wärmen in der Mikrowelle im Kühlfach des Supermarkt steht. Die Dose ist bedeutend billiger als das Fertiggericht, obwohl weniger in der Schale ist.
Auch zeigt er auf, dass mit diversen Geschmacksverstärkern gearbeitet wird, auch werden in fast allen Gerichten Palmöl, Aromen und Zusatzstoffe verwendet. Anscheinend ist es der Industrie gerade recht, sehr billig zu produzieren, um den bestmöglich Profit herauszuschlagen. Da bleibt natürlich der Konsument auf der Strecke. Und da ja alles billig sein muss, ist der Industrie damit Tür und Tor geöffnet. Bei seinen Befragungen, die er regelmäßig in seinem kleinen Mobil durchführt, reicht er auch Produkte zum Verkosten, wie letztens einen Wackelpudding mit Waldmeister. Dafür hatte er einen selbstgemachten Pudding mit allen natürlichen Zutaten versehen und einige aus dem Supermarkt, bei denen ersichtlich war, was alles an Zusatzstoffen, Farbe, Geschmack und Chemie drinnen ist.
Bei den Personen, die die Verkostung durchführten, gewannen die Produkte aus dem Supermarkt eindeutig, weil der Geschmack, die Farbe und das Gesamtbild eben dem entsprechen, was seit Jahren nicht verändert wurde und sich in die Gedanken der Personen eingeprägt hat.

Daher wurde auch der für den von Herrn Lege gekochte Wackelpudding als nicht einzuordnende Speise wahrgenommen. Sie entsprach nicht den Richtlinien, welche über Jahre von der Industrie vorgegeben wurden, da keinerlei Zusatzstoffe und Geschmacksverstärker darin waren.

Und das bringt uns wieder zu der Erkenntnis, dass unsere Geschmacksnerven bereits so weit vom wahren Geschmack abgekommen sind, dass wir die industriell gefertigten Speisen als die Norm verstehen und das, was frisch gekocht ist, nicht einordnen können.
Das hat sich nun die Industrie so zum Nutzen gemacht, um noch mehr Profit aus ihren Produkten zu schlagen. Auch kommt dem zugute, dass heute sehr wenig oder fast gar nicht mehr zu Hause gekocht wird. Die Gründe dafür sind sehr unterschiedlich: von der Mutter nicht gelernt zu kochen, der Arbeitsprozess, in dem speziell junge Familien eingegliedert sind und die daher auf Fertigprodukte zurückgreifen. Dadurch hat die Industrie eine Bandbreite von Produkten herausgebracht, um die Bedürfnisse dieser Gruppe zu befriedigen.
Auch wird heute überall suggeriert, dass wir an allem, was wir machen, Spaß haben sollen. Da bleibt eben für gewisse Dinge keine Zeit, speziell wenn sie keinen Spaß machen. Und mit der globalen Vernetzung fällt das alles sehr leicht.

Ich möchte die nächsten Absätze dazu nutzen, da sie im weitesten Sinne auch mit dem Fortschritt des Kochens und der Industrie zu tun haben, meine persönliche Meinung dazu beisteuern und meine Sichtweise dem Leser nahe zu bringen.

Vor 30 Jahren war das mobile Telefonieren einer Gruppe vorbehalten, die es sich leisten konnten, eben Manager und Vorstandsmitglieder, die immer erreichbar sein mussten. Da gab es Personen, die, um aufzufallen, eine Attrappe eines Telefons hatten, die Kärtnerstraße auf und ab spazierten und so taten, als ob sie mit Gott und der Welt sprechen würden.

Heute ist es fast schon ein Übel, denn jeder Hinz und Kunz kann sich ein Mobiltelefon leisten. Und niemand ist sich nicht bewusst, wie störend das speziell im öffentlichen Raum ist. Wen interessiert das, was und mit wem sie es letzte Nacht getrieben haben? Sogar kleine Kinder haben bereits ein Smartphone, was mir doch sehr zu denken gibt. Und da der Preis dieser Telefone im Vergleich zur Anfangszeit drastisch gesunken ist, ist es jetzt möglich, dass sich jeder so etwas leisten kann, was wieder die Industrie auf den Markt bringt. Da werden Spiele, Musik und sonstiger Ramsch angeboten und die jungen Leute fahren darauf ab. Ich finde, ein Telefon ist zum Telefonieren, eine Kamera, um Bilder zu machen, aber es muss ja mindestens 3-mal im Jahr eine neue Version herausgebracht werden und um up to date zu sein, wird das sofort gekauft.
Eine weitere Unart ist, dass immer gleich ein Bild gemacht werden muss, um es dann sofort an Hinz und Kunz zu versenden. Nicht wenige dieser Idioten sind beim sogenannten Selfie machen tödlich verunglückt.

Und so hat sich über die letzten 30 Jahren sehr viel verändert, nicht alles zum Guten und einige Dinge haben sich als nützlich erwiesen.

Das Telefon hat unser Leben in der letzten Generation sehr verändert. Es kommt aus diesem Grund zu fast keiner Kommunikation mehr. Es ist zu beobachten, dass, wenn sich Paare oder eine Gruppe treffen, nicht mehr viel gesprochen wird, sondern nur mehr das Telefon angestarrt wird und das Schlimmste ist, dass, statt zu reden Kurzmitteilungen versandt werden. Auch ist zu bemerken, dass das Handy, sobald eine Person in den Bus oder die Straßenbahn einsteigt, sofort in die Hand genommen wird, um zu sehen, ob sich wer gemeldet hat, und das im Minutentakt. Sind diese Personen wirklich so wichtig oder unabkömmlich oder ist es doch nur reine Verblödung des Konsumenten? Gewisse Theorien besagen, dass in den Handys etwas verbaut ist, das in die Gehirne der Leute eindringt und sie da-

durch noch dümmer werden, als sie schon von Haus aus sind. Wir hatten uns, als wir Kinder waren, auch für Spiele interessiert, die wir in Gedanken ausgetüftelt hatten und sie dann erfolgreich umsetzten. Es wurden Spiele erfunden oder die altbewährten gespielt. Es war nicht nötig, dass unsere Eltern etwas kauften, denn wir spielten die alten Spiele wie Mensch ärgere dich nicht, Das Kaufmännische Talent, Schwarzer Peter, Halma und viele mehr. Und das hat unsere Phantasie angeregt und unser Hirn gefordert. Heute ist es so, dass alle oder fast alle diese Dinge in Vergessenheit geraten sind, denn alles geschieht nur mehr am PC oder am Telefon. Kinder und auch Erwachsene sind leider heute nur mehr mit dem Spielen dieser Spiele befasst. Und wer sich da nicht mit der Materie gut auskennt wie wir Alten, hat schon verloren.
Wir waren damit beschäftigt, etwas zu lernen, um im späteren Leben unseren Lebensunterhalt damit zu verdienen. Wir hatten auch nicht das Problem in der Schule mit den vielen Ausländern in einer Klasse. Das zeigt Auswirkungen im weiteren Leben dieser Kinder. Bei uns in der Hauptschule wurde nach der 4. Klasse die Auswahl getroffen, entweder weiter in die Schule zu gehen, um mit der Matura abzuschließen, oder einen Handwerksberuf zu lernen. Wenn man sich die neuartigen Berufe ansieht, ist aus dem Automechaniker der Mechatroniker geworden, der ein älteres Auto nicht mehr reparieren kann, da er den PC nicht anstecken kann, um den Fehler zu finden. Die Leute sind heute mit dem PC fit, aber die kleinste, nicht in der Regel befindliche Ausnahme bringt sie an den Rand der Verzweiflung.

Und da ist jetzt wieder die Industrie am Werken, die das natürlich schamlos ausnutzt. Da klingelt die Kasse, da die Leute zwar glauben, dass alles umsonst ist, aber der Irrtum ist so gewaltig, dass einem die Haare zu Berge stehen. Mit jedem Drücken einer Taste kommt Geld ins Haus. Die Handys werden zwar immer billiger, aber die Nebenkosten müssen ja irgendwie gedeckt werden und so kommen diverse Extras dazu wie zum Beispiel die einmal im Jahr verlangte Servicegebühr.

Auch wird schön langsam alles auf die Konsumenten abgewälzt, die Geschäfte sollen meistens über entweder PC oder das Handy erledigt werden. Der Haken ist aber, dass es eine Gruppe von Personen gibt, die entweder gar kein Interesse daran hat oder sich schlicht nicht auskennt, um diese doch manchmal sehr komplizierten Erledigungen zu vollziehen, wie die Gruppe der älteren Personen, die entweder ein Uralt-Handy besitzen oder kein Smartphone haben.
Aber es wird darauf keine Rücksicht genommen. Man sollte aber bedenken, dass diese Gruppe aufgrund der guten Vorsorge im Gesundheitsbereich immer stärker wird.

Was aber am schlimmsten ist, ist, dass seit dieser Zeit die Kriminalität ins Uferlose gestiegen ist. Da wird ohne Rücksicht auf Verluste betrogen, die Leute werden manipuliert und eine Industrie der Personen erzeugt, welche nur bestrebt sind, alle anderen zu betrügen, um an deren Geld oder sonstiges zu kommen. Und diese Personen werden immer besser im Verschleiern der Manipulation und die Zahl der Geschädigten wird immer größer.

Ein weiteres Übel, welches sich in den letzten Jahrzehnten entwickelt hat, ist die Unart des Essens zu jeder Tages- und Nachtzeit in öffentlichen Transportmittel, was schon beim Frühstück beginnt und beim Abendessen aufhört.
Wir hatten noch das wichtige Frühstück zu Hause von der Mutter zubereitet inklusive dem Jausenbrot für die Schule. Heute wird einfach beim Bäcker oder im Supermarkt das Frühstücksgebäck inklusive Kaffee oder Tee oder sonstigem Gesöff gekauft und dann ungeniert am Weg entweder zur Schule oder zur Arbeit, ohne auf den Nachbar zu achten, verspeist und womöglich das Papier inklusive Becher im Bus oder Straßenbahn liegen gelassen. Machen das die Leute zu Hause auch so?????
So sammeln sich in den öffentlichen Transportmittel die Düfte Italiens, des vorderen Orients und der ach so vorbildlichen USA – ganz egal, ob Eiscreme oder Döner Kebap (gegrilltes Fleisch von undefinierbarer Herkunft in einem Brot und Gemüse), Pizza oder der Hamburger, vom heißen Kaffee, der sich

vielleicht über dich ergießt, gar nicht zu sprechen. Ja, das ist das moderne Fastfood. Wir hatten halt noch das „Burenhäutl" und es wurde nicht eingepackt, sondern mit einem Bier beim Standl verspeist.
Durch die Verbreitung dieser Speisen werden wir Wiener bestimmt nicht an einem Hungerödem sterben.
Das Schlimmste, was einem aber passieren kann, ist ein mit einem Handy telefonierender, einen Döner Kebap essender, Kaffee oder Cola trinkender Idiot, der neben dir im Bus sitzt und der Bus eine Notbremsung an den Tag legt. NA BRAVO, wie wirst du dann aussehen? Wie „frisch gspritzte Kuchl" und das ist gelinde ausgedrückt. Und es kommt keine Entschuldigung, denn das ist ja normal.
Wir sind, wie verschiedene Versuche gezeigt haben, leider nicht im Stande, das abzustellen. Ich habe in Ländern gelebt, da war schon in den Transportmitteln auf einer Tafel angezeigt, wie hoch die Strafe für diese Disziplinlosigkeit ist. Und es hat keiner gegessen noch getrunken, da rigoros kontrolliert wurde. Das alles hat sich in den letzten Jahren so ergeben.

Und wenn ich an die alte Zeit zurückdenke, hatte ein Wirtshaus immer einen Schankburschen, dessen Aufgabe es war, die Getränke immer vorrätig zu haben und dem Ober oder Kellner das gewünschte Getränk einzuschenken.
Das hat heute ein PC übernommen, der auf Knopfdruck das gewünschte Getränk einschenkt. Somit kann wieder eine Fachkraft eingespart werden.

Im Folgenden geht es um die Tiernahrung. Als ich jung war, gab es für Hunde und Katzen nicht diese Auswahl, wie wir sie jetzt haben. Da gab es Kutteln, Leber, vielleicht etwas Hühnerfleisch mit Reis. Heute ist die Industrie so weit fortgeschritten, dass man die Tiere mit den allerfeinsten Delikatessen füttern kann, was auch durch Fernsehwerbung intensiviert wird. Da gibt es jetzt sogar eine Suppe im Tetrapack, die Pastete wird natürlich mit französischer Petersilie garniert. Der Gang im Supermarkt ist so gut bestückt, dass es wirklich die Qual der Wahl ist, was ich meinem Liebling heute geben soll. Soll es Trockenfutter oder etwas aus der Dose sein? Und da so viele Personen Hunde oder Katzen als Kindersatz haben, steigt der Gewinn dieser Industrie ins Uferlose.

Da wir ja die Kutteln heute in den besten Restaurants (jetzt komme ich wieder auf die Gastronomie zurück) mit Champagner oder sonstigen super Zutaten veredeln, bleibt wahrscheinlich nichts für die Lieblinge über und es muss daher auf die genannten Spezialitäten zurückgegriffen werden. Die Industrie wird dadurch noch reicher.

Auch hat sich die Lage in der Gastronomie über die letzten 40 Jahre sehr drastisch verändert. Die Leute fahren heute nicht mehr auf Urlaub oder Sommerfrische wie in den alten Tagen, um sich wirklich von der doch manches Mal schweren Arbeit zu erholen. Heute arbeiten wir ja nicht mehr so schwer, da uns Maschinen jetzt alles erleichtern. Dazu kommt noch, dass wir viel mehr Urlaub haben als vor 40 Jahren. Und dieser Urlaub wird heute nicht mehr zur Erholung genutzt, sondern es muss immer viel Spaß damit verbunden sein. Das dieser Spaß aber Geld kostet, darüber machen sich die Leute sehr wenig Gedanken. Auch dass sich die Wochenarbeitszeit verkürzt hat, ist ein großer Faktor und ein Problem für sich. Damit bin ich wieder bei der Industrie, denn Vergnügen und Spaß sind eine Industrie geworden. Egal, ob im Sommer oder im Winter. Gerade dem Winter sind über die Jahre Wälder zum Opfer gefallen und es wurden Skipisten und Liftanlagen angelegt. Durch diesen Aufschwung ist in weiterer Folge das Angebot zum Wohnen sehr stark gestiegen und wenn man heute in diese Orte hineinschaut, ist die Verbauung so weit fortgeschritten, dass es eine Bettenburgsiedlung nach der anderen gibt und die Landschaft so verunstaltet ist, dass einem graut. Es wird auch leider vom alten Ortskern der Geschichte nicht halt gemacht. Das alles ist im Sinne des Spaßfaktors zum Leidwesen der alteingesessenen Bürger. Auf Naturschutz wird da keinerlei Rücksicht genommen. Es kommt dann allerdings zu den Naturkatastrophen wie jetzt gerade. Wir schreiben Heute den 18. Juli 2021 und das Unwetter, welches seit Tagen über Teilen von Deutsch-

land und Österreich tobt, zeigt uns die Schranken auf, welche wir vor langer Zeit verlassen haben.
Ein weiteres Beispiel ist die Verbauung von Grünflächen zum Wohle eines Supermarktes. Bezüglich der Verbauung von Flüssen möchte ich da nichts mehr hinzufügen. Wo soll das Wasser hin, wenn es durch ein Betonbett fließen muss?
Und durch die Rodung des Waldes, damit noch mehr Spaß (den sich eh fast keiner mehr leisten kann) zur Verfügung steht, gibt es große Hangrutschungen und Murenabgänge, die im Winter zu Lawinenabgängen führen, da kein Wald da ist, der den Schnee bremsen kann. Und das alles, damit die Leute sich in ihrem Vergnügen sonnen können. Wir haben ohne Rücksicht auf Verluste der Natur so viel Schaden zugefügt, welchen wir in den nächsten 100 Jahren nie wieder gut machen können.
Es wird zwar seit über 40 Jahren über das (Treibgas) Ozonloch diskutiert, aber bislang ohne Erfolg. Es erfolgen zwar immer sehr kleine Schritte in diese Richtung, aber der große Erfolg ist bis jetzt ausgeblieben und kein Land der Erde hat sich einen Erfolg auf die Fahne heften können. Und heute muss ich in der Zeitung lesen, dass der Gott aus Österreich, Herr Schwarzenegger, nach Wien kommt, um für den Umweltschutz zu parlieren, und zu Hause wird ein „good old“ US Guy mit einem benzinfressenden Automobil mit Zigarre und Hut in salopper Kleidung abgebildet. Hier Wasser predigen und dort den Wein zu sich nehmen in Form eben dieses Vehikels.

Das mir unverständliche Kochen geht weiter

Da lese ich heute in der Zeitung, dass ein alteingesessenes Wirtshaus mit viel burgenländischer Tradition, welches 2 Jahre zu war, von einem jungen Team revitalisiert wird. Es hat sich im Lokal nicht viel geändert, aber über die Küche hat, wie ich lesen kann, der Betreiber gründlich nachgedacht, um der Wirtshaus Kultur treu bleiben kann.
Das ist aber meines Erachtens nicht so gut gelungen, denn wenn ich den so bekannten Rindfleischsalat einfach durch eine zart gekochte Rindszunge ersetze, ist es halt kein Rindfleischsalat,

wie wir ihn kennen, sonders eben eine Zunge, auch wenn rote Zwiebel und Kernöl verwendet werden.
Ebenso müssen die Bandnudeln, welche mit cremigem Lauch und einer gezupften Räucherforelle versetzt werden, als sehr österreichisches Pastagericht herhalten. Wer bitte hat jemals von diesem österreichischen Pastagericht gehört?????? Außer Schinkenfleckerl oder Hascheehörnchen?
Aber das Signaturgericht (eine Speise, die die unverkennbare Handschrift eines Chefkochs trägt) soll ein Schoko-Bier-Gulyas werden. Ein mollig zwiebeliges Gulyas wird mit Bitterschokolade verfeinert und erhält so laut Zeitung ein ungemein anziehendes Aroma. Ich finde, wenn ich einen Nachtisch möchte, werde ich einen bestellen, aber im Gulyas, denke ich, hat Schokolade nichts verloren.

Aber die Zukunft wird weisen, ob das alles von Erfolg gekrönt wird. Die jungen Wilden!!!!!!!!!!!!!!!
Wir haben eventuell mit Bitterschokolade oder Honigkuchen die Wildsauce verfeinert.

Und dann kommen solche Speisen auf eine Karte wie ein Zoodle-Salat mit gebratenen Radieschen. Was zum Teufel ist ein Zoodle? Können wir uns nicht mehr normal ausdrücken? Verblöden wir zusehends in der Gastronomie? Dieses ist eine andere Geschichte und stammt nicht aus dem vorher beschriebenen Lokal.

Wir haben mit den einfachsten Zutaten die herrlichsten Speisen zubereitet. Und wir konnten aus fast nichts die besten Speisen machen. Das haben wir von unseren Müttern gelernt. Auch haben wir uns nie darüber beschwert, wie lange wir im Dienst waren, denn wir wollten lernen.
Wenn heute ein Lehrling vielleicht von Chef etwas schiefer angesehen wird, ist gleich die Arbeiterkammer im Spiel.

Als ich im Jahr 1972 in München gearbeitet hatte, trafen wir uns natürlich mit anderen Kollegen aus der Branche, so auch die Köche von Herrn Witzigmann aus dem damals besten Lo-

kal in München, dem Tantris. Die hatten gerade 14 Stunden hinter sich, waren aber so in Fahrt, dass noch einige Biere hinunterliefen. Ich konnte mit einigen von ihnen mehr ins Gespräch kommen und da wurde mir zum ersten Mal bewusst, was in unserer Branche so abläuft.
Meine Vorstellung von Koch war, dass ich immer gut kochen wollte, mir aber doch etwas Freizeit wichtig war. Ich hatte aber in dieser Zeit, als ich den Beruf ausübte, die Gelegenheit, mit Topköchen zu arbeiten.
Auch hatte ich mehrmals die Chance, mit berühmten Personen, für die ich gekocht hatte, in Kontakt zu treten oder ihnen vorgestellt zu werden.

1977 richtete ich für das Oberhaupt der Kirche der Heiligen der letzten Tage (Mormonen), den 12. Präsident Spencer Wooley Kimball in Wien anlässlich einer Weltkonferenz ein Buffet aus. Im Jahr 1974 zu den Commonwealth Spiele in Christchurch Neu Seeland (wie eine Olympiade der Länder des Commonwealth) haben wir für die Eröffnung österreichische Kuchen gebacken. Bei der Präsentation ging Ihre Majestät Queen Elisabeth II vorbei, blieb bei unserem Stand stehen, ließ sich von meinem Onkel Edmund die Speisen erklären, kostete ein Stück und sagte, dass es ihr sehr geschmeckt hätte.

Auch war in Salt Lake City der Finanzminister der USA unter den Gästen, der mir dann vorgestellt wurde.

Und in den letzten Jahren habe ich dann auch Kontakt mit einigen Kollegen aufgenommen, welche ich dann auch persönlich getroffen habe. Und ich bereue den Tag nicht, als ich die Entscheidung getroffen habe, mein Leben so zu gestalten, wie es verlaufen ist. Mein Beruf hat mich in die Welt getragen und mir ein gutes Leben verschafft.

In Sydney durfte ich für den Erzbischof Marcel Francoise Marie Joseph Lefebvre als Küchenchef des Deutschen Klubs diverse Mahlzeiten bereiten, denn er wohnte genau gegenüber in einer

Schule und hatte dort gehört, dass im Klub deutsche Küche zelebriert wird. Von seinem Sekretär habe ich dann etwas später ein herrliches Dankschreiben bekommen.

Meine Seegeschichte

Das bringt mich zu einer Geschichte, welche ich im Jahr 1975 in Neuseeland erleben durfte. Dort hatte ein Schiff einer japanischen Rederei angelegt, um neue Ware zu bunkern. Es war auf einer Südsee-Rundfahrt mit den Eigentümer dieser Rederei. Leider hatte der Küchenchef, ein Franzose, einen Blinddarmdurchbruch. Der neuseeländische Fleischereiverband ist an meinen Onkel Edmund herangetreten und fragte, ob er für den Rest der Reise diesen Job übernehmen wollte, da mein Onkel eine Konditorei hatte und als Manager diverser Restaurants bekannt war. Mein Onkel lehnte ab, aber er brachte mich ins Spiel und meinte, ich sollte das übernehmen. Es waren nur mehr 14 Tage und nur 10 VIP-Gäste. Nach einigem Hin und Her übernahm ich die Aufgabe.

Ich musste binnen 2 Tagen ein Konzept erstellen, Ware einkaufen und alles organisieren. Ich besann mich auf meine Lehrzeit und versuchte, international zu denken mit einer persönlichen Note aus Österreich. Und schon nach dem ersten Abendessen musste ich zum Kapitän zu einer Vorsprache. Ich befürchtete, dass ich sofort über Bord gehen würde.

Nichts geschah. Im Gegenteil, der Kapitän fragte mich, was das Dessert sein und wie ich es machen würde. Es war ein ganz einfacher gezogener Wiener Apfelstrudel. Die Damen waren sehr angetan davon und wollten das Rezept haben.

Meine Befürchtung wandelte sich in Wohlgefallen um. Mit dem Einverständnis des Restaurantleiters und des Kapitäns habe ich doch einige Speisen aus Österreich und natürlich die Wiener Küche in mein Programm aufgenommen und habe diese Speisen vorgeschlagen und, wie ich mich heute noch erinnere, waren da Kalbsvögerl, Wiener Schnitzel, Zwiebelrostbraten, einfache Faschierte Laibchen mit einer guten Sauce und Püree, einmal Steirisches Wurzelfleisch, Kalbsgulyas, und dann natürlich die Mehlspeisen. Da ich auch Zuckerbäcker bin, war das eine Leichtigkeit für mich. So gab es Palatschinken, gebackene Apfelspalten, natürlich einen Kaiserschmarrn. Es gelang mir sogar, eine Sachertorte und eine Linzertorte zu backen zum Wohlgefallen der Damen, für die ich extra eine kleine Vorführung veranstaltete. Da es sich um die Chefs der Rederei handelte und gerade diese Leute auch sehr mit Musik verhaftet waren, im Speziellen mit Mozart, Beethoven, Schubert und den Wiener Philharmonikern, konnte ich da eine Brücke zwischen meiner Küche und der Musik schlagen.

Es gab aber auch einen japanischen Koch mit an Bord, der sich den Spezialitäten der japanischen Küche widmete, wie Fisch und vor allem den Sushi-Gerichten. Da der Koch auch Englisch sprach, konnte ich mit ihm eine wunderbare Symbiose in Sachen Küche aufbauen. Da ich zu diesem Zeitpunkt überhaupt keinen Bezug zur japanischen Küche hatte, war das für mich wie ein Lehrgang, den ich sogar bezahlt bekommen hatte. Die japanische Küche basiert auf Frische und zugleich Ästhetik der Gerichte. Da wird viel Augenmerk auf die Teller und das Arrangement der Speisen gelegt. Es war eine wunderbar, diesem Koch mit der von ihm vorgelegten Leichtigkeit und Genauigkeit beim Anrichten der Speisen zuzusehen. Ich hingegen bereitete meine Speisen nach der Alten Wiener Restaurant-Gepflogenheit als Plattenservice zum Vorlegen. Das Personal zum Servieren war auf das Beste ausgebildet und es gab daher keinerlei Probleme. Auch war dementsprechendes Geschirr vorhanden. Außerdem hatte ich die Möglichkeit, mit den mitreisenden Damen ein Schaukochen mit den Rezepten zu veranstalten, was mir zusätzlich noch etwas Trinkgeld einbrachte, welches von den Damen immer mit vielen Verbeugungen in einem kleinen

Kuvert überreicht wurde. Das Lustige an der Sache war, dass keine dieser Damen Englisch konnte und ich einem Übersetzer hatte, der den Damen alles auf Japanisch erklärte. Meine Rezepte wurden auf Japanisch übersetzt und die für mich nie zu vergessende Geschichte war, dass ich den Apfelstrudel vorbereitete und den Damen erklärte, wie man ihn über den Tisch ziehen muss. Ich forderte darauf die Damen auf, es selber zu probieren. Jetzt stelle man sich dieses Szenario vor: 5 bis 7 Damen in Kimono gekleidet ziehen eine Strudelteig über den Tisch. Schon beim ersten Versuch waren alle Finger durch den Teig gewandert. So erklärte ich, dass man am Anfang immer zuerst mit dem Handrücken zu ziehen beginnt. Das war aber nicht sehr hilfreich, denn es wurde weiter durch den Teig gestochen. Aber das Gelächter und den Spaß, den diese Damen hatten, werde ich mein Leben lang nicht vergessen. Das war eine für mich sehr prägende Erfahrung, die mich mein Leben lang begleitet.

Und zugleich kam so etwas wie ein Déjà-vu bei mir auf, denn auf dem Weg nach Neuseeland im Jahr 1973 machte ich Station in Hongkong, wo ich über das Wiener Intercont im Hotel Mandarin Intercont ein Zimmer gebucht hatte. Da wir im gleichen Konzern waren, war es einfach nur normal, dort abzusteigen. Während meiner Tätigkeit als Koch und auch als Lehrling hatten wir Englisch-Unterricht und vom Schulenglisch ausgehend war ich überzeugt, dass ich mich in der großen Welt zurechtfinden würde. Schon das Abholen vom Flughafen war für mich ein Erlebnis. Eine große Limousine stand für mich bereit und als dann das Fahrzeug in einen Tunnel unter dem Meer verschwand, war ich begeistert. Denn das Hotel lag auf der Insel Hong Kong Island. Während der Fahrt hatte ich mit natürlich auf Englisch alle Worte zurechtgelegt, aber als ich die Hotelhalle betrat, war alles weg und ich konnte nur bei der Rezeption sagen: „Entschuldigung, ist hier jemand, der Deutsch spricht?“ Zu meinem Glück war der Assistent Manager ein Deutscher, der mich mit einem herzlichen Willkommen begrüßte. Nach einem kurzen Gespräch, in dem ich meine Position erklärte, begleitete er mich auf mein Zimmer, das für eine Woche gebucht war.

Am nächsten Tag kam er auf mich zu und fragte mich, ob ich er mir etwas behilflich sein könnte. Ich sagte natürlich ja, ohne zu wissen, was auf mich zukommen würde.
Er fragte mich, ob ich in der Lage wäre, seinen Konditoren einen Einblick in die Wiener Mehlspeisenküche zu geben. Ich erklärte, dass ich kein Gewand hätte, denn meines wäre im Gepäck auf dem Weg nach Neuseeland. Das wäre kein Problem, ich würde vom Hotel eines bekommen. Gesagt, getan und meine erste Stunde war, einen Apfelstrudel zu produzieren. Da waren sechs chinesische Köche und ein Chinesisch-Dolmetscher und der Manager übersetzte von Deutsch auf Englisch.
Und so verging ein Tag nach dem anderen, an dem ich immer eine neue Mehlspeise mit den Köchen zelebrierte. Das war eine sehr lustige Geschichte.
Über die ganze Geschichte ist nun noch zu sagen, dass ich für meinen Aufenthalt nichts zu bezahlen hatte und alles im Hotel aufs Haus ging. So war ich an den Vormittagen damit beschäftigt, zu lehren, und die Nachmittage und die Abende waren für mich, an denen ich Hongkong erkundete. Auch war es mir möglich, eine Uhr, welche ich in Wien bereits kaufen wollte, zu erstehen, und diese Uhr ist auch noch heute in meinem Besitz. Alles in allem war es eine herrliche Zeit, welche ich in Hongkong verbrachte, und viele Jahre später hat mir ein Freund gesagt, er würde mich beneiden, da ich Hongkong noch so erlebt hätte, wie es vor der der Übergabe an China war.
Ja, ich muss gestehen, alleine der Anflug über die Dächer von Kowloon war atemberaubend, ebenso der Eindruck von den alten Dschunken im Aberdeen Hafen, wo sich Leute befanden, die noch nie das Festland betreten hatten. Es waren in den 60 Jahren geschätzte 150 000 Personen. Und auch die zwei schwimmenden Restaurants auf großen Schiffen waren dort verankert. Und bei meinen nächtlichen Spaziergängen lernte ich auch die wahre chinesische Küche kennen, denn ich probierte auf dem Nachtmarkt alles. Ich glaube sogar, ich hatte einen Hund.

Damit möchte ich sagen, dass man nicht unbedingt ein Haubenkoch sein muss, obwohl ich immer eine Haube aufhatte, sondern dass es wichtig ist, mit Herz und viel Engagement bei der Sache zu sein. Von der Liebe zum Beruf gar nicht zu sprechen. Es war eine sehr gute Erfahrung, aber ich entschied mich dagegen, auf einem Schiff zu kochen. Ich habe mich der österreichischen Küche voll und ganz verschrieben mit einem kleinen Abstecher ins Chinesische und Internationale, aber das Hauptaugenmerk war die traditionelle Küche, wie sie bei uns eben gekocht wird.

Und da wieder einmal Weihnachten vor der Tür steht, möchte ich im letzten Absatz darauf eingehen. Denn ich habe wieder einmal den Irrsinn gesehen, in welchem sich unser Gewerbe befindet. Denn gerade in dieser Zeit versucht Hinz und Kunz, sich mit all den aberwitzigen Rezepten und Menüvorschlägen in Szene zu setzen.
Ein Beispiel ist eines für einen Kapaun Wellington. Die Idee ist ja nicht schlecht, aber bei der Ausführung ist noch etwas Nachbesserung erforderlich.
Ich bin der Überzeugung, dass, wenn ich schon den Namen verwende, der sich von einem Filet Wellington ableitet, dann sollte es auch in der Zubereitung so sein. Aber nur den Kapaun mit Maronen und einer Semmelfülle zu füllen, ist nicht genug. Und wenn ich nun Strudelblätter mit Pilzen, den Innereien vom Kapaun und Spinat, der in Obers gedünstet wurde, zu einem Strudel zubereite und den dann als Beilage zum Kapaun serviere, hat das nichts mit dem vorher genannten Wellington zu tun. Eine andere Bezeichnung wäre daher angebracht. Denn wenn ein Gast auch nur den Hauch einer Ahnung hat, erwartet er den Kapaun vielleicht ausgelöst, vorgebraten mit einer Sauce Duxelles, welche aus einer würzigen Farce aus fein gehackten Champignons bereitet wird, welche in Butter geschmort werden, bis sie weich sind und die Flüssigkeit verdampft ist. Dann kann mit einer Sauce Demiglace, etwas Madeira, Knoblauch und gehackter Petersilie vollendet werden.
Das alles wird nun in einen Blätterteig gerollt, mit den Überresten des Teiges garniert und dann bei mittlerer Hitze im Rohr gebacken.

Diese Art Farce geht übrigens auf den Koch Francoise-Pierre de La Varenne zurück, der für seinen damaligen Herren, den Marquis d'Uxelles, diese Farce kreierte.

Erst später wurde unter Marie-Antoine Carême 1830 daraus die Sauce Duxelles und im 19. Jahrhundert unter Auguste Escoffiers zu einer Garnitur namens „Duxelles seche", trockene Duxelles. Erst später wurde dann die uns heute bekannte Sauce Duxelles kreiert.

Nun folgen einige Worte über den Verfasser dieser Zeilen

Ich bin Leopold Svehla, gelernter Konditor, nach der Lehre folgte ein Gesellenjahr und dann habe ich die zweite Lehre als Koch begonnen.
Im Hotel Intercontinental in Wien lernte ich unter dem Küchenchef Herbert Hüpfl, dem ich bis zu seinem Tod in Kollegialität und großer Freundschaft verbunden war.
Nach meiner Lehrzeit als Koch ging ich auf eine Saison nach Tirol, von dort 1972 nach München zur Olympiade, wo mich dann der Ruf nach Neuseeland erreichte.
Dort war ich von 1973 bis 1977 als Leiter einer Konditorei tätig. Dann kehrte ich von Neuseeland nach Österreich zurück. Ich hatte diverse Posten als Koch, zum Beispiel im Marchfelderhof bei Küchenchef Hubatschek und dem legendären Herrn Bocek. Im Jahr 1981 ging ich nach Australien, wo ich bis zu meiner Heimkehr nach Österreich im Jahr 1983 Küchenchef des Deutschen Clubs in Sydney war. Danach habe ich die Gastgewerbe-Konzessionsprüfung absolviert.
Ich war dann viele Jahre am Flughafen Wien als Supervisor für den Airbus A 310 verantwortlich.
Nach einigen weiteren Stellen kam ich zur Firma Ströck als Küchenleiter der Abteilung kalte Küche.
Meine letzte Stelle als Koch war die des Abendkochs in einem der für mich besten Rindfleischgasthäuser Wiens, dem „alten Heller" der Familie Fügert. Seit 2011 bin ich in Pension und befasse mich seither mit den lustigen Geschichten der Köche.

Ich kann natürlich verstehen, dass in vielen Haushalten nach Art der Mutter und schon Großmutter gekocht wird und daran ist selbstverständlich auch nichts auszusetzen. Im Gegenteil, es lebe die Vielfalt der gelebten Küchen und deren Traditionen, da wiederum die ländliche Küche und ihre diversen Abhandlungen von Speisen zwar immer nach dem gleichen Verfahren gekocht werden, aber mit sehr verschiedenen regionalen Namen behaftet sind.
Aber bitte, liebe Kollegen, die Ihr doch eine lange Tradition des Kochens vertretet, bleibt bei dem, was Ihr gelernt habt, und macht das hervorragend, damit sich Eure Gäste daran erfreuen können. Lasst Euch nicht auf Dinge ein, die Ihr entweder nicht verstehen könnt oder aber nicht gelernt habt, nur weil es im Moment gerade IN ist. Das wird in den meisten Fällen in einem Fiasko enden und Euch nichts Gutes einbringen, außer vielleicht Häme und Spot.

Der Epilog

Ich bin Koch, nicht nur, weil es mein Beruf über viele Jahre war, sondern ich bin Koch aus Leidenschaft und Überzeugung. Ich hatte die Gelegenheit, unter großen Köchen meine Ausbildung zu absolvieren, und ich bitte daher darum, meine Zeilen nicht misszuverstehen, sondern es von der Warte eines Kochs zu betrachten, der eben nicht mit einer Pinzette, sondern mit einer Kochgabel das Handwerk gelernt hat.
Und es mir zuweilen nicht verständlich, dass alteingesessene Gerichte einen neuen Anstrich bekommen, der dem, was es bedeutet, nicht entspricht.

Ich finde, wir sollten alle bei dem, was wir für den Gast kochen, bei der Wahrheit und der Verständlichkeit gegenüber diesem Gast bleiben. Denn der Gast ist nach wie vor der König, wenn er unser Wirtshaus oder Restaurant betritt und alles, was er möchte, ist, für einige Stunden den Alltag hinterzulassen und gut bewirtet zu werden. Und das gelingt nur bei einer ehrlichen Küche ohne Firlefanz und sonstiges Getue.

Ich möchte mich ebenfalls bei all den Kollegen, Schreiberlingen und sonstigen Personen, welche ich beleidigt und sonstiges Ungemach zugefügt habe, entschuldigen. Seien Sie nachsichtig mit einem alten Koch, der die neue Zeit nicht so versteht und sich auch gar nicht mehr einfügen will in all den Mumpitz, welcher manches Mal verzapft wird.
Bleiben Sie einfach nur bei dem, was Sie gelernt haben, und versuchen Sie nicht, die essentiellen Dinge des Kochens neu zu erfinden oder anders zu benennen. Kochen ist ohnehin ein schwerer Beruf – warum sollte man ihn noch schwerer machen.

Eine Erweiterung war eigentlich nicht geplant nach meinem Ausspruch „Ich habe fertig“.
Aber die Umstände, welche wieder aufgetaucht sind, haben mich dazu bewogen, einfach weiterzuschreiben und dem Wahnsinn erneut entgegenzutreten und den Machenschaften, welche schon fast mafiöse Gestalten annehmen, erneut die Stirn zu bieten.
Und wieder aufzuzeigen, wie verwundbar wir geworden sind, und das nicht nur in der Gastronomie, sondern in unserem ganzen Leben.

Der Autor

Leopold Svehla wurde 1949 in Wien geboren. Durch das wunderbare Essen seiner Mutter lernte er schon in der Kindheit sehr viel. So reifte bereits früh der Wunsch, Koch zu werden. Er absolvierte zunächst eine Lehre als Konditor und danach schloss er erfolgreich eine weitere Lehre als Koch im Hotel Intercontinental ab. Nach seinen Lehrjahren in Tirol war Svehla während der Olympischen Spiele 1972 in München als Koch. Danach arbeitete er als Manager einer großen Konditorei in Neuseeland. Anschließend verbrachte er einige Jahre als Küchenchef des Deutschen Clubs in Sydney, Australien. Nach seiner Rückkehr arbeitete er am Wiener Flughafen beim Aufbau einer Airbusflotte mit und war dann bis zu seiner Pensionierung als Abendkoch in einem typischen Alt Wiener Gasthaus beschäftigt.
In seinem Buch „Nicht alles, was gekocht wird, ist Kochen – Das etwas andere Kochbuch aus der Sicht eines alten Koches, der versucht, Neues zu verstehen" widmet sich Svehla dem alten Kochen.